股市公开信息淘金

揭幕者 著

山西出版传媒集团
山西人民出版社

图书在版编目（CIP）数据

股市公开信息淘金 / 揭幕者著. — 太原：山西人民出版社，2017.9
ISBN 978-7-203-09711-2

Ⅰ. ①股… Ⅱ. ①揭… Ⅲ. ①股票投资－基本知识 Ⅳ. ①F830.91

中国版本图书馆CIP数据核字(2017)第077924号

股市公开信息淘金

著　　者：	揭幕者
责任编辑：	席　青
复　　审：	高　雷
终　　审：	员荣亮

出　版　者：山西出版传媒集团·山西人民出版社
地　　　址：太原市建设南路 21 号
邮　　　编：030012
发行营销：0351-4922220　　4955996　　4956039　　4922127（传真）
天猫官网：http://sxrmcbs.tmall.com　　电话：0351-4922159
E-mail：sxskcb@163.com　　发行部
　　　　sxskcb@126.com　　总编室
网　　　址：www.sxskcb.com

经　销　者：山西出版传媒集团·山西人民出版社
承　印　厂：大厂回族自治县德诚印务有限公司

开　　本：710mm×1000mm　1/16
印　　张：21
字　　数：385 千字
印　　数：1－6100 册
版　　次：2017 年 9 月第 1 版
印　　次：2017 年 9 月第 1 次印刷
书　　号：ISBN 978-7-203-09711-2
定　　价：66.00 元

如有印装质量问题请与本社联系调换

前言
PREFACE

我为什么不做私募

写博客十年了,特别是近几年,随着我的影响力越来越大,不少看官会问我:"老揭,你怎么不成立个私募。"也有第三方主动找上门,说可以帮助我发个阳光私募产品,并且刺激我说,好多影响力都不如我的财经名博都发了产品了,你还不发?我笑了笑,挽拒了对方。

作为资本市场的一只"二级狗",我又怎么会不想做私募呢?但我心里很清楚:

第一,像我这种出身草根的财经名博,自己管自己的钱还行,没有操作大资金的经验,给我一个亿以上的资金和拿自己的钱玩玩,根本是两种不同的玩法。我见过太多太多的财经名博被迫平仓的例子,不少我都认识,他们的一个共同点就是:自己玩自己的钱每年都能稳定赢利,也都是市场上很有号召力的财经名人,但我长期观察了他们成立阳光私募后的表现,我只能呵呵一笑了。有位财经名博在三个月内,他的产品就跌到了0.7的止损线,被迫平仓,精神状态很差,再也不更新博客了,令人惋惜。当然,我也见过出身民间的财经名博,其第一个产品业绩做得很差很差,但清盘后重新来过,继续又发了十几个产品,每年仅靠收

管理费就很滋润了。

第二,目前私募界弱肉强食,不少公募的明星基金经理都奔私了,他们无论是在专业度、人脉,还是管理大资金的经验上,都比我强太多太多。当然,我也知道有不少明星基金经理在奔私后下场是非常惨的,譬如某位明星基金经理,在奔私后,由于对市场过分乐观,在2008年大亏,2009年没能把业绩做回1元净值以上,成绩也没有起色,最后被迫解散公司,退出市场,并且把前几年赚的几千万全部赔给了客户。这样的结局和他当年"奔私"时的豪言壮语对比,令人唏嘘!

第三,我接触过很多投资总监,也接触过不少私募大佬,我感觉自己太渺小了,水平差太多了,那些曾以为很牛的战绩都是过去式了。想要在市场上生存,想要在私募界有一席之地,必须要每年赢利,客户是绝不允许你输钱的,甚至是在大牛市中,你哪怕跑赢大盘,说不定都会被客户嘲笑。

前不久,一位基金经理朋友曾跟我说,资产管理行业是一个冷冰冰的行情,你只有让人家赚钱了才能迎得别人的笑脸,而稍有闪失就只能看别人的冷脸。这也可以理解,亏了钱谁心里都不舒服,即使是亲兄弟也笑不出来。

正是基于以上这些,我宁愿在自己的花果山上逍遥地玩耍,也不去做什么私募。只是不觉间一晃,竟然已是若干年了。

目 录
CONTENTS

第一章 官方网站信息要来自政府部门 ………………………… 1
1.1 从四大宏观调控部门获悉政策洞向 ………………………… 3
1.2 了解权威的财政数据信息 ………………………………… 11
1.3 从权威新闻部门了解国家政策信息 ………………………… 16
1.4 如何从官方网站信息选股 ………………………………… 21

第二章 关注证监会、银监会、保监会发布的信息 ………… 27
1.1 证监会 ……………………………………………………… 29
2.2 银监会 ……………………………………………………… 33
2.3 保监会 ……………………………………………………… 35

第三章 怎样从两大交易所的信息中掘金 ·················· 39

3.1 如何从上海证券交易所的信息中掘金 ················ 41
3.2 如何从深圳证券交易所的信息中掘金 ················ 44
3.3 把握警示风险的脉门 ····························· 48

第四章 从行业信息网上寻找投资标的 ···················· 55

4.1 必读的四大财经报刊 ····························· 57
4.2 其他重要的必看的财经类媒体 ····················· 65
4.3 行业信息是风向标 ······························· 77
4.4 如何从行业信息中选择牛股 ······················· 92

第五章 如何从新闻里淘金 ····························· 99

5.1 国内生产总值(GDP)对股市的影响 ················ 101
5.2 宏观经济政策对股市的影响 ······················ 110
5.3 从行业新动向里寻找热点 ························ 116

第六章 如何解读上市公司的公告与研究报告 ············· 123

6.1 如何看上市公司的各种公告 ······················ 125
6.2 研究报告哪里看 ································ 154
6.3 研究报告如何看 ································ 159
6.4 如何从公告与研究报告里发现金股 ················ 169

目 录

第七章　影响股价的主要财务指标信息 …………………… 175

7.1 销售毛利率 ………………………………………… 177
7.2 每股净资产值 ……………………………………… 182
7.3 主营业务收入增长率 ……………………………… 187
7.4 净资产收益率 ……………………………………… 192
7.5 市盈率 ……………………………………………… 196
7.6 如何从财务指标里掘金 …………………………… 201

第八章　怎样根据十大流通股东来选股 …………………… 207

8.1 十大流通股东变动中的奥妙 ……………………… 209
8.2 如何看前十大流通股东选股 ……………………… 217
8.3 如何根据十大流通股东的减持来指导操作 ……… 225

第九章　鸟瞰机构的动向 …………………………………… 235

9.1 公募基金 …………………………………………… 237
9.2 私募基金 …………………………………………… 242
9.3 券商自营和券商集合理财 ………………………… 244
9.4 社保基金及保险公司 ……………………………… 247
9.5 游资大户 …………………………………………… 255
9.6 QFII ………………………………………………… 257
9.7 如何根据机构动向选择牛股 ……………………… 260

第十章 从期货信息解读股市 ………………………………… 267

10.1 期货信息哪里看……………………………………… 269
10.2 如何从股指期货看股市趋势………………………… 273
10.3 如何从商品期货的行情寻找金股…………………… 277

第十一章 俯瞰全球股市信息 ………………………………… 283

11.1 全球股市信息哪里看………………………………… 285
11.2 美股…………………………………………………… 289
11.3 从全球股市信息里看什么…………………………… 294

第十二章 如何利用各种信息实战 …………………………… 299

12.1 盘口语言透露出来的重要信息……………………… 301
12.2 如何解读利好消息…………………………………… 311
12.3 谨防主力利用消息出货……………………………… 317

第一章

官方网站信息要来自政府部门

　　炒股需要了解政策信息，那么如何了解呢？这就需要去从政府部门的官方网站或是主流媒体上来获得消息，因为如今林林总总的网站或小报小刊太多，各种各样的消息也是如三四月的柳絮一样满天飞，要想得到可靠的消息，识别出什么才是权威可靠的消息，什么又是传言的小道消息，就不能什么消息都看，什么消息都信，而是要做到一切消息都来自政府，这样才能了解到准确可信的政策信息，赚更多的钱。

1.1 从四大宏观调控部门获悉政策洞向

1.1.1 中华人民共和国国家发展和改革委员会

中华人民共和国国家发展和改革委员会官方网址：http://www.sdpc.gov.cn/

中华人民共和国国家发展和改革委员会简称国家发改委，是综合研究拟订经济和社会发展政策、进行总量平衡、指导总体经济体制改革的宏观调控部门。

一般我们最要关心的是发改委"政策发布中心"的内容，这块最重要的就是关于全国商品价格的变动政策信息。如图1-1，在主页中点击"政策发布中心"，然后再点"公告"。譬如全国人民最关心的成品油价的变动就是由发改委网站公布的。油价的变动可能影响最直接的就是中国石化和中国石油了。这里有个小诀窍，关于出台成品油价格变动的通知时间一般是在22点前，大家可以时常关注一下。

图 1-1 中华人民共和国国家发展和改革委员会官方网站

1.1.2 中华人民共和国财政部

中华人民共和国财政部是中华人民共和国负责财务的国务院组成部门，简称财政部，是国家主管财政收支、财税政策、国有资本基础工作的宏观调控部门。与中国股市息息相关的印花税就是由财政部网站发布的。著名的 5·30 事件历历在目，在 2007 年 5 月 30 日的零点，财政部的官方网站"政策发布中心"一栏中，挂出了这么一条信息："为进一步促进证券市场的健康发展，经国务院批准，财政部决定从 2007 年 5 月 30 日起，调整证券（股票）交易印花税税率，由现行 1‰ 调整为 3‰。即对买卖、继承、赠予所书立的 A 股、B 股股权转让书据，由立据双方当事人分别按 3‰ 的税率缴纳证券（股票）交易印花税。"此信息一出，对当日之后的股市产生了很大的影响。

中华人民共和国财政部的官方网址：http://www.mof.gov.cn/index.htm

图 1-2 中华人民共和国财政部官方网站首页

打开后，可以直接点击相关栏目，如点击"通知公告"，即可看到图 1-3 中的情形：

图 1-3 中华人民共和国财政部"通知公告"栏

然后点击相关的通知，即可看到相关内容，并根据这些通知去指导自己的投资。

1.1.3 中国人民银行

作为我国的中央银行，中国人民银行是在国务院领导下制定和实施货币政策的宏观调控部门。

中国人民银行官方网址：http://www.pbc.gov.cn/

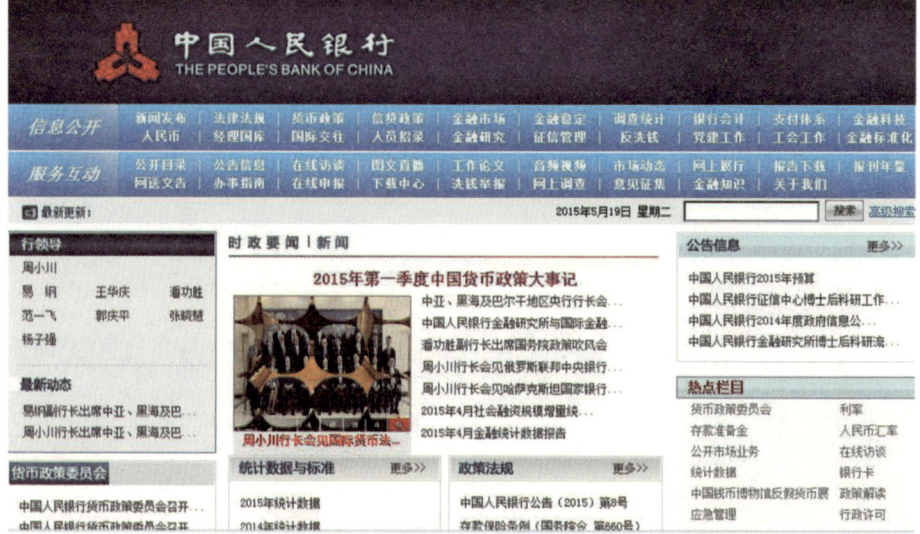

图1-4 中国人民银行官方网站首页

在中国人民银行官网中，利率、存款准备金和人民币汇率是要常看的信息，而这三大指标对于中国证券市场来说也是极其重要的。

1. 利率：利率又称利息率。表示一定时期内利息量与本金的比率，通常用百分比表示，按年计算则称为年利率。其计算公式是：利息率＝利息量/本金/时间×100%。在图1-5中，点击右侧中"利率"，即可看到"利率政策"及"现行利率水平"等，然后点击"人民币现行利率水平表"就可以看到人民币的现行利率表。如图1-5中所示：

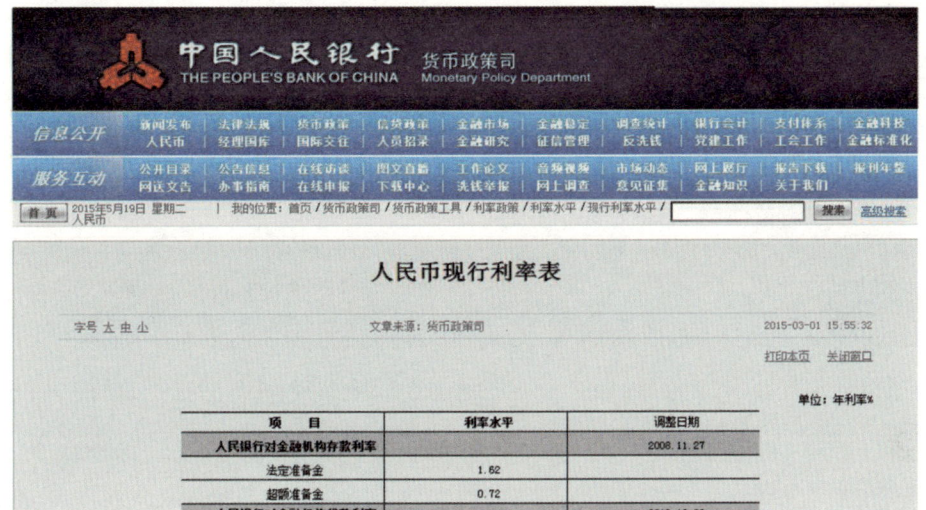

图1-5 中国人民银行"人民币现行利率水平表"

2.存款准备金：存款准备金是指金融机构为保证客户提取存款和资金清算需要而准备的在中央银行的存款。给大家举一个最简单的例子，譬如按目前的存款准备金率15%来计算，当金融机构每吸收100万元的存款，要向央行缴存15万元的存款准备金，而金融机构用于发放贷款的资金只有85万元了。如果存款准备金率提高，那么金融机构的可贷资金会减少，这样会被市场认为一种资金紧缩的信号，对于证券市场是利空。而如果存款准备金率降低，那么金融机构手中可贷的资金将会增加，这样市场的资金供给增加，则被市场认为是一种利好。当然，也有例外的时候，譬如面对2006年股市的恢复性上涨，在2007年1月15日，央行将存款准备金一直从原先的9%开始连续提高，几乎每一个月调整一次存款准备金率，而与其影响相反的是，中国股市开始了一路上涨。以上证综指为例，自2007年1月15日2794点起步，一路猛涨，直到2007年的10月17日以6124

点见顶，其间，存款准备金率调整了8次达到13%。之后，央行继续调高准备金率，到2008年12月5日，存款准备金率达到自1985年以来的历史新高16%。

如，点击中国人民银行官网首页右侧的"热点栏目"中的"存款准备金"即可查看相关信息，如图1-6中所示：

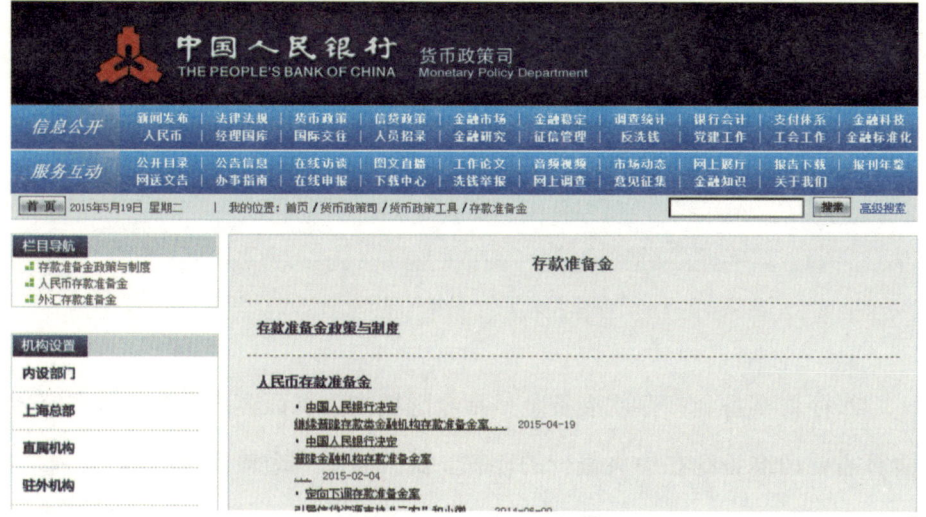

图1-6 中国人民银行官网"存款准备金"栏目

3. 人民币汇率：人民币汇率1994年以前一直由国家外汇管理局制定并公布，1994年1月1日人民币汇率并轨以后，实施以市场供求为基础的单一的、有管理的浮动汇率制。中国人民银行根据前一日银行间外汇市场形成的价格，公布人民币对美元等主要货币的汇率。各银行以此为依据，在中国人民银行规定的浮动幅度内自行挂牌。2005年7月21日，人民银行突然宣布，经国务院批准，人民币汇率改为参考一篮子货币，汇率改为1美元兑8.11元人民币，变相升值2%，并且不再与美元挂钩。

1.1.4 中华人民共和国商务部

商务部是主管国内外贸易和国际经济合作的国务院组成部门。譬如看一些重组批准信息就要在商务部的官网上看，其中商务统计和政策发布是各位读者应该关注的。商务统计是每种商业品种的数据汇总，譬如每月的进出口信息统计，这有助于投资者认清我国每个月的进出口简要情况，一些机构研究员也是从这里获取报道的。

政策发布就是商务部发布的一些政策的汇总，譬如我国对于他国商品的反倾销调查，著名的可口可乐收购汇源失败等等信息均发布于此。

中华人民共和国商务部官方网址：http://www.mofcom.gov.cn/

如下图所示，右侧的"新闻发布"栏目内，会及时更新最新的新闻，可作为投资者的参考，如图1-7中所示：

图1-7 中华人民共和国商务部官方网址首页

1.1.5 怎样从宏观经济信息中选股

宏观经济信息往往透露着国家对经济的把控，因此可以说与股市息息相关，投资者在投资股市时是不能忽视这一点的，因为只要你平时多留意宏观经济信息，就会比别人多一只眼睛，从而实现股市天气早知道。

比如，在2015年2月4日时，中国人民银行官网上公布了这样一条信息，如图1-8中所示：

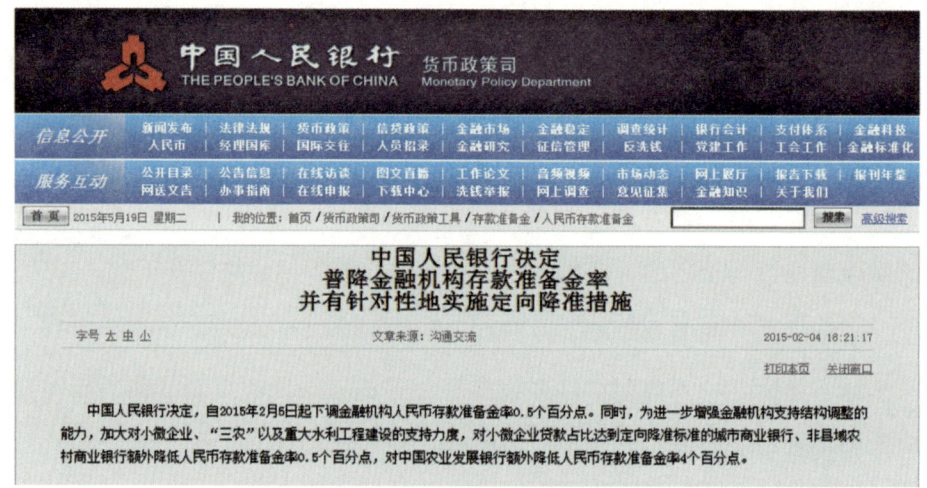

图1-8 中国人民银行网"存款准备金"栏

这则信息表明，中国人民银行将在2月5日起降低人民币存款准备金率0.5个百分点。这也就意味着，银行将要降息，而降息最明显的受益者是房地产板块。那么此时就要关注两市中的地产板块了。此时的地产板块大多都在调整，保利地产更是接连震荡走低。而这一现象是与降息信息相违的，如图1-9中所示。

这一信息与当时的宏观信息不相称，因此，此时应当买入地产股。果然，在随后3月1日公布降息信息后，保利地产在震荡后开始上行，若此时买入保利地产，后市收益高达70%。

国家宏观经济政策信息往往关乎着股票的走向，政策上的扶植，也会对相关产业的个股股价起到推动作用，因此，投资者要时时关注来自官网的宏观经济信息。

图 1-9 保利地产日线图

1.2 了解权威的财政数据信息

1.2.1 国务院国有资产监督管理委员会

国务院国有资产监督管理委员会简称国资委,主要是监管中央所属企业(不含金融类企业)的国有资产。在央企要闻中,中央企业的最新新闻每日都会更新。

国务院国有资产监督管理委员会的官方网站:http://www.sasac.gov.cn/

如图 1-10 中,打开网页,即可点击上面的相关栏目查看信息,如点击"国资监管",即可看到如图 1-11 中的要闻:

图1-10 国务院国有资产监督管理委员会官方网站首页

图1-11 国务院国有资产监督管理委员会"国资监管"栏目

1.2.2 国家统计局

国家统计局是国务院直属机构,主管全国统计和国民经济核算工作,负责拟定统计工作法规、统计改革和统计现代化建设规划以及国家统计调查计划，组织领导和监督检查各地区、各部门的统计和国民经济核算工作，监督检查统计法律法规的实施。由于统计数据通常都是通过该网站发布的，所以统计局的信息就特别要注意。

国家统计局官方网站：http://www.stats.gov.cn/

国家统计局的不少统计指标都对中国证券市场产生一定的影响，那么，在那么多的统计信息中应该重点关注哪些呢？笔者认为，最重要的是以下几个数据，而这些数据在网站中都有，点击相关信息即可进入其页面，如图1-12：

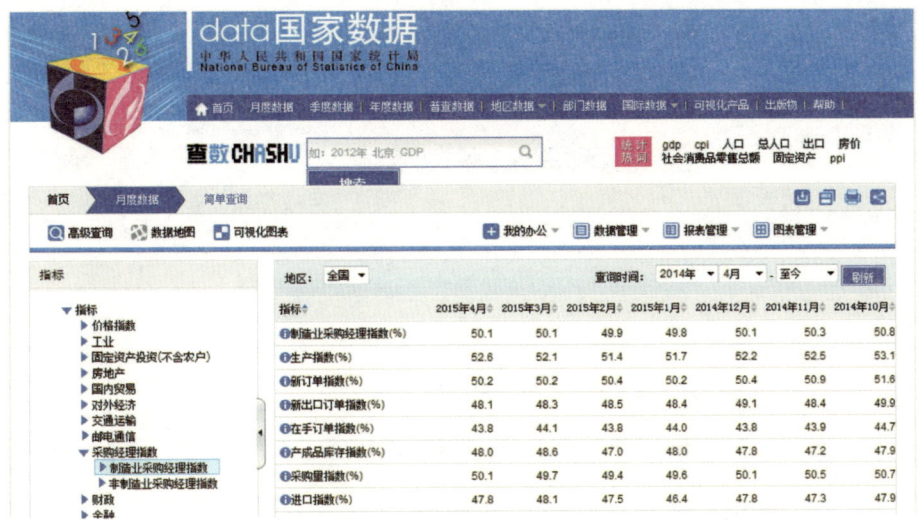

图1-12 国家统计局官方网站

在众统计数据中，读者应该关心三张表，分别是国民经济主要指标数据、全国房地产市场运行情况和全国制造业采购经理指数。

1.2.3 中国证券监督管理委员会

中国证券监督管理委员会简称证监会。这个部门不仅管理中国的证券市场，还管理中国的期货市场，是对证券期货业进行统一监管的部门。

中国证券监督管理委员会官方网站：http://www.csrc.gov.cn/pub/newsite/

证监会最需要关注的就是"证监会公告"和"证监会要闻"，一些新股在被审核通过或没被通过，以及证监会发布什么，都会第一时间在证监会的网站上公布，如图1-13：

图1-13 中国证券监督管理委员会官方网站

1.2.4 如何从财经数据里选股

不同时候的不同财经数据，往往反映出了行业的景气度，那么相关行业的上市公司的业绩就会受到一定的影响，而这直接影响到了上市公司的业绩，在股市中表现最为明显的就是股票的价格。

比如，我们打开国家统计局的网站，如图1-14，点击"数据查询"里的"月度数据"就会发现：

在其中的居民消费价格指数与食品类消费价格指数两栏中，在2014年中，每个月的数据都是呈现上升的，但在2015年1月却出现了较大幅度的回落，而这就直接影响到了相关的食品类上市公司的业绩。此时，再看上市公司中，相关的洽洽食品、三全食品等股票都出现了回落整理，我

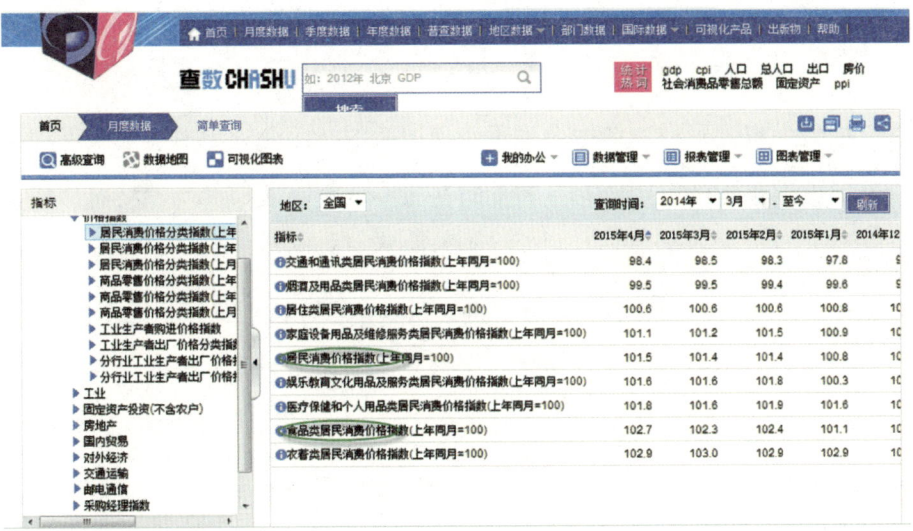

图 1-14 国家统计局官方网站

们以海欣食品为例，如图 1-15 中所示：

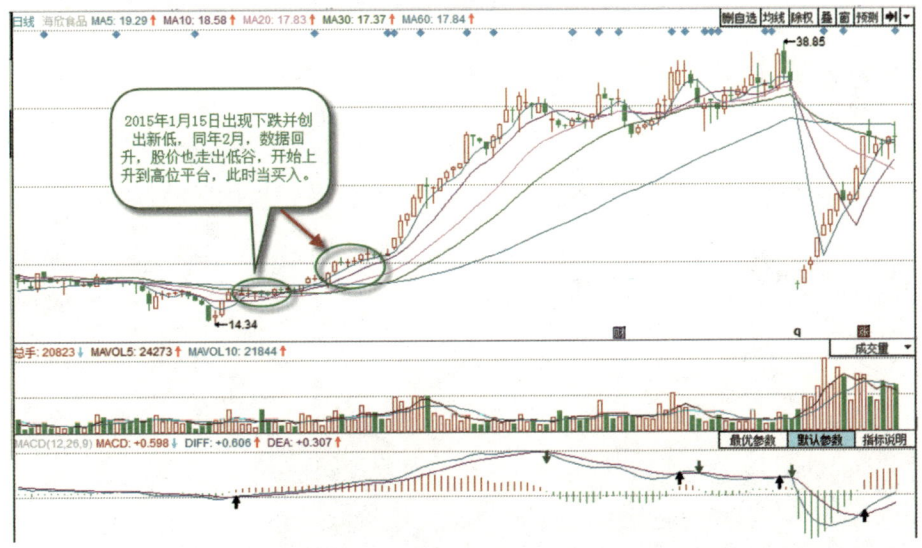

图 1-15 海欣食品日线图

到了 2015 年 2 月，居民消费价格指数与食品类消费价格指数的数据出现了上升，回到了正常的增长之中。这说明国家政策再次刺激了居民消费，相关上市公司的业绩也会出现快速增长的，因此，此时应当买入相关食品类或零售类的公司股票。若此时买入海欣食品股票并一路持有，收益很快随着居民消费价格指数与食品类消费价格指数的回升实现翻番，即使是其他相对较弱的相关股票，收益也会达到至少 50%。

因此，在股市投资过程中，应当时刻关注着国家统计局的一些相关数据，从而才能更好地指导自己的投资行为。

1.3 从权威新闻部门了解国家政策信息

1.3.1 新华通讯社

新华通讯社简称"新华社"，是被许多专业投资者关注的信息来源。一般新华网的头条是最重要的，直接反映了当日的国家大事及最新信息。

图 1-16 新华通讯社官方网站首页

它的财经频道中的财经新闻对中国证券市场有着一定的影响。

新华社的官方网址：http://www.gov.cn/index.htm

譬如图1-17中"文件"一栏更新于2015年5月19日的头条《国务院关于印发〈中国制造2025〉的通知》一则消息：

图 1-17 新华通讯社官方网站首页

这一消息直接导致了2015年5月20日以亚威股份为代表的众多机器人概念的股票开盘后很快拉至涨停，如图1-18中所示：

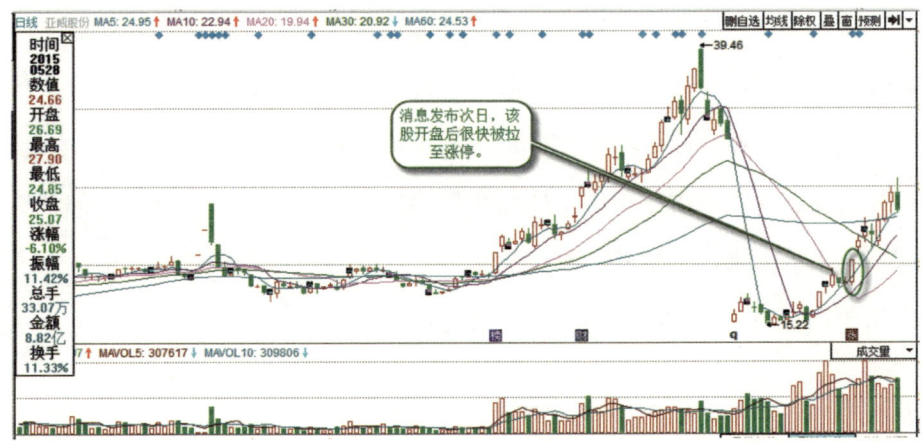

图 1-18 亚威股份 2015 年 5 月 20 日日线图

1.3.2 央视财经频道

央视财经频道是中国中央电视主办的一档财经频道，于1987年2月1日正式开播。

该频道以专业财经信息为核心内容，以生活服务和消费时尚为辅助内容。2009年11月25日，频道开始24小时全天候播出。

央视财经频道的官方网址：http://cctv2.cntv.cn/

图1-19 央视财经频道官方网站首页

别小看这一频道，很多国家重要的信息都会在这里发布，或是介绍相关行业的信息，比如《经济半小时》或是《经济信息联播》两个栏目，其中《经济半小时》更是以通俗的语言介绍一些行业里的内幕或是新兴产业，往往对很多人们来说都很陌生的新兴产业或是中央聚集的企业内幕都是从这里被报道出来的。这些消息直接影响着投资者对那些新兴行业的认识，比如3D打印技术，最早就是从这里被报道出来的。

1.3.3 各地方党报与新闻频道

各地党报与电视台的新闻频道都是当地的重要新闻媒体，很多地方区域的重要新闻都会在第一时间内出现在当地的党报与新闻中,而这些新闻往往是不会出现在国家级的新闻媒体中的,因此,应当随时关注当地的党报与电视台的新闻频道。比如北京电视台,很多北京当地的新闻和政策都会在其新闻里播放,比如北京电视台的《北京时间》,如图1-20所显示的内容:

图1-20 北京网络广播电视台《北京时间》栏目

然而,作为投资者而言,究竟要在当地党报与新闻频道里面读什么呢?当然是读那些具有明显带有区域性的政策或法规,因为在上市公司中有许多地方性较强的企业,这些企业放在全国可能不算什么,但它们却有着很强的地域性,在某一地方区域占据着很强的垄断地位,其优势也全在于此,因此,地方政策的变更往往更能影响其发展。

1.3.4 如何从新闻里淘到金股

如今的社会,可以说是满天都是新闻,并且新闻可以说是无处不在,但是对于投资者来说,选择什么样的新闻、如何选择新闻,就成了每天看新闻的最大问题。

对于有些人来说，觉得两会期间的《政府工作报告》的实际意义不大，但是对于投资者来说，工作报告或是新闻往往透露出来的是政策上对某些行业的一种态度，是值得关注的。比如，2015年3月20日，人民网刊出了这样一篇文章，如图1-21：

图1-21 人民网

如果是错过了3月5日李克强总理做的《政府工作报告》，那么看到这篇文章后就应当引起重视了，"互联网+"什么呢？不管"+"什么，都是产业经营上向网络倾向的一种表现。那么，首先受益的自然是电商概念的股票，但此时的电商概念股都已经涨幅很大。可以想想，中国这一泱泱农业大国，完全可以选择那些互联网概念的农业股，即使是我们错过了其中的龙头股大华农，与十几个"一"字涨停擦肩而过，还可以选择其他的，如雏鹰农牧。见图1-22。

图1-22人民网发表这篇文章时，雏鹰农牧正在低位10元左右的价位震荡，此时如果借着李克强总理的"互联网+"概念的提出而买入这只股票，至今早已达到了翻倍的收益。

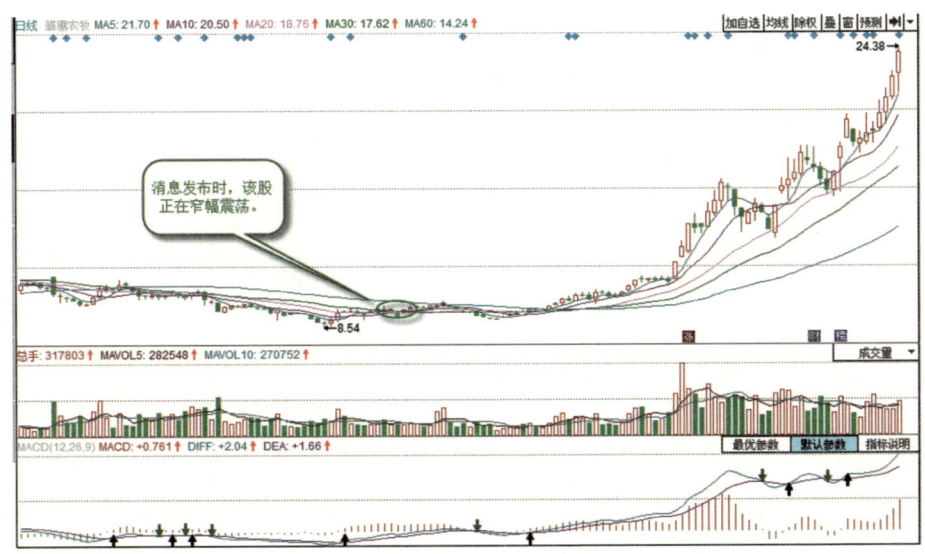

图 1-22 雏鹰农牧日线图

因此，在面对新闻中尤其是国家领导人所提出的新概念时，应当敢延伸思考，因为这些容易忽视的新概念，往往就会成为日后政府工作的重点，影响着各个行业的上市公司。

1.4 如何根据官方网站信息选股

1.4.1 关注货币走向，挖掘受益金股

很多时候，投资者并不怎么关心货币的走向，但事实上人民币的未来走向关系着很多行业的未来发展。比如人民币如果升值了，那么国内的某些企业就会因此直接或间接受益；如果人民币贬值了，同样会有许多行业因此而直接或间接受益的。

而这一点，投资者完全可以从中国人民银行的官方网站上看得一清二楚。因为在中国人民银行的网站上，不止是一些相关的政策，还有一个"人民币汇率"的专栏，投资者只要经常登陆这个网站就可以随时看到关于人民币的走向。比如，在2014年3月的时候，就可以看到，当时人民币出现了贬值的走势，如图1-23中所示：

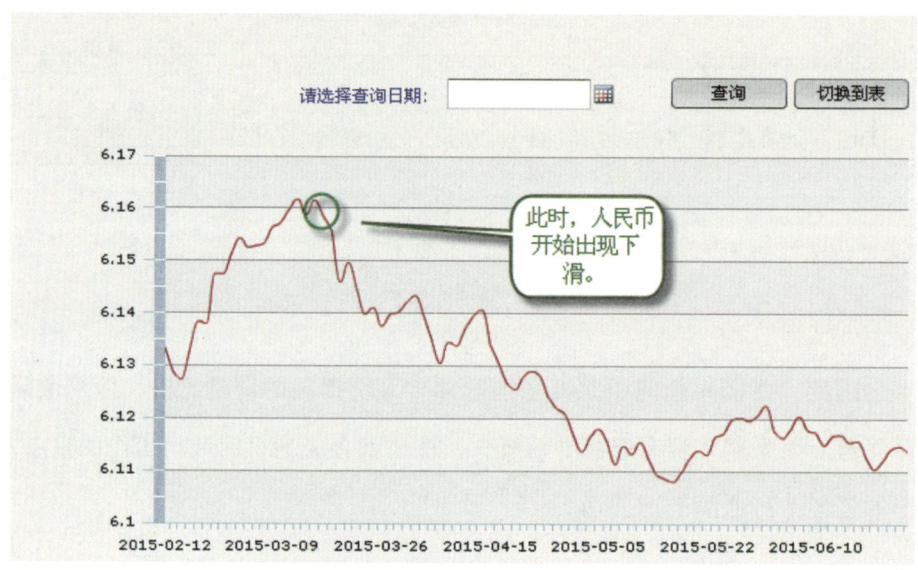

图1-23 中国人民银行官方网站"人民币汇率"

那么，在此时，投资者就要关心因人民币贬值而受益的个股了，比如：服装纺织、钢铁行业、家电行业，以及间接受益的航运行业等。比如，若是我们选择了服装行业，就可双选择报喜鸟（002154）了，因为这支股票一来是大众熟悉的品牌，二来其盘子很小，流通盘只有5.35亿，加上多年来其业绩一直较为稳定。那么，我们再来看一看其K线走势，如图1-24中所示：

第一章
官方网站信息要来自政府部门

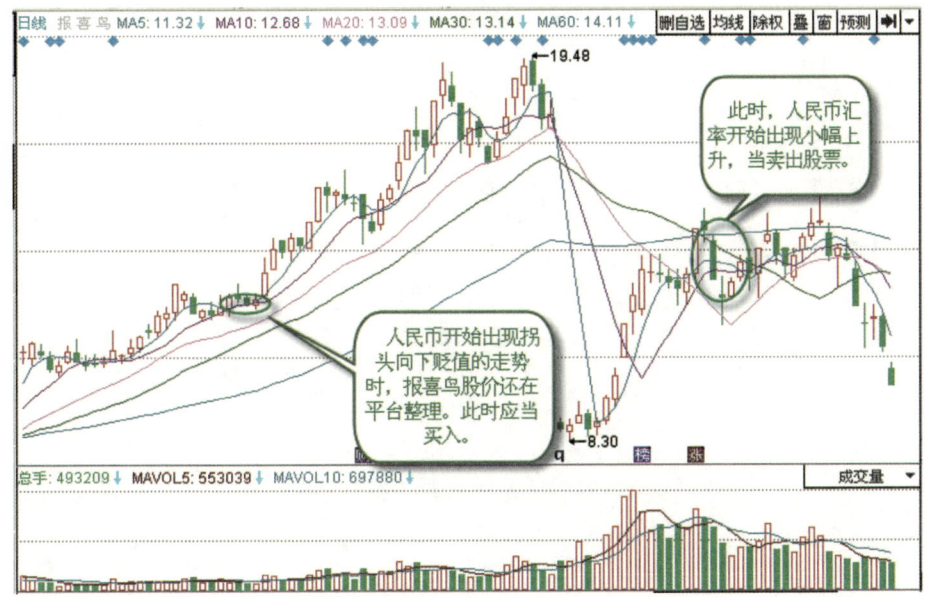

图 1-24 报喜鸟日线图

其后，人民币的走势开始了一路下滑，如图 1-23 中所示，而受益于此，报喜鸟的股价却出现了大幅拉升。至 2015 年 5 月人民币汇率开始出现升值时，此时就应当卖出股票了。

此时算下来，从人民币汇率下跌到上升，投资者持股不过才两个多月，但是股票的价格却从最初买入的 12 元多上升到了卖出时的 13 元左右，但是期间报喜鸟却实施了高达 10 送 10 的大比例送转。这也就是说，两个月的持股，让投资者无形之中经历了股价的翻倍行情。

1.4.2 从政策动向中选择未来潜力股

国家政策上的一举一动，往往牵动着股市，比如政策上支持什么，不管国家是否正式出台了相关的具体政策和文件，那么这一产业或是行业均会受到市场的热捧的。因为这些产业或是行业已经引起了上层的关注，未

来必定会出台相应的文件与具体的扶植政策。

作为投资者来说,可以多从四大财经网站或是国家权威部门发布的一些相关政策中捕捉信息,从而指导自己的投资。

例如,在 2015 年 4 月 20 日的时候,在国家发改委的网站上,发布了一份通知,见图 1-25:

图 1-25 国家发展与改革委员会"政策发布中心"

很明显,在这份通知中,国家对福建自贸区给予了明确的支持,并像当年国家开放沿海城市一样给予了照顾与政策上的倾斜,希望福建省能借机起个带头作用。作为股市投资者来说,此时就应当及时关注那些关于福建自贸区中的相关个股了,比如,我们从中选择了建发股份(600153)。此时建发股份正处于下跌的态势,如图 1-26 中所示。

从建发股份的日线图中可以看出,通知公布时,其股价正处于拉高后的震荡整理时期,并在随后开始了向上调整。此时投资者应当及时买入这

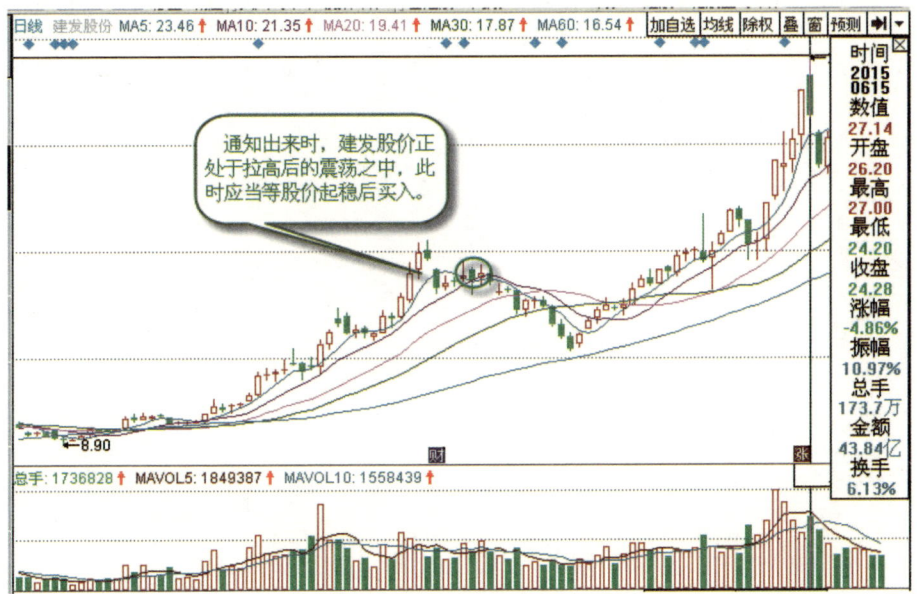

图 1-26 建发股票日线图

支股票。而即使是在通知发布当日买入,至 2015 年 6 月 15 日时,其最高股价达到了 27 元,与通知发布当日的股价 17 元左右相比,每股可以盈利 10 元,投资者在一个多月间即可获利高达 60%。

因此,投资者在投资过程中,一定要时刻关注着国家政策上的新动向,并从中准确嗅到那些政策扶植的产业或行业相关概念股的味道,从而实现从中获利。

第二章

关注证监会、银监会、保监会发布的信息

古语讲"三堂会审",事实上,A股市场上的股票基本上也要经过这"三堂会审",那就是证监会、银监会、保监会,因为这三个会可以说直接或间接地管辖着股市,它们所发布的许多政策或是规定都会直接或间接地影响到一支股票的价格波动。因此,投资者一定要时刻关注着那些来自证监会、银监会、保监会的重要信息。

第二章
关注证监会、银监会、保监会发布的信息

2.1 证监会

2.1.1 关注证监会发布的信息

证监会的全称是中国证券监督管理委员会,是国务院直属的正部级事业单位,依照法律、法规和国务院授权,统一监督管理全国证券期货市场,维护证券期货市场秩序,保障其合法运行。

国务院证券委和中国证监会成立以后,证监会职权范围随着市场的发展逐步扩展。1993年11月,国务院决定将期货市场的试点工作交由国务院证券委负责,中国证监会具体执行。1995年3月,国务院正式批准《中国证券监督管理委员会机构编制方案》,确定中国证监会为国务院直属副部级事业单位,是国务院证券委的监管执行机构,依照法律、法规的规定,对证券期货市场进行监管。1997年8月,国务院决定,将上海、深圳证券交易所统一划归中国证监会监管;同时,在上海和深圳两市设立中国证监会证券监管专员办公室;11月,中央召开全国金融工作会议,决定对全国证券管理体制进行改革，并对地方证券监管部门实行垂直领导，并将原来由中国人民银行监管的证券经营机构划归中国证监会统一监管。

1998年4月，根据国务院机构改革方案，决定将国务院证券委与中国证监会合并组成国务院直属正部级事业单位。由此，中国证监会的职能明显得到了加强。

由此可见，证监会实际上是官方权威的领导机构，所以，证监会发布的消息对股市的影响更为直接。比如在2015年4月30日，大智慧收到了证监会《调查通知书》。由于公司信息披露涉嫌违反证券法律规定，证监会决定对该公司进行立案调查。五一假期过后，一开盘大智慧便遭遇了两个"一"字跌停，市值缩水高达126亿元。

中国证券监督管理委员会官方网址：http://www.csrc.gov.cn/pub/newsite/

图2-1 中国证券监督管理委员会官方网站

2.1.2 从证监会发布的信息中选择牛股

我们都知道，证监会虽属于事业单位，但其行政权利很大，而其发布的每一条信息都与市场上的传闻不同，可以说是证券市场上的"行政令"，

第二章
关注证监会、银监会、保监会发布的信息

因此，如果留意证监会发布的信息，就可以洞悉政府对某个行业甚至是某些公司的某种行为的认可，比如上市公司的重组，再比如，对产业的扶植。

2014年4月11日，证监会召开了一个新闻发布会，当天在其网站上公布了相关内容，如图2-2中所示。

图2-2 证监会官方网站"新闻发布"栏2014年4月11日

在答记者问中，谈到了证监会对证券公司开展互联网证券业务的问题，证监会负责人是这样回答的，如图2-3中所示。

图2-3 证监会官方网站"新闻发布"栏2014年4月11日

从中可以看出证监会对证券公司开展互联网证券业务的支持态度，这对于证券公司来说无疑是一项长期的利好举措。而在随后批准的证券公司中信证券、西南证券和国金证券等三家中，我们以中信证券为例，如图2-4中所示：

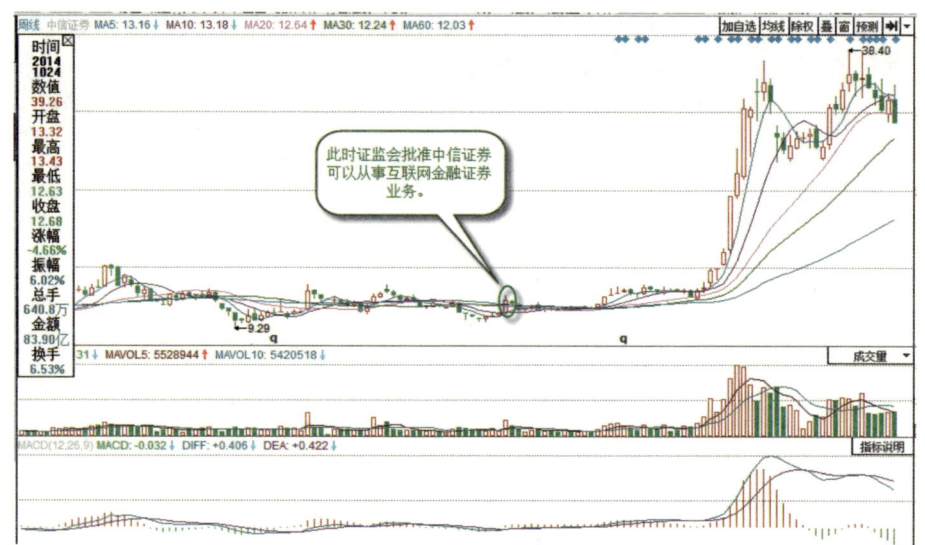

图 2-4 中信证券周线图

从图 2-4 中可以看出，当时中信证券正处于横盘震荡，股价最高 12.69 元，如果我们抛开技术形态分析，仅仅从证监会对证券公司的长期利好出发来买入这只股票，持有到 2015 年 1 月的话，那么收益早已超过了百分之百，当之无愧骑了回大牛股。而再去看与中信证券当时一起获得批准的另两家上市公司国金证券和西南证券，获利同样也超过了百分之百。

因此，如果能够准确对待证监会发布的对行业的利好的话，投资者自然很容易就会骑上大牛股。

2.2 银监会

2.2.1 关注银监会发布的信息

银监会全称为中国银行业监督管理委员会，是中华人民共和国国务院负责银行业监督管理的直属事业单位，成立于 2003 年 4 月 28 日，是从中国人民银行拆分出来的管理机构，主要负责监督管理银行、金融资产管理公司、信托投资公司及其他存款类金融机构，维护银行业的合法、稳健运行。

这也就意味着，中国人民银行发布的所有决定，都是由银监会核准后公布的，所以，从银监会发出的各种消息，也是十分重要的。

银监会官方网站：http://www.cbrc.gov.cn/index.html

图 2-5 银监会官方网站首页

在银监会网站中，政务信息和要闻导读这两个栏目较为重要，可以读到最新的银监会动向，除此之外，领导对话也值得一读。里面的很多文章中，有不少信息会从中透露出来，能够更快地了解到一些最新的信息动态。

2.2.2 从银监会发布的信息中选择牛股

从某种意义上讲，银监会属于银行的上级监管部门，因此，只要及时关注银监会发布的消息，就会从中得到启发，进而在股市中收益良多。但是，这并不是说，银监会的消息只针对那些银行股才会出现利好，同样，与其相关的上市公司同样会受益的。

2014年7月25日，银监会在其网站上"热点更新"栏目发布了这样一则关于政务的消息，如图2-6中所示：

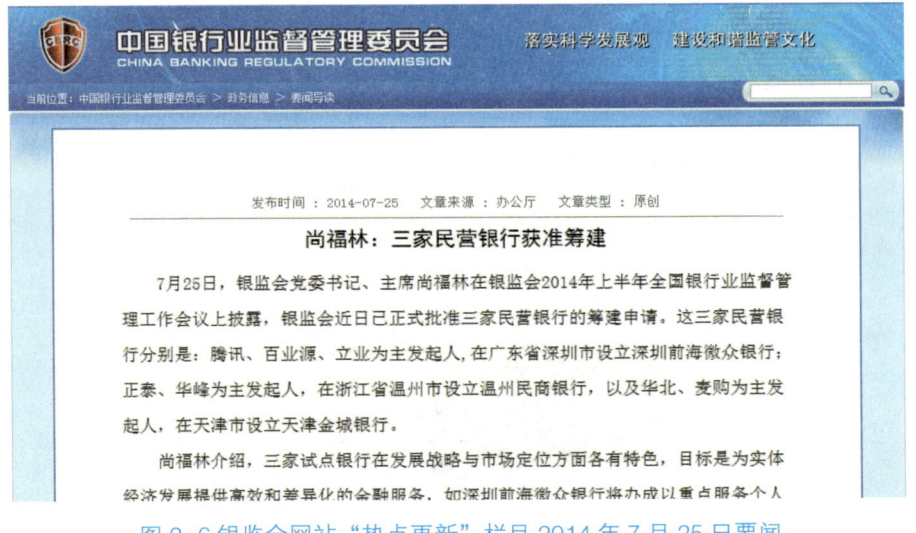

图2-6 银监会网站"热点更新"栏目2014年7月25日要闻

深圳前海微众银行、温州民商银行、天津金城银行等三家民营银行的获准，最大的利好自然是这三家民营的股东，再按着这个思路去寻找相关的上市公司，就会发现，健康元（600380）才是这三家银行中的最大股东，而再去看健康元这支股票，如图2-7中所示。

此时就会发现，在银监会消息发布的当日，健康元便直接拉到了涨停，

第二章
关注证监会、银监会、保监会发布的信息

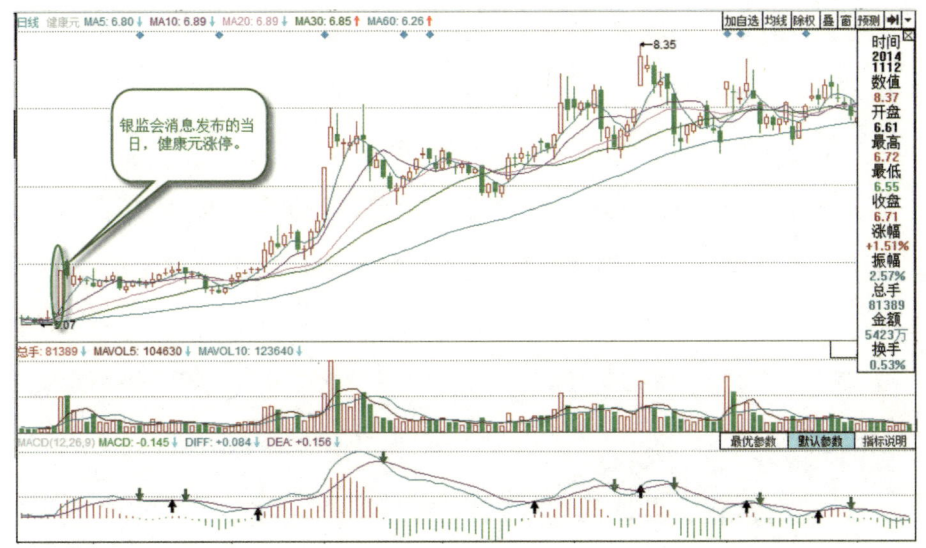

图 2-7 健康元日线图

如果当天读到消息时买入的话，当日即可获利。而其后，经过上涨震荡后，健康元的股价继续走高，最高到了 12 月 15 日的 8.35 元，与 7 月 25 日的开盘价 5.17 元相比，上涨了 50% 左右，而若是再拿到 2015 年 5 月 22 日，则达到了 30 元，股价翻了近 6 倍之多。

因此，只有时刻关注银监会发布的消息，才能捕捉到真正的牛股。

2.3 保监会

2.3.1 关注保监会发布的信息

保监会全称是中华人民共和国保险监督管理委员会，于 1998 年 11 月 18 日成立，是国务院直属的正部级事业单位，与证监会、银监会平级。根

据国务院授权履行行政管理职能,依照法律、法规统一监督管理全国保险市场,维护保险业的合法、稳健运行。

保监会官方网站:http://www.circ.gov.cn/web/site0/

在保监会网站上,有两个栏目较为重要,一个是"政策法规",另一个是"工作动态",因为往往很多新政策都是从这里发布的,如图2-8:

图 2-8 中国保险监督管理委员会网站

除了这两个栏目外,还有一些数据值得一读,因为保险类上市公司年度、季度的保险费收入数据都会在保监会的网站上进行公布。再有就是"行政处罚"栏目,保监会对各保险公司的行政处罚都会在这里公布,因此,在购买保险类股票或是参股保险类的股票时,应当及时留意或是到这个栏目里查询一下,否则一不小心买入了刚刚被保监会处罚了的上市公司,那么很有可能就不是骑上了"黑马",而是骑上了一匹被戴上了帽子的"绿马"。

2.3.2 从保监会发布的信息中选择牛股

保监会的网站虽然不像那些新闻门户网一样，更新很快，但上面所发布的一些消息，几乎都会对相关的公司产生重要的影响，尤其是那些相关的上市公司，其股价很大程度上受到了这些消息的影响。

比如在2015年，保监会在"工作动态"栏目中更新了这样一条新闻发布，如图2-9中所示：

图2-9 保监会官方网站"工作动态"2015年3月12日"新闻发布"

从这份通知中可以看出，保监会只是发布了一个关于再保险制度的通知，目的是为了进一步完善再保险的监管体系，但是作为投资者此时就应当引起注意了，因为制度的规范化，对于那些具有相关业务的上市公司来讲，无疑是一大利好。

从上市公司中再去寻找已经参股保险公司的股票，就会发现，西水股份就是一支这样的股票，并且流通股本很小，只有3.84亿，而通知发出的当天，西水股份便开始出现了放量拉升，并突破了近日的整理平台，如图2-10中所示：

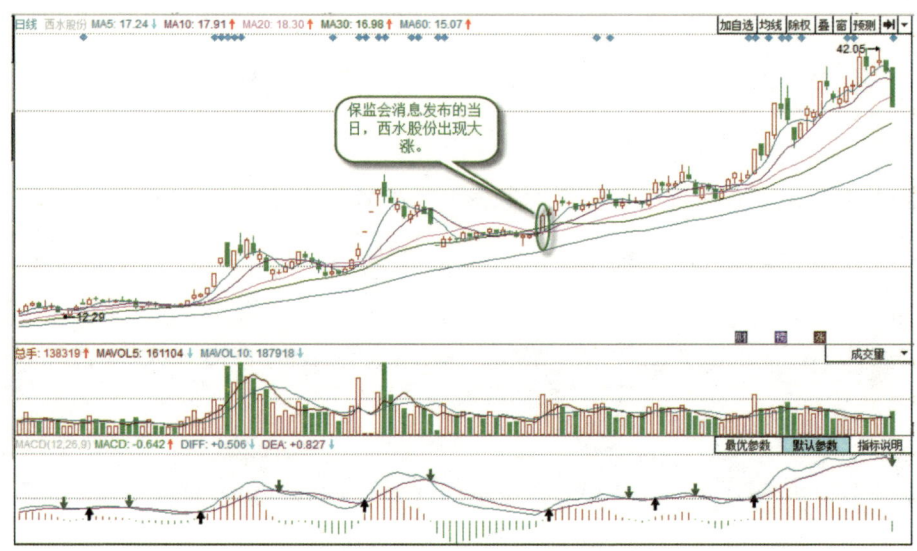

图 2-10 西水股份日线图

　　此时就应当果断买入这支股票了,因为保监会这份通知并不仅仅是一时的利好,而是长期的。投资者读到这则通知后或许会晚了些,即使是在当日收盘中的最高价 23.75 元买入的话,那么如果持有到 2015 年 5 月 21 日的话,股价已经达到了 41.99 元,短短两个多月的时间,投资收益便接近了翻倍,并且从趋势上看,西水股份依然在上涨中。

　　所以说,要想抓住大牛股,并不仅仅是依靠技术,只要能够认真解读保监会发布的消息,同样可以轻轻松松地抓住大牛股。

第三章

怎样从两大交易所的信息中掘金

"两交所"就是我们所熟知的上海证券交易所与深圳证券交易所,其中,截至2015年4月底,深圳证券市场包括深圳主板、中小板、创业板,共有1565支股票;上海证券市场有948支股票;到目前为止两市场共有2513支股票。也因此,两大交易所每天都会发布很多相关的信息,那么,作为投资者而言,如何才能从两大交易所发布的琳琅满目的信息中去淘到金股呢?

第三章
怎样从两大交易所的信息中掘金

3.1 如何从上海证券交易所的信息中掘金

3.1.1 上海证券交易所

上海证券交易所位于上海市浦东新区,简称上交所,是中国大陆两所证券交易所之一。上海证券交易所创立于1990年11月26日,同年12月19日开始正式营业。至2015年5月15日,上交所共有1043支股票,总市值突破了350000亿,其中A股总市值339048亿元,B股1239亿元,总股本达到30000亿,平均市盈率达到20.73倍。

上海证券交易所官方网址:http://www.sse.com.cn/

笔者认为,在上交所的众多栏目中,"信息披露"值得一读,因为很多信息都是从这里披露出来的,尤其是其中的上市公司公告。其次,各栏更新和热点动态也值得一读。比如在各栏更新中,就有着很多实用的最新的公告信息,如果时间有限,只需要浏览一下这个栏目就能够知道各栏目的最新动态了,如图3-2中所示。

股市公开信息淘金
GU SHI GONG KAI XIN XI TAO JIN

图 3-1 上海证券交易所官方网站首页

图 3-2 上海证券交易所官方网站"各栏更新"

3.1.2 怎样从上交所信息中挖掘金股

很多时候,上交所发布的一些信息里往往都孕藏着很多的投资商机,只不过很多投资者没有留意,或是没有用心去思考,结果往往和一只只大

第三章 怎样从两大交易所的信息中掘金

牛股擦肩而过。那么,如何从上海证券交易所的信息中去挖掘金股呢?

事实上要想做到这一点并不难,在 2015 年 3 月 10 日,上交所在其官方网站上发布了一篇名为《上交所监事长潘学先接受新华网两会特别访谈:加快监管转型,提升监管效能》的文章,在这篇文章中有这样一则内容,如图 3-3 中所示:

图 3-3 上海证券交易所官方网站"热点动态"2015 年 3 月 10 日要闻

从上面可以得知,上交所监事长潘学先是在谈上交所今后将如何利用大数据来监管"老鼠仓"的问题。但是如果我们有心,脑子里很快就会闪出三个字——"大数据",无疑上交所此举对 A 股市场上的大数据概念股是一大利好。那么我们再从同花顺中找出相关概念股,其龙头股卫士通、久其软件便跃然而出。在此,我们以久其软件为例,如图 3-4 所示。

消息发布时,久其软件(002279)正在停牌,其复牌后以"一"字涨停的方式进行了补涨,至 4 月 16 月时涨停打开,此时可大胆跟进,那么至 5 月 21 日时,股价达到了 101.00 元,如果以 4 月 16 日当天最高价也是涨

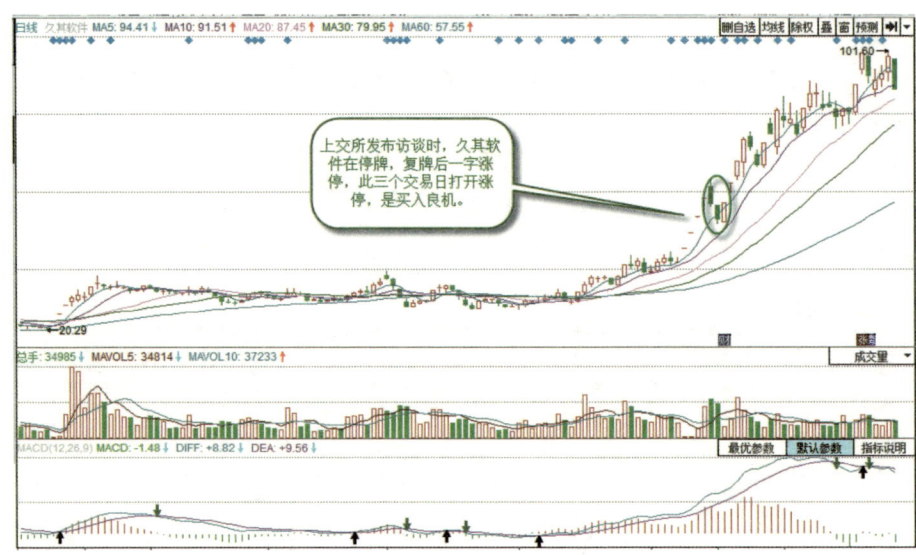

图 3-4 久其软件日线图

停价 58.71 元计算的话，短短不到一个月的时间里收益竟然高达近 90%，并且久其软件股价依然在上涨。

事实上不止是久其软件，若当天买入卫士通等大数据概念股票的话，收益会更高。因此说，只有不断关注上交所发布的信息，并从中思考，抓住牛股其实并不难。

3.2 如何从深圳证券交易所的信息中掘金

3.2.1 深圳证券交易所

深圳证券交易所简称"深交所"，成立于 1990 年 12 月 1 日，是为证券集中交易提供场所和设施，组织和监督证券交易，履行国家有关法律、

第三章 怎样从两大交易所的信息中掘金

法规、规章、政策规定的职责，实行自律管理的法人。

深交所的主要职能包括：提供证券交易的场所和设施；制定业务规则；组织、监督证券交易；对会员进行监管；审核证券上市申请、安排证券上市；对上市公司进行监管；管理和公布市场信息；中国证监会许可的其他职能。

深交所全力支持中国中小企业发展，推进自主创新国家战略实施。2004年5月，正式推出了中小企业板；2006年1月，中关村科技园区非上市公司股份报价转让开始试点；2009年10月，创业板正式启动。

深圳证券交易所官方网址：http://www.szse.cn/

图 3-5 深圳证券交易所官方网站首页

在深圳证券交易所官方网站中，笔者认为，其中"最新动态"和"信息披露"两个栏目是最值得关注的。在"最新动态"中可以了解到深圳证券交易所的最新举措，而"信息披露"里又可以及时得知很多深市上市公司的重要信息和内容，可以作为投资时的参考。

比如在2015年5月10日，在"最新动态"里发布了如下信息，如图3-6中所示：

图 3-6 深圳证券交易所官方网站"最新动态"栏

深交所与泛欧交易所的合作，必将失去两所中相关概念的个股，可以作为投资的参考予以关注。

3.2.2 怎样从深交所信息中挖掘金股

深交所与上交所一样，其在网站上发布的信息并不多，大多是其所辖上市公司发布的一些公告等信息，或是相关行业的动态，那么，如何才能够从深交所发布的信息中去挖掘金股呢？

事实上要想做到这一点并不难，比如，图 3-7 是深交所在其官方网站上公布的一则消息。

我们看到，这则消息是由上市公司国民技术（300077）提交深交所发布的，是国民技术欲实施限制性股票激励计划的一份草案。我们都知道，股权激励计划是公司从长远发展而制定的一项措施，从 2010 年起，A 股中

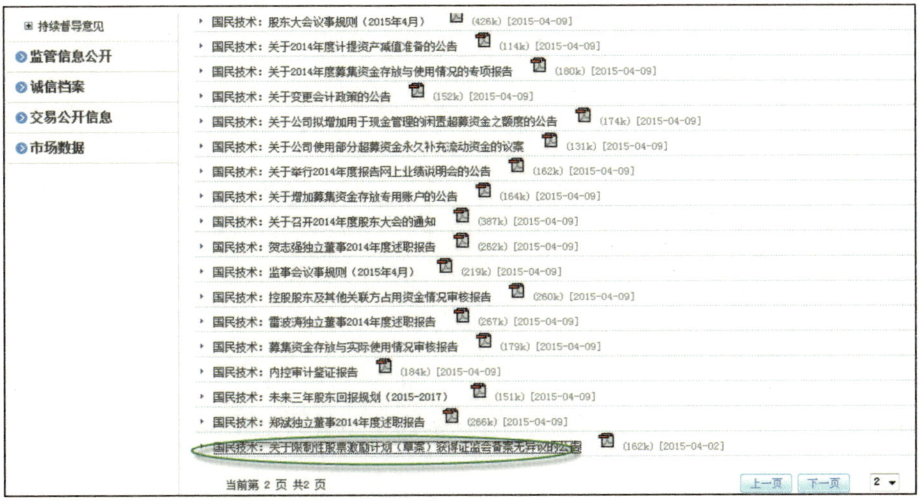

图 3-7 深圳证券交易所官方网站"上市公司公告"栏

的上市公司开始大范围实施股权激励计划。从利益最大化的角度来看，上市公司偏爱在股市周期低点、公司股价低估时推出股权激励方案。其中，中小板和创业板民企成为倡导股权激励的绝对主力。

我们再回到当时的 A 股市场，2015 年 4 月 2 日，股市沪指大盘在 3800 多点的位置，而再翻看国民技术的公司基本面就会发现，公司以生产移动支付芯片与银联卡芯片为主，具有 4G 概念，业绩稳定并处于快速发展的上升期。由此可以判断，公司在此时欲推出股票激励计划，说明当时其股票的估值较低，只有 41 块多。如图 3-8 中所示：

消息发布的当日，国民技术便以略微高开的方式开盘，并很快便拉至了涨停，一举突破了整理的平台。随后股价震荡走高，至 2015 年 5 月 22 日时，盘中创出了 78.06 元的新高。如果在消息发布的 4 月 2 日买入的话，在短短一个多月的时间里，上涨幅度接近了 70%，十足是骑了一回"黑马"。

由此可见，深交所的官方网站上所公布的消息尽管不多，但这些消息

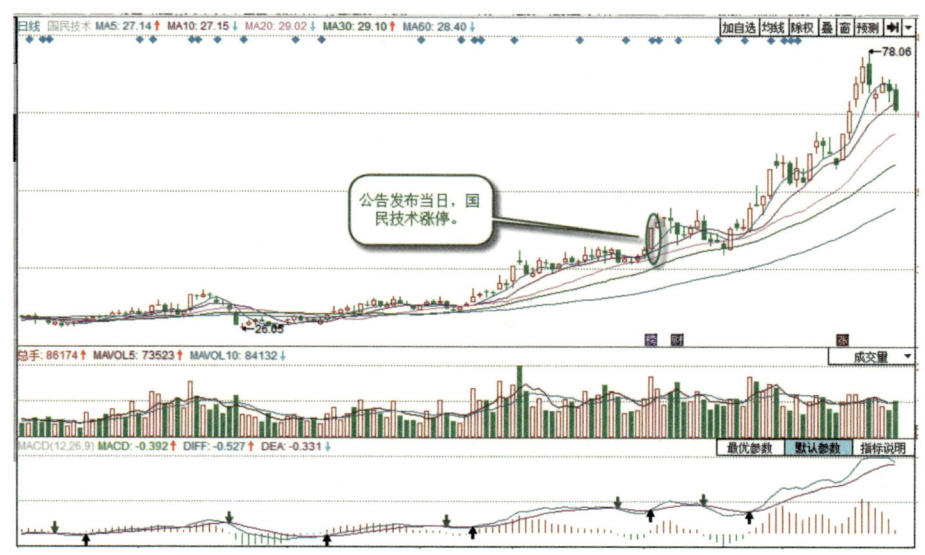

图 3-8 国民技术日线图

对于投资者来说都是至关重要的，尤其是那些关于上市公司的具体经营报告，只要投资者能够认真对待，就一定能够从中获得收益。

3.3 把握警示风险的脉门

3.3.1 风险警示板

"入市有风险，投资需谨慎"其实并不仅仅只是一句股民们挂在嘴边的话。每到大盘涨幅过大的时候，上交所与深交所都会在其官方网站挂出这样的字眼，以警示投资者。

为此，上交所还专门在其官方网站上设了一个栏目，叫做"风险警示板"，目的就是为了及时公布相关的风险，以使投资者可以尽早根据相关

第三章
怎样从两大交易所的信息中掘金

提示，对可能出现的风险予以规避。

图3-9 上海证券交易所官方网站首页

在图3-9中，我们只需要打开上海证券交易所的官方网址首页，在左侧边栏的"快速导航"中的最下面有"风险警示板"，点击即可进入该栏目。如图3-10中所示：

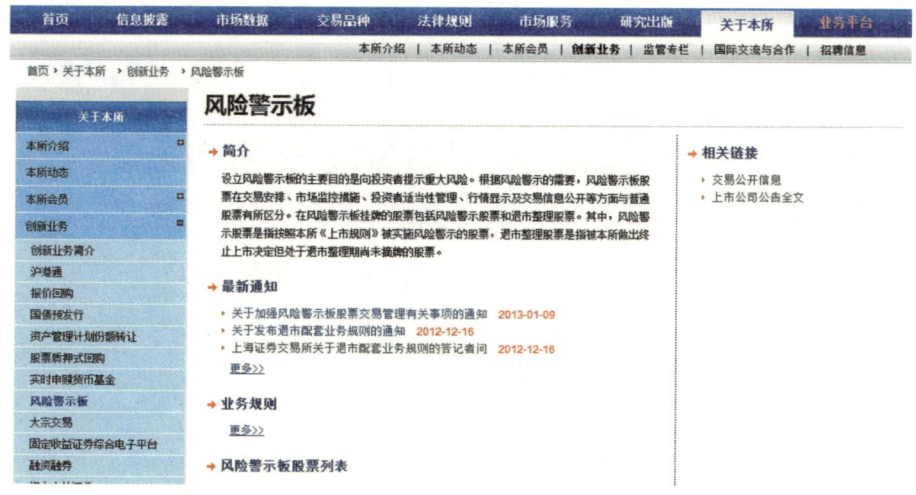

图3-10 上海证券交易所"风险警示板"栏目

49

在这个栏目中，只需要点击左侧的相关业务，即可进入查询。

除此之外，在"各栏导航"可以点击更多，那么网站一周内更新的内容就会出现在下面，其中在热点要闻或是公告等栏目中同样也有着很多的风险提示，这一点也是不容忽视的。如图3-11所示。

图3-11 上海证券交易所"网站一周更新"

同样，在深圳证券交易所的网站上，也有着很多相关股票信息的风险提示，比如图3-12中所示。

图3-12 深圳证券交易所官方网站"信息披露"栏目

深市的上市公司的有关信息都会在这个栏目里出现，比如退市公告，投资者只有了解了相关的风险，才会在投资中避免遭遇损失，如图3-13中所示：

图3-13 深圳证券交易所官方网站公告

3.2.2 聚集内幕交易

中国A股市场因为成立较晚，属于新兴市场，各种大制度还有待进一步完善，但正是由于这一点，很多机构或个人便利用职务之便进行一些内幕交易，比如利用消息提前参与到欲重组的上市公司中，以谋求暴利。这也使得很多投资者趋之若鹜，总想能够得到一点内幕消息。但事实上普通投资者是很难提前得知内幕的。而内幕交易破坏了投资者公平、公正投资的权利，为此，上交所与深交所频出重拳，打击内幕交易者。

比如深交所，为此还特意在其官方网站上开辟了一个专栏"内幕交易教育警示展"。

图 3-14 深圳证券交易所官方网站首页

如图 3-14 所示,在深圳证券交易所官方网站首页左侧边栏的上方,有"内幕交易教育警示展"的专栏名称,点击即可进入。

图 3-15 深圳证券交易所官方网站"内幕交易警示教育展"专栏

其实不仅是深交所，上交所同样对内幕交易是频出重拳，比如在 2015 年 3 月 2 日，上交所便发布了一份白皮书，如图 3-16：

图 3-16 上海证券交易所官方网站"热点动态"栏目

因此，投资者在选择好想要购买的股票标的后，最好在两交所的官方网站上去查看一下。否则再好的股票，一旦遭到深交所或上交所指责涉嫌内幕交易了，日后也很难有好的表现。所以，要多从两交所的官方网站上去看看两交所的各种公告，以免"上错花轿嫁错郎"。

第四章

从行业信息网上寻找投资标的

行业信息网里往往公布着行业里的相关行业政策的变动，以及行业信息的变更，这些信息往往都直接地影响到了一个行业未来的发展。比如四大财经报刊和许多重要的财经类媒体，这上面发布的很多政策和信息往往会成为行业未来发展的风向标，指引着投资者从里面去寻找投资标的，或是指导自身的投资行为。

第四章
从行业信息网上寻找投资标的

4.1 必读的四大财经报刊

4.1.1 《上海证券报》

《上海证券报》由新华通讯社主办，创建于1991年7月1日，是新中国第一份以提供权威证券专业资讯为主的全国性财经类日报，总部位于上海。该报凭借着权威证券、财经信息的传递和及时、准确、全面、专业的资讯服务，在财经报道领域已树立起独特的优势和鲜明的特色，在证券市场和投资者中拥有强大的影响力和较大的市场份额。

中国证券网《上海证券报》电子版官方网址：

http://paper.cnstock.com/html/2015-05/20/node_3.htm

在查看《上海证券报》时，可以再接着看看中国证券网的首页，如图4-2。

不管是《上海证券报》，还是中国证券网，首页上往往有些文章代表着市场主流机构的观点，将有助于中小投资者的判断。

图 4-1《上海证券报》网站

图 4-2 中国证券网网站首页

4.1.2《中国证券报》

《中国证券报》也是由新华通讯社主办的全国性证券专业日报,1992年10月成立,总部在北京。该报以证券、金融报道为中心,报道国内外经济大势、宏观经济政策;报道证券市场、上市公司等专业领域信息;关注货币、保险、基金、期货、房地产、外汇、黄金等相关市场,并在更加广阔的财经领域有着较大的影响力。

《中国证券报》官方网站：http://epaper.cs.com.cn/dnis/

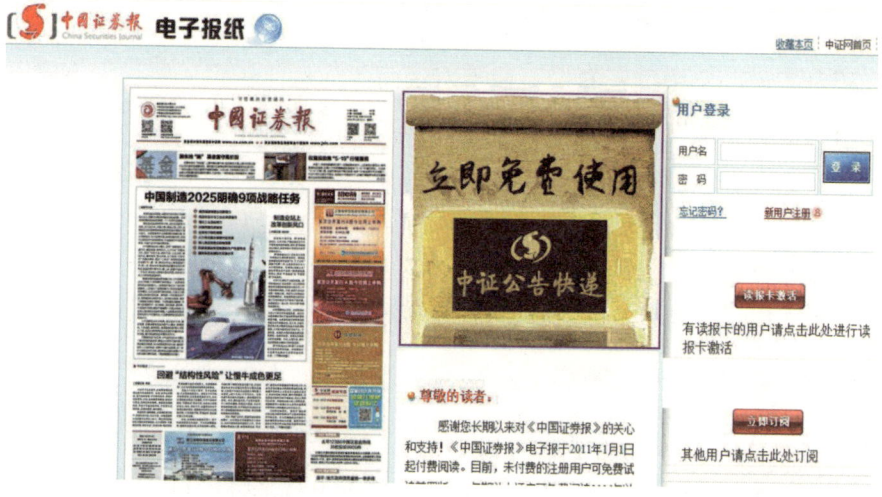

图 4-3 《中国证券报》电子版网站

图 4-4 中证网官方网站

中证网主页：http://www.cs.com.cn/csnews/

与《上海证券报》一样，《中国证券报》也是各大券商、基金公司、研究机构每日订阅的必读刊物之一。有人称这两份报纸是投资股票的"双眼"，不看这两份报纸，投资可能变得毫无意义。

相对来说，《中国证券报》偏于宏观面的信息比较多一些，大方向方面的报道更胜一筹。而笔者最为关注的是该报的"投资评级"与中证网的"财经生活"和"数据"。

"投资评级"最大的好处就是对当今的热点板块可以做一个很好的评级，而对于中小投资者来说，这些投资评级都是权威性的机构研究的成果，对于板块有着总结性和前瞻性。

"财经生活"最大的特点是发布一些上市公司的违规现象，"数据"则会公布一些上市公司的年报、半年报，或是在股东减持与公司业绩预增等公告。

所有这些，都会指导中小投资者投资。

4.1.3 《证券时报》

如果说《上海证券报》和《中国证券报》是权威信息老大的话，那么《证券时报》作为南方财经媒体，异军突起。《证券时报》是中国证监会指定披露上市公司信息的报刊，是以报道证券市场为主，兼顾经济金融信息，面向国内外公开发行的财经类专业日报，创办于1993年11月28日，总部位于深圳。深圳是我国改革开放的前沿，又毗邻香港，人们在思想上和行动上更解放和大胆。

《证券时报》电子报网址：

http://epaper.stcn.com/paper/zqsb/html/epaper/index/index.htm

第四章
从行业信息网上寻找投资标的

图 4-5《证券时报》电子版网站

图 4-6《证券时报》官方网站

《证券时报》官方网站：

http://www.stcn.com/

4.1.4 《证券日报》

相对于前三大报来说，《证券日报》起步较晚，《证券日报》于2000年10月18日创刊，是由经济日报报业集团主管主办，总部位于北京。《证券日报》每天以全新的视角报道国内外金融证券大事，对证券市场走势和热点作出及时独立判断，在指导投资、传播知识和弘扬新时期证券市场主旋律等方面发挥了重要作用。《证券日报》的优势在于对非上市公司的报道，从近期的公司视角可以看出，该报侧重于创业板的报道，随着创业板的开闸，该报将会继续跟踪创业板。

《证券日报》电子版网址：

http://zqrb.ccstock.cn/html/2015-05/20/node_2.htm

《证券日报网》网址：http://www.ccstock.cn/

图4-7 《证券日报》电子版网站首页

第四章
从行业信息网上寻找投资标的

图4-8 证券日报网官方网站首页

4.1.5 如何从财经报刊里掘金

"四大报"是最直接、最简单，也是最权威的证券专业咨询财经媒体，每一个股民都必须看。这"四大报"分别是上海证券报、中国证券报、证券时报和证券日报。它们是目前发行量最大的全国性财经日报，也是中国证监会、中国保监会和中国银监会指定的相关行业信息披露媒体，具有权威性、专业性和指导性。

但是，有了这些媒体平台资源后，投资者究竟应当如何从里面掘金呢？

比如，2014年3月3日，如果我们打开中国证券网的"市场"中的"首席观察"，就会看到这样一篇文章，如图4-9中所示。

这是众多权威机构解读中共中央总书记习近平同志在成立"中央网络安全和信息化领导小组"后召开第一次会议时的一篇文章，并向投资者介绍了15只网络安全的股票。由此可见，网络安全在当时已经上升到了国家重要层面，相关支持的政策也会随后出台。那么此时的网络安全概念股

图 4-9 中国证券网 2014 年 3 月 3 日市场·首席观察栏

在未来都将不同程度地受益。

此时，打开同花顺软件，点出有关网络安全概念的股票，选一支流通盘小的、股价相对不高的兆日科技，只有 20 多元，如图 4-10 中所示：

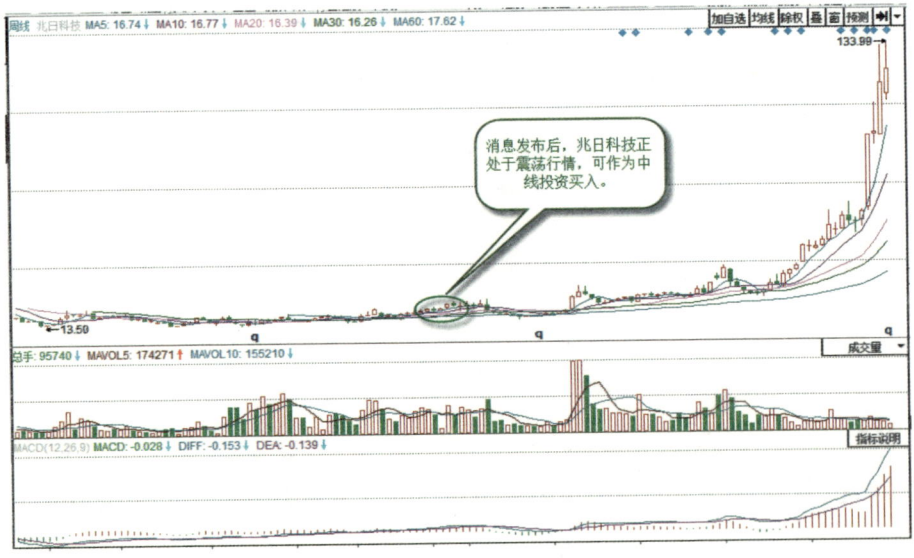

图 4-10 兆日科技周线图

如果在读到这篇文章后，作为中长线投资者选择买入这支股票的话，然后持有到 2015 年 5 月 20 日，股价已经高达 126.45 元，股价翻了 5 倍多。

所以说，财经报刊上发布的行业信息或机构解读，并不是随口乱言，而是有依据的，因此，应当重视财经报刊上的那些文章。这样，才能捕捉到真正的牛股。

4.2. 其他重要的必看的财经类媒体

4.2.1 日常类财经媒体

除了四大财经报刊外，还有一些日常类的财经媒体也值得一读，因为这些日常类的财经媒体都有其不同的观点和侧重点，起码应当看看这些日常类财经媒体的头版和头条。

《第一财经日报》

创刊于 2004 年 11 月，是中国第一份全国性的综合财经日报，由上海广播电视台、广州日报报业集团、北京青年报社联合主办。在网上或是线下均可看到，但电子版的需要下载才能阅读，如图 4-11 中所示。

《21 世纪经济报道》

《21 世纪经济报道》是南方报业集团下属的中国最大的商业报纸，是中国商业报纸的领导者。致力于服务最优秀的人群，是在世界经济界最受关注的中国经济类日报。全国三大经济类报纸之一。如图 4-12。

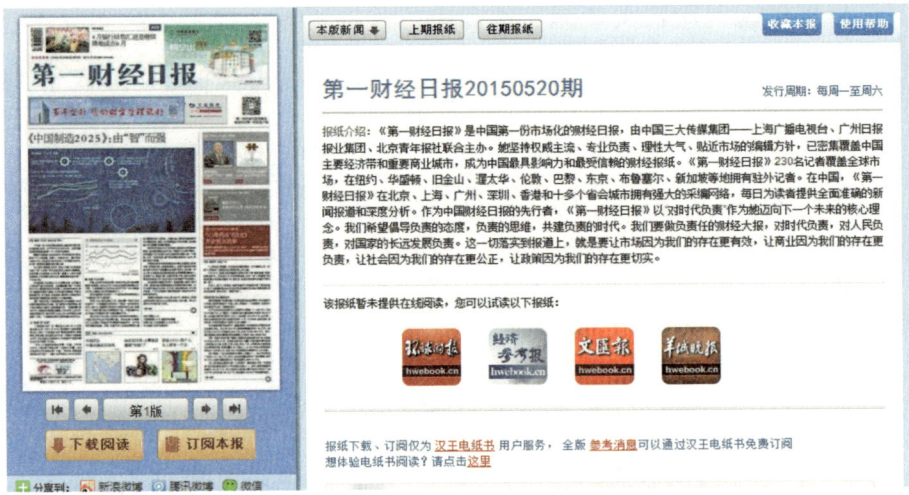

图4-11 《第一财经日报》电子版

图4-12 南方报业网《21世纪经济报道》介绍

《21世纪经济报道》电子版需要订阅方可看到。

《每日经济新闻》

《每日经济新闻》于2004年12月9日创刊,是国家新闻出版总署批准面向全国发行的财经类日报。2014年6月12日,"2014移动互联发展大会"

在京举行，人民网发布《中国媒体移动传播指数报告》，《人民日报》《南方都市报》《南方周末》位列中国报纸移动传播百强榜前三甲。《每日经济新闻》从上一次评选的第7位跃居第4位，同时位列财经类报纸第一位。如图4-13：

图4-13《每日经济新闻》网页

《经济观察报》

《经济观察报》是经济观察报社倾力打造的全新商业资讯平台。经济观察网冷静理智的报道风格，并糅合最新的网络技术，拥有专业的采编力量以及独家的新闻报道，提供及时、便捷、专业的信息服务。如图4-14。

《中国经营报》

《中国经营报》创刊于1985年1月，是中国最早发行经济类的报刊之一，原名《专业户经营报》《中国农村经营报》，1989年1月正式更名为《中国经营报》。

《中国经营报》官方网站：http://news.cb.com.cn/

图4-14 经济观察网《经济观察报》电子版

图4-15 《中国经营报》官方网站

4.2.2 周末类财经媒体

《财经》

《财经》杂志自创办以来,就一直秉承"独立独家独到"的编辑理念,

第四章
从行业信息网上寻找投资标的

以权威性、公正性、专业性的新闻原则，及时报道、评论影响中国与世界发展进程的重大事件和焦点人物。《财经》杂志电子版依托财经网，更是独树一帜。如图 4-16：

图 4-16 财经网《财经》杂志栏

《理财周刊》

《理财周刊》创刊于 2001 年 3 月，是中国内地第一本面向个人和家庭投资者的专业理财杂志，每周一出版。如图 4-17：

图 4-17 理财网《理财周期》

69

《证券市场红周刊》

《证券市场红周刊》创刊于 1992 年 3 月，由中国证券市场研究设计中心主办，也是中国证监会指定披露上市公司信息的唯一刊物，更是中国证券界最权威的刊物。发表在上面的文章往往都有着很高的见解，并经常被其他报刊转载。

《证券市场红周刊》官方网址：http://www.hongzhoukan.com/

图 4-18《证券市场红周刊》官方网站首页

4.2.3 网络财经媒体

证券之星

证券之星最早创办于 1996 年，是纳斯达克上市公司中国金融在线（C.F.O.）旗下的一家财经网站。在 2000 年的时候，证券之星成了中国第一家通过 ISO9001 国际质量体系认证的互联网企业，在中国互联网络发展状况的历次各项权威调查与评比中，证券之星曾多次获得第一，连续六届蝉联权威机构评选的"中国最优秀证券网站"榜首，是国内注册用户最多、

第四章 从行业信息网上寻找投资标的

访问量最大的证券财经站点。

证券之星官方网址：http://www.stockstar.com/

图 4-19 证券之星官方网站

和讯网

和讯网创立于 1996 年，一经创立，即从中国早期金融证券资讯服务脱颖而出，建立了第一个财经资讯垂直网站。据中国互联网信息中心数据

图 4-20 和讯网官方网站首页

显示，和讯网的用户中高收入人群竟然高达72%，是互联网平均水平的4倍。可以说，和讯网虽然问世相对较晚，但却以其专注于财经的精神，很快便切入了投资者心中，上面有很多专业的分析人士开博，并时时更新着内容。

和讯网官方网址：http://www.hexun.com/

新浪财经

新浪财经创建于1999年8月，它依托新浪网强大的资源优势，经过10余年的发展壮大，已经成为全球华人的首选财经门户。新浪财经在财经类网站中占有超过三分之一的市场份额，始终保持绝对领先优势，市场占有率为第二名的三倍。

新浪财经官方网站：http://finance.sina.com.cn/

图4-21 新浪财经官方网站

同花顺金融服务网

同花顺金融服务网，依靠着同花顺炒股软件，这个网站有着其得天独厚的优势所在。因为从其数据中心可以得到很多的统计数据，是很多投资者不可忽视的一个网站。

第四章
从行业信息网上寻找投资标的

同花顺金融服务网官方网站：http://www.10jqka.com.cn/

图 4-22 同花顺金融服务网官方网站首页

大智慧

跟同化顺一样，大智慧依靠着自身炒股软件所占领市场的优势，也有着很多其他财经网站报没有的数据。

大智慧官方网址：http://www.gw.com.cn/

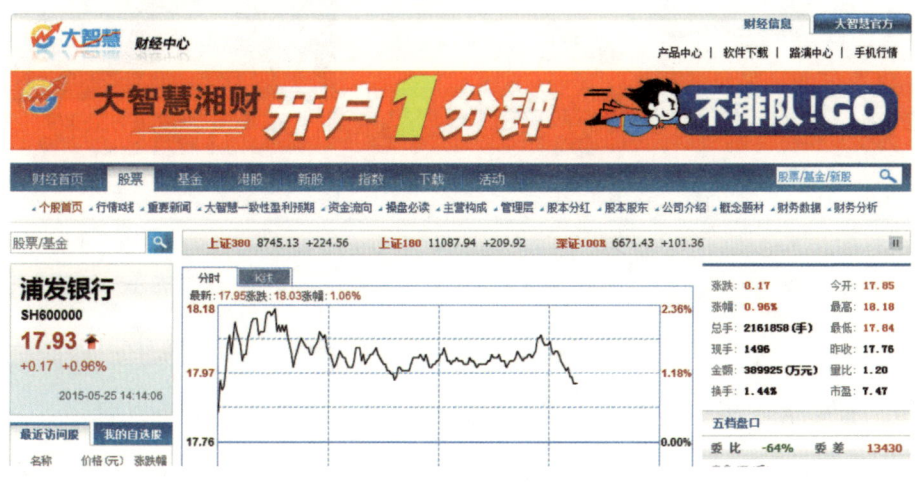

图 4-23 大智慧官方网站财经中心

4.2.4 国外重要财经媒体

《金融时报》

英国《金融时报》是由 James Sheridan 及其兄弟于 1888 年创办的世界著名的国际性金融媒体。该报在伦敦、法兰克福、纽约、巴黎、洛杉矶、马德里、香港等地同时出版，日发行量 45 万份左右，其中 70% 发行于英国之外的 140 多个国家。该报为读者提供全球性的经济商业信息、经济分析和评论，由该报创立的伦敦股票市场的金融指数更是名闻遐迩。其主要网站更拥有每月多达三百九十万名在线读者。

《金融时报》中文版官方网址（ET 中文网）: http://www.ftchinese.com/

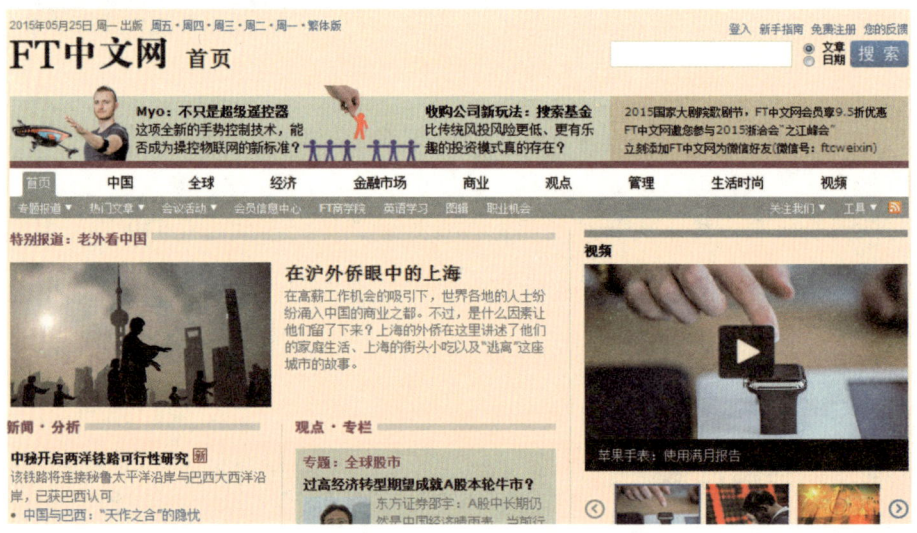

图 4-24《金融时报》中文版官方网站（ET 中文网）首页

除了《金融时报》，还有著名的《华尔街日报》等不少外国的财经、经济类媒体专门开设了中文版，对于这些国外的财经类媒体上出现的信息，投资者不可过于轻信，只作为投资的参考即可，应当予以甄别。因为很多国外媒体时常会出于某种局部利益，而发出一些不利于我们 A 股市场的信息。

4.2.5 财经媒体里透露出的金股

在众多的财经报刊或是财经网站中,往往有很多财经名人或机构的分析师。这些人士的加盟,使得这些财经媒体粉丝爆增,而这些专业人士对信息的解读往往会站在更为专业的角度去分析,并推荐一些相关的个股。所以说,很多时候,我们与其打开炒股软件去淘股,还不如到这些财经网站上去淘金。

比如,在2014年8月22日新浪财经的网页上,就出现了这样一篇文章,如图4-25中所示:

> 在7月份经济数据中,"克强指数"的三个构成指标均出现回落。无独有偶,汇丰昨日(8月21日)公布的数据也显示,8月汇丰制造业PMI初值为50.3%,创3个月新低,不仅低于预测值51.5%,也大大低于7月终值51.7%。
>
> 点评:拖累指数下行的主因是始终难提振的需求,反映内外需的新订单指数和新出口订单指数均大幅回落,回落幅度分别为2个百分点和1.2个百分点。
>
> **十新股下周申购预计冻资9000亿**
>
> 点评:新股赚钱效应犹在,一签难求的状况依然难以改变,预计下周申购冻结资金将继续攀升,达到9000亿元左右,或对市场带来一定的脉冲式干扰。
>
> **行业机会**
>
> **中外铁路合作佳音不断 海外市场空间巨大**
>
> 习近平在蒙古国媒体发表文章指出,中方希望推动中蒙在铁路、公路互联互通建设、矿产开发和深加工等项目上的合作,尽快把合作优势转化为经济效益。此外,中国驻叶卡捷琳堡总领事田永祥透露,在中方提出丝绸之路经济带倡议后,改造西伯利亚大铁路有望成为中俄两国重要合作项目。
>
> 点评:新一届领导人上任以来,多次在出访中推介我国高铁技术。我国高铁在运营经验、技术质量、性价比等方面具备诸多优势,庞大的海外市场为我国铁路设备行业未来增长打开巨大的市场空间。北方创业(17.14, 0.00, 0.00%)(600967)主业为铁路货车,公司大力发展的重载车利润率较高;鼎汉技术(40.700, -0.17, -0.42%)(300011)拥有完全自主知识产权的轨道交通电源产品,成功中标京沪等10余个高速铁路及客运专线项目;辉煌科技(27.21, 0.54, 2.02%)(002296)在手订单量饱满,正在积极布局的轨交信息化、铁路wifi等

图4-25 新浪网"新浪财经"新闻

在这篇文章里，作者提到了中外铁路合作的佳音，并推荐了相关受益的个股辉煌科技、鼎汉技术和北方创业三支股票，其中"鼎汉技术（300011）拥有完全自主知识产权的轨道交通电源产品，成功中标京沪等10余个高速铁路及客运专线项目"。

仅仅从这一点看，高铁的发展确实在未来有较大发展空间，并且中国一直在强调"拥有自主知识产权"的"中国制造"，而鼎汉技术正好符合了这一条件，那么我们再打开炒股软件回到二级市场上，如图4-26中所示：

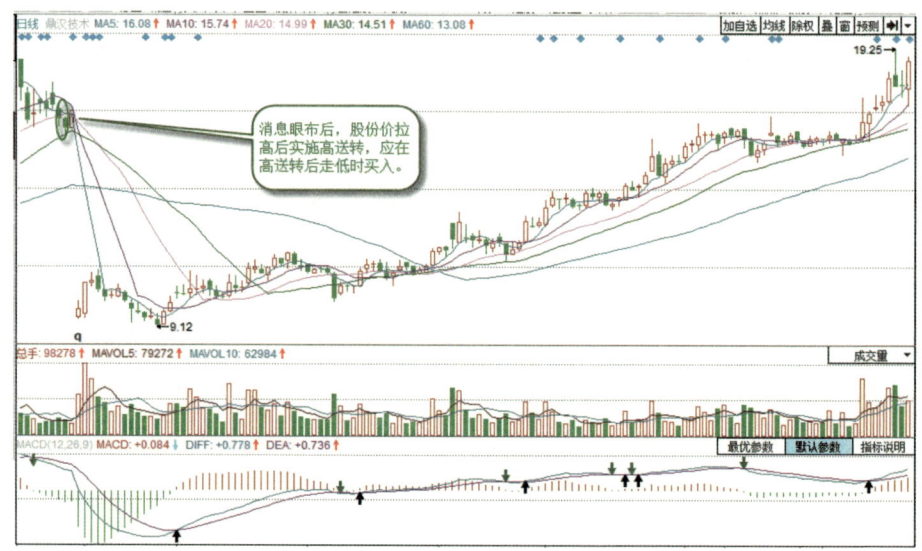

图 4-26 鼎汉技术日线图

文章发表时，鼎汉技术正处于高位震荡的走势，并随后实施了每10股转赠8股的高送转，然后出现了震荡走低，而这一走势显然与其海外中单的未来巨大利好不相符，那么此时就可以趁其股价走低而买入。

紧接着，鼎汉技术便开始一路震荡走高，至2014年10月29日时，其股价已经上涨到了20元以上，与4月中旬时的价位相比，股价上涨了一倍。短短6个月，鼎汉技术便实现了翻倍的收益。

因此，不要小看财经媒体里的"荐股"，这些推荐并非都是空穴来风，只要投资者能够仔细甄别，骑上"黑马"并非遥不可及的梦想。

4.3. 行业信息是风向标

4.3.1 行业的分类

目前在中国证券市场上有几百种行业，行业的整体趋势是衡量一家上市公司业绩好与坏的重要因素，各行各业的信息对于证券市场的价格波动产生着十分重要的影响。

根据中国证监会《上市公司行业分类指引》（2012 年修订）确定的行业划分标准，目前有 19 种大的行业，分别为：农林牧渔业；采矿业；制造业；电力、热力、燃气及水生产和供应业；建筑业；批发和零售业；交通运输、仓储和邮政业；住宿和餐饮业；信息传输、软件和信息技术服务业；金融业；房地产业；租赁和商务服务业；科学研究和技术服务业；水利、环境和公共设施管理业；居民服务、修理和其他服务业；教育；卫生和社会工作；文化、体育和娱乐业；综合等。每个行业里又分着若干个如下的分类：

A 农、林、牧、渔业 本门类包括 01～05 大类

01 农业　指对各种农作物的种植

02 林业

03 畜牧业

04 渔业

05 农、林、牧、渔服务业 指为了获得各种畜禽产品而从事的动物饲养、捕捉活动

B 采矿业 本门类包括06～12大类,采矿业指对固体(如煤和矿物)、液体(如原油)或气体(如天然气)等自然产生的矿物的采掘;包括地下或地上采掘、矿井的运行,以及一般在矿址或矿址附近从事的旨在加工原材料的所有辅助性工作,例如碾磨、选矿和处理,均属本类活动;还包括使原料得以销售所需的准备工作;不包括水的蓄集、净化和分配,以及地质勘查、建筑工程活动

06 煤炭开采和洗选业 指对各种煤炭的开采、洗选、分级等生产活动;不包括煤制品的生产和煤炭勘探活动

07 石油和天然气开采业

指在陆地或海洋,对天然原油、液态或气态天然气的开采,对煤矿瓦斯气(煤层气)的开采;为运输目的所进行的天然气液化和从天然气田气体中生产液化烃的活动,还包括对含沥青的页岩或油母页岩矿的开采,以及对焦油沙矿进行的同类作业

08 黑色金属矿采选业

09 有色金属矿采选业 指对常用有色金属矿、贵金属矿,以及稀有稀土金属矿的开采、选矿活动

10 非金属矿采选业

11 开采辅助活动 指为煤炭、石油和天然气等矿物开采提供的服务

12 其他采矿业

C 制造业 本门类包括13～43大类,指经物理变化或化学变化后成为新的产品,不论是动力机械制造,还是手工制作;也不论产品是批发销售,还是零售,均视为制造

建筑物中的各种制成品、零部件的生产应视为制造，但在建筑预制品工地，把主要部件组装成桥梁、仓库设备、铁路与高架公路、升降机与电梯、管道设备、喷水设备、暖气设备、通风设备与空调设备，照明与安装电线等组装活动，以及建筑物的装置，均列为建筑活动

本门类包括机电产品的再制造，指将废旧汽车零部件、工程机械、机床等进行专业化修复的批量化生产过程，再制造的产品达到与原有新产品相同的质量和性能

13 农副食品加工业 指直接以农、林、牧、渔业产品为原料进行的谷物磨制、饲料加工、植物油和制糖加工、屠宰及肉类加工、水产品加工，以及蔬菜、水果和坚果等食品的加工

14 食品制造业

15 酒、饮料和精制茶制造业

16 烟草制品业

17 纺织业

18 纺织服装、服饰业

19 皮革、毛皮、羽毛及其制品和制鞋业

20 木材加工和木、竹、藤、棕、草制品业

21 家具制造业 指用木材、金属、塑料、竹、藤等材料制作的，具有坐卧、凭倚、储藏、间隔等功能，可用于住宅、旅馆、办公室、学校、餐馆、医院、剧场、公园、船舰、飞机、机动车等任何场所的各种家具的制造

22 造纸和纸制品业

23 印刷和记录媒介复制业

24 文教、工美、体育和娱乐用品制造业

25 石油加工、炼焦和核燃料加工业

26 化学原料和化学制品制造业

27 医药制造业

28 化学纤维制造业

29 橡胶和塑料制品业

30 非金属矿物制品业

31 黑色金属冶炼和压延加工业

32 有色金属冶炼和压延加工业

33 金属制品业

34 通用设备制造业

35 专用设备制造业

36 汽车制造业

37 铁路、船舶、航空航天和其他运输设备制造业

38 电气机械和器材制造业

39 计算机、通信和其他电子设备制造业

40 仪器仪表制造业

41 其他制造业

42 废弃资源综合利用业 指废弃资源和废旧材料回收加工

43 金属制品、机械和设备修理业

D **电力、热力、燃气及水生产和供应业** 本门类包括44～46大类

44 电力、热力生产和供应业

45 燃气生产和供应业

46 水的生产和供应业

E **建筑业** 本门类包括47～50大类

47 房屋建筑业

第四章
从行业信息网上寻找投资标的

48 土木工程建筑业 指土木工程主体的施工活动；不包括施工前的工程准备活动

49 建筑安装业 指建筑物主体工程竣工后，建筑物内各种设备的安装活动，以及施工中的线路敷设和管道安装活动；不包括工程收尾的装饰，如对墙面、地板、天花板、门窗等处理活动

50 建筑装饰和其他建筑业

F 批发和零售业 本门类包括51和52大类，指商品在流通环节中的批发活动和零售活动

51 批发业 指向其他批发或零售单位（含个体经营者）及其他企事业单位、机关团体等批量销售生活用品、生产资料的活动，以及从事进出口贸易和贸易经纪与代理的活动，包括拥有货物所有权，并以本单位（公司）的名义进行交易活动，也包括不拥有货物的所有权，收取佣金的商品代理、商品代售活动；本类还包括各类商品批发市场中固定摊位的批发活动，以及以销售为目的的收购活动

52 零售业 指百货商店、超级市场、专门零售商店、品牌专卖店、售货摊等主要面向最终消费者（如居民等）的销售活动，以互联网、邮政、电话、售货机等方式的销售活动，还包括在同一地点，后面加工生产，前面销售的店铺（如面包房）；谷物、种子、饲料、牲畜、矿产品、生产用原料、化工原料、农用化工产品、机械设备（乘用车、计算机及通信设备除外）等生产资料的销售不作为零售活动；多数零售商对其销售的货物拥有所有权，但有些则是充当委托人的代理人，进行委托销售或以收取佣金的方式进行销售

G 交通运输、仓储和邮政业 本门类包括53～60大类

53 铁路运输业 指铁路客运、货运及相关的调度、信号、机车、车辆、

检修、工务等活动；不包括铁路系统所属的机车、车辆及信号通信设备的制造厂（公司）、建筑工程公司、商店、学校、科研所、医院等活动

54 道路运输业

55 水上运输业

56 航空运输业

57 管道运输业

58 装卸搬运和运输代理业

59 仓储业　指专门从事货物仓储、货物运输中转仓储，以及以仓储为主的货物送配活动，还包括以仓储为目的的收购活动

60 邮政业

H　住宿和餐饮业　本门类包括 61 和 62 大类

61 住宿业　指为旅行者提供短期留宿场所的活动，有些单位只提供住宿，也有些单位提供住宿、饮食、商务、娱乐一体的服务，本类不包括主要按月或按年长期出租房屋住所的活动

62 餐饮业　指通过即时制作加工、商业销售和服务性劳动等，向消费者提供食品和消费场所及设施的服务

I　信息传输、软件和信息技术服务业　本门类包括 63 ~ 65 大类

63 电信、广播电视和卫星传输服务

64 互联网和相关服务

65 软件和信息技术服务业　指对信息传输、信息制作、信息提供和信息接收过程中产生的技术问题或技术需求所提供的服务

J　金融业　本门类包括 66 ~ 69 大类

66 货币金融服务

67 资本市场服务

68 保险业

69 其他金融业

K　**房地产业**　本门类包括 70 大类

70 房地产业

L　**租赁和商务服务业**　本门类包括 71 和 72 大类

71 租赁业

72 商务服务业

M　**科学研究和技术服务业**　本门类包括 73～75 大类

73 研究和试验发展　指为了增加知识（包括有关自然、工程、人类、文化和社会的知识），以及运用这些知识创造新的应用，所进行的系统的、创造性的活动；该活动仅限于对新发现、新理论的研究，新技术、新产品、新工艺的研制研究与试验发展，包括基础研究、应用研究和试验发展

74 专业技术服务业

75 科技推广和应用服务业

N　**水利、环境和公共设施管理业**　本门类包括 76～78 大类

76 水利管理业

77 生态保护和环境治理业

78 公共设施管理业

O　**居民服务、修理和其他服务业**　本门类包括 79～81 大类

79 居民服务业

80 机动车、电子产品和日用产品修理业

81 其他服务业

P　**教育**　本门类包括 82 大类

82 教育

Q 卫生和社会工作　本门类包括 83 和 84 大类

83 卫生

84 社会工作　指提供慈善、救助、福利、护理、帮助等社会工作的活动

R 文化、体育和娱乐业　本门类包括 85～89 大类

85 新闻和出版业

86 广播、电视、电影和影视录音制作业　指对广播、电视、电影、影视录音内容的制作、编导、主持、播出、放映等活动；不包括广播电视信号的传输和接收活动

87 文化艺术业

88 体育

89 娱乐业

S 综合　本门类包括 90 大类

90 综合

4.3.2 主要行业信息介绍

1. 农林牧渔业

中国农业信息网 http://www.agri.gov.cn/

中国农业信息网是该行业最应该关注的网站，所有与农业相关的信息都会在第一时间发布。譬如，每周农业部要公布的主要农产品国际价格周报就是了解国际农产品运行情况的一个很好的途径。点击"价格行情"一栏，即可看到各地区的各种行情。如下图所示，点开一则消息，即会弹出图 4-27：

第四章
从行业信息网上寻找投资标的

图 4-27 中国农业信息网

2. 采掘业

中国证券市场的采掘业上市公司基本只有煤炭行业的上市公司。2009年以来，以煤炭板块为首的采掘业上市公司带领了大盘的上涨，而我们知道，影响此类公司最大的变动因素就是煤炭价格的变化。在众多的煤炭价

图 4-28 中国煤炭工业网

格信息网中，可以参看如下几个网站：

中国煤炭工业网 http://www.chinacoal.gov.cn/

该网站是中国官方的煤炭信息咨询网，是权威的官方网站，其信息更新度很快，并且有强大的煤炭价格数据库支持，所以，除了此类官网的权威性，一些权威数据还需要到煤炭的相关商业网站去看。目前一些主流的煤炭网都采取了会员收费的形式，在煤炭价格和煤炭行业未来预测的信息发布中都需要收费。那么读者从哪里获取最新的免费的煤炭价格信息呢？笔者认为"我的煤炭网"是目前免费煤炭价格网站中最实用，也是信息最完善的。

我的煤炭网 http://www.mycoal.cn

打开首页，就能够看到相关的最新价格，如图4-29中所示：

图4-29 我的煤炭网

"我的煤炭网"是面向全国煤炭系统的行业网站，建站目的是搭建煤炭、矿供物资和煤炭物流的交易平台，促进煤炭、矿供物资和煤炭物流的电子商务发展。其中，煤炭价格、焦碳价格、港口价格、焦油价格和炭黑价格，比较完全地显现了全国各地各种煤炭的价格。并且，指数专栏里还有其对于煤炭走势的分析及后市的预测。如图4-30中所示：

图4-30 我的煤炭网价格指数

3. 造纸印刷业

造纸印刷业需要关注中国纸网，除了首页的新闻以外，最重要的就是

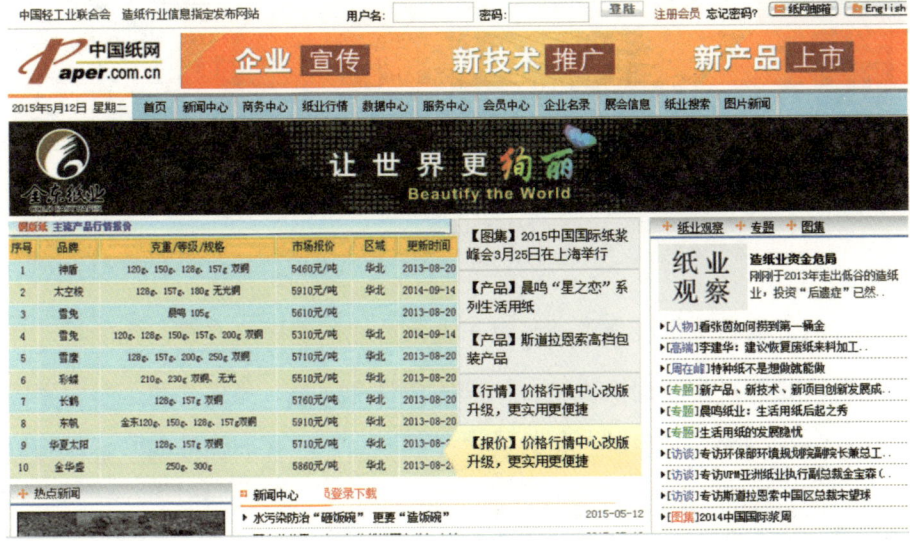

图4-31 中国纸网首页

"纸业行情"了，该栏目会将纸张行情报价十分清晰地显现出来。纸张的价格上涨显然对于为数不多的纸类上市公司的股价有一定的催化作用。如图4-31中所示。

中国纸网：http://www.paper.com.cn/

5. 金属非金属业

这个行业可以分为两类：一类是金属，一类是非金属。金属行业又可以分为有色金属和钢铁。有色金属可以看期货软件或相关的有色金属报价网。比如中国金属网（http://www.metalchina.com/）就有这一功能，其中的国内行情和国际行情是我们应关注的栏目。如图4-32：

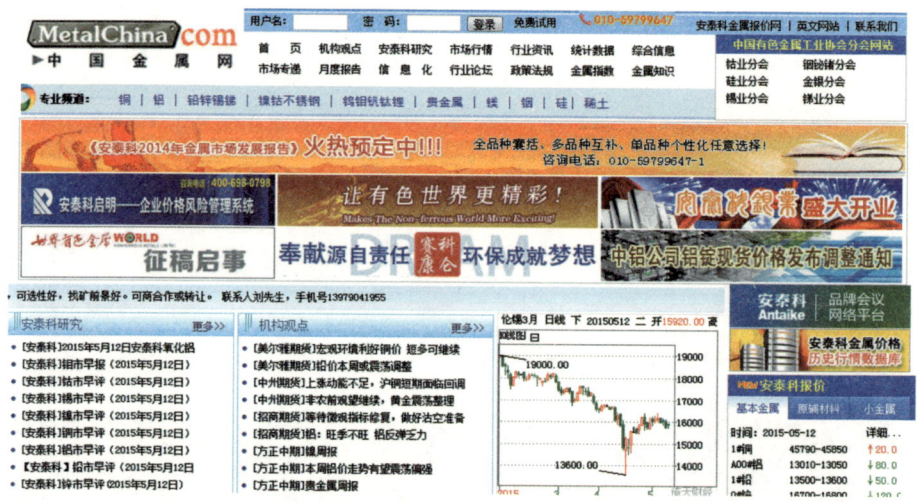

图4-32 中国金属网首页

有色金属的价格极为敏感，对于上市公司的金属股有着巨大的推动作用。钢铁股需要关注钢铁价格，钢铁的产量和信息，另外，黄金、白银的价格也需要关注，对于黄金股有着巨大的影响。"我的钢铁网"是比较好的参考来源：http://www.mysteel.com/

对于黄金，中国黄金网（http://www.gold.org.cn/）也是比较好的价格参考来源，另外，上海黄金交易所是最权威的价格来源地。

6. 建筑业

中国住房和城乡建设部网站：http://www.mohurd.gov.cn/

建筑业中，中国住房和城乡建设部是国家最权威的政府类网站，其中房地产业和城市建设板块都是可以关注的信息来源。

图 4-33 中国住房和城乡建设部网站首页

7. 房地产业

房地产业没有全国性的大的网站，只有一些地产咨询网站譬如搜房、安居客等，而笔者建议读者应该关注各地的房地产网。譬如笔者在上海，笔者就应比较关注上海的网上房地产网（http://www.fangdi.com.cn/），如图 4-34。

其中，可以看到一手房的在售楼盘套数和已经成交的二手房的情况。这是对地产后市的判断的一个总结，也是许多研究地产人员必看的地方性网站。

图 4-34 网上房地产网首页

8. 医药生物制品业

唯一的政府网站是：中国医药生物技术协会（http://www.cmba.org.cn/），可以从中了解政策类的信息以及行业的动态。如图 4-35：

图 4-35 中国医药生物技术协会

4.3.2 如何从行业信息中寻找投资标的

对于行业信息，很多时候往往透露着很多重要的商机，尤其是权威的行业信息网上，如果不在意，一不小心可能就会错过一个赚钱的良机。

2015年1月17日，中国农业信息网上发布了图4-36中的一则消息：

> **广西2000多亩蔗田减产近五成**
>
> 日期：2015-01-17 00:02　作者：　来源：中国农业技术网　点击：35
>
> 【甘蔗减产甚至绝收，是药肥还是"毒药"？】在广西，种植甘蔗的农民在使用了一种叫做谷歌的新型药肥之后，甘蔗减产，甚至绝收。农民们辛辛苦苦的劳动打了水漂，找到公司询问，却被告知是天气干旱的原因。经销商东躲西藏，厂家层层代工，非法生产，药肥变"毒药"，何时才能杜绝坑农不浅的假药肥流向市场？
>
> 今天我们关注一种新兴的农资品种——药肥，顾名思义，药肥是指农药与肥料充分均匀地混合在一起，即能防治农作物病虫草害，又能给作物提供养分，节省人力的高功效农药制剂。最近几年，药肥在我国的一些省份开始兴起，不过最近广西的一些种植甘蔗的农民却向财经频道反映，他们从去年开始购买使用了一种叫"谷歌"的药肥，却给他们带来了不小的烦恼，这究竟是一种什么样的农资产品，近日，央视财经《经济半小时》记者赶赴广西进行了调查。
>
> "谷歌"药肥导致甘蔗减产甚至绝收　公司回应是天气干旱
>
> 莫大姐是广西北海市合浦县西场镇的农民，十几年来一直种植甘蔗，甘蔗也是全家全部的收入来源。眼下正是甘蔗生长的旺季，莫大姐却遇到了难题。往年这个时候，甘蔗苗至少有一米多高了，但现在她家种植的甘蔗比别人家的矮了半截。
>
> 央视财经《经济半小时》记者：这个甘蔗怎么长得这么小啊？
>
> 广西北海市合浦县西场镇农民莫大姐：这个甘蔗啊，这个甘蔗我都不知道，就是用这个肥种这个甘蔗，这是种了好久了都还没有长出来，我也不知道怎么回事。

图4-36 中国农业信息网"农业旱涝监测预报"

虽经调查，导致广西甘蔗减产的原因是假农药所为，这一消息却透露出来一个重要信息，广西甘蔗几近绝收，必然导致相关的糖业公司未来减产，间接导致广西糖价的提升。果然，在随后的2月13日便出现了广西食糖价格的小幅提升，那么如此一来，受益的自然是食糖加工企业。显而易见，广西最大的糖业公司是南宁糖业。此时的南宁糖业的股价却创出了新低，出现了良好的买入机会。如图4-37中所示：

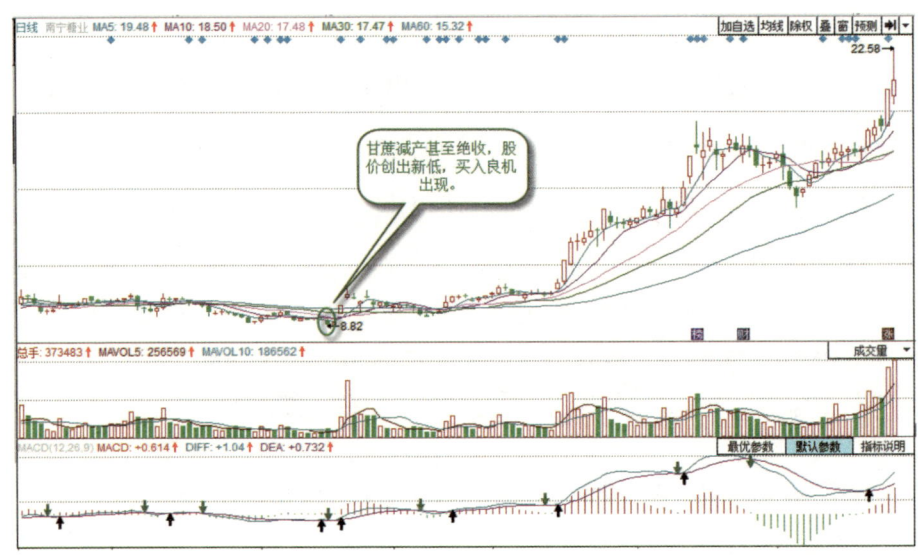

图 4-37 南宁糖业日线图

果然，随后，南宁糖业便借消息假跌了一下，随后便展开了小幅上涨。由于甘蔗减产预示着未来的广西食糖产品的减产，因此，随后经过震荡后，南宁糖业便展开了升势，股价一路上涨。至 2015 年 4 月 15 日创出了 18.96 元的新高，与当时出现甘蔗减产时跌出的最低价 8.82 元相比，上涨幅度超过了 100%。所以，行业信息往往比技术分析更为重要。

4.4 如何从行业信息中选择牛股

4.4.1 选择国家支持产业中的龙头股

很多时候，国家所支持的产业中的龙头股往往更具有爆发力，一旦国家政策对这一产业出现略带倾向性的支持时，其中的龙头股将会是直接受益的上市公司,并且其股价也会表现得最为抢眼。

例如,在 2012 年 7 月,环球医药网发布了这样一则消息,如图 4-38 中所示:

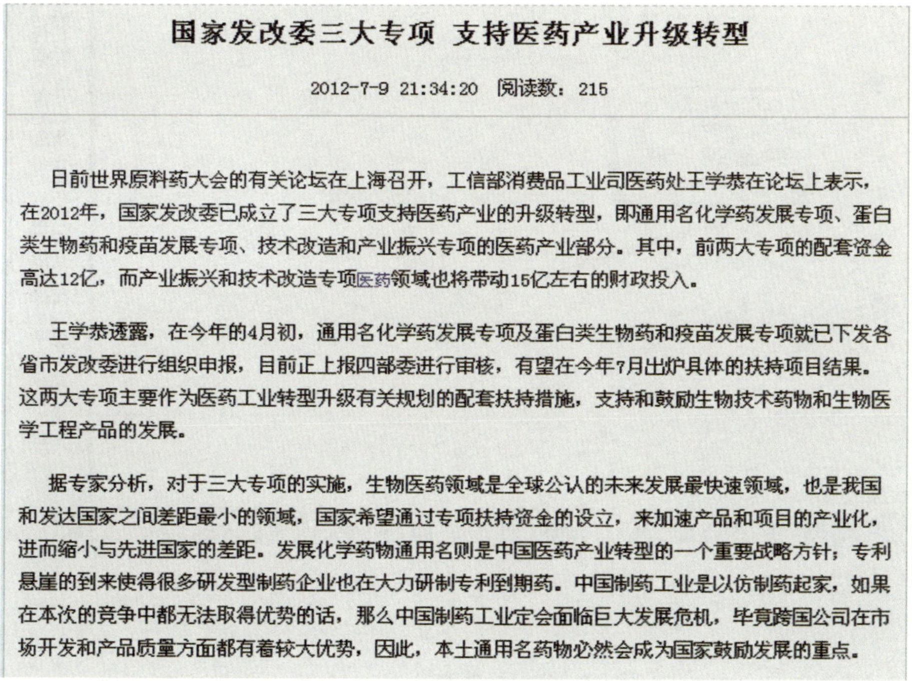

国家发改委三大专项 支持医药产业升级转型

2012-7-9 21:34:20 阅读数:215

日前世界原料药大会的有关论坛在上海召开,工信部消费品工业司医药处王学恭在论坛上表示,在2012年,国家发改委已成立了三大专项支持医药产业的升级转型,即通用名化学药发展专项、蛋白类生物药和疫苗发展专项、技术改造和产业振兴专项的医药产业部分。其中,前两大专项的配套资金高达12亿,而产业振兴和技术改造专项医药领域也将带动15亿左右的财政投入。

王学恭透露,在今年的4月初,通用名化学药发展专项及蛋白类生物药和疫苗发展专项就已下发各省市发改委进行组织申报,目前正上报四部委进行审核,有望在今年7月出炉具体的扶持项目结果。这两大专项主要作为医药工业转型升级有关规划的配套扶持措施,支持和鼓励生物技术药物和生物医学工程产品的发展。

据专家分析,对于三大专项的实施,生物医药领域是全球公认的未来发展最快速领域,也是我国和发达国家之间差距最小的领域,国家希望通过专项扶持资金的设立,来加速产品和项目的产业化,进而缩小与先进国家的差距。发展化学药物通用名则是中国医药产业转型的一个重要战略方针;专利悬崖的到来使得很多研发型制药企业也在大力研制专利到期药。中国制药工业是以仿制药起家,如果在本次的竞争中都无法取得优势的话,那么中国制药工业定会面临巨大发展危机,毕竟跨国公司在市场开发和产品质量方面都有着较大优势,因此,本土通用名药物必然会成为国家鼓励发展的重点。

图 4-38 环球医药网

在图 4-38 的消息中,可以看出国家对于通用名化学药与蛋白类生物药和疫苗未来发展的重视,并已经多次下拨了专项资金,因此,本土通用名药物与蛋白类生物药和疫苗在未来必然会成为国家发展医药产业的重点。在这种政策不断支持之下,相关生产和研制本土通用名药物与蛋白类生物药和疫苗的上市公司在未来必将受益。

此时,投资者就应当关注两市中那些本土相关通用名化学药与蛋白类生物药和疫苗的上市公司了,其中包括:华北制药(600812)、天士力(600535)、海正药业(600267)、华兰生物(002007)、沃森生物(300142)

等，投资者此时可选择其中的龙头股天士力（600535）。

那么，我们不妨来看一看天士力（600535），如图4-39中所示：

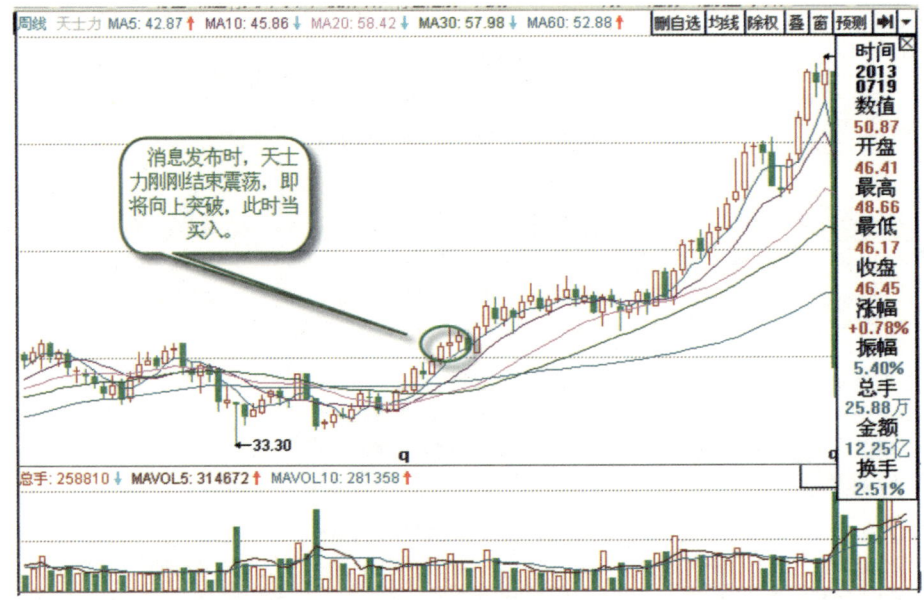

图4-39 天士力周线图

此时，先知先觉的投资者就应当买入天士力了，尽管此时的天士力正在震荡整理之中，但随后即展开了升势。至2013年5月时股价达到了80多元，与买入时的40元相比，在持股不足一年的时间里，出现了翻倍行情。

因此，投资者一定要时刻关注那些受到国家支持的产业，并选择其中的龙头股，因为在政策支持之下，龙头股往往上涨幅度要领先于其他股，并起到了带领板块中其他股上涨的带头作用。

4.4.2 关注行业信息中的新兴产业的兴起

对于新兴产业，往往由于资金或是技术难点与销售价格等问题，使得相关企业的发展受阻，但是，如果新兴产业未来发展有潜力，往往会受到

第四章
从行业信息网上寻找投资标的

国家在政策上的大力扶植，这就会使得新兴产业得到迅猛发展。因此，投资者在关注新兴产业发展的同时，就要及时从行业信息中去了解政府对这一产业的关注度。

例如，3D 打印技术就是一门新兴的产业，但在中国出现的时间却不长，可是由于其应用广泛，并不仅仅局限于打印技术，并且可以应用于机器设备，甚至是医学中的人体器官和细胞的克隆，因此未来很有发展前景。尤其是在 2013 年 2 月 28 日时，工信部正式发布了《国家增材制造产业发展推进计划（2015 年至 2016 年）》。如图 4-40 中所示：

图 4-40 新浪财经

从图 4-40 中可以看出，新浪财经转发证券日报的这篇文章中，国家对 3D 打印这一新兴产业给予了大力扶植，并为此制定了相应的目标。那么，此时的投资者就应当关注两市中的相关概念股了。

如果仍然以选股选龙头的思路，那么此时就可以关注一下银禧科技（300221）。因为银禧科技是3D打印概念中的材料类龙头企业。从其企业网页上可以得知，银禧科技已经建立了阻燃材料、耐候材料、增强增韧材料、塑料合金材料以及环保耐用材料等五大技术体系和产品系列。拥有10多项核心技术，500多个牌号，共3300多项改性产品。产品广泛应用于电线电缆、电子电气、家用电器和商用设备，以及汽车、交通、建筑、玩具、灯饰和医疗等领域，具有年产10万吨改性高分子材料的生产能力。

那么，我们再来看一看银禧科技在二级市场上的表现。如图4-41中所示：

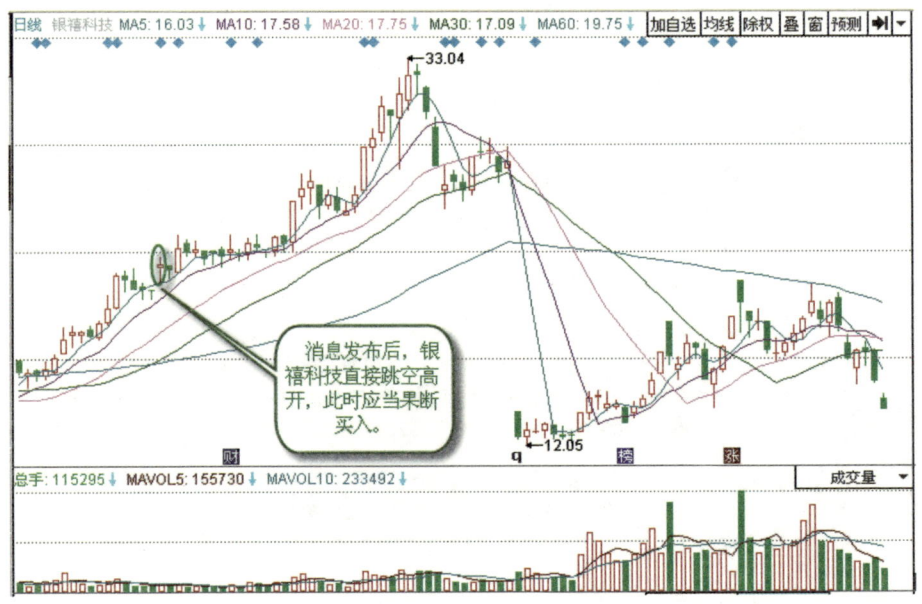

图4-41 银禧科技日线图

消息发布后，银禧科技直接跳空高开，此时投资者应当果断买入，而即使是投资者在买入后一直持有到了2015年6月26日，经历了股市的大跌，其股价以当日的收盘价也是最低价 13.91 元计，与 2015 年 3 月 2 日的盘中最高价 22.29 元相比，在短短两个多月的时间里，投资者也有了 90% 以上的获利。因为在此期间，银禧科技实施了高达 10 送 10 的高送转。

因此，股市投资者一定要在投资过程中时刻关注政策对新兴产业的态度。因为这一点直接关系到了相关产业的兴衰。

第五章

如何从新闻里淘金

新闻被很多人认为是枯燥乏味的，但是对于投资者而言，却往往关乎着投资的失利与否。因为国家很多宏观经济政策的发布都会在第一时间里出现在新闻里，还有就是国家现行的经济情况和相关数据，比如物价、利率的变动等，而这些都会对股市产生重要的影响。还有就是，很多投资机遇和机会往往都孕藏在不经意的新闻里，比如行业的动向、新兴产业的崛起等，这些又给投资者提供了很多的投资机会提示。

5.1 国内生产总值 (GDP) 对股市的影响

5.1.1 物价对股市的影响

很多人都认为物价与股市没有太大的关联，实际上并非如此，普通商品的价格变动对股票市场有着十分重要的影响。通常情况下，如果物价上涨，股价也会上涨；如果物价下跌，股价也会随之出现下跌。这道理很简单，比如猪肉的价格上涨后，说明猪肉在数量上一定是出现了供不应求，那么相关猪肉养殖的上市公司就会出现业绩的提升，其股票也就会成为抢手货，促使股价上涨。

商品价格对股票市场价格的影响主要表现在以下四个方面：

1. 如果商品价格上涨幅度过大，股价没有相应上升，反而会下降。这是因为，物价上涨同样也会引起公司的生产成本上升，而上升的成本又无法通过商品销售完全转嫁出去，从而使公司的利润降低，股价也随之降低。

比如，在 2014 年 2 月 21 日，中国证券网发布了这样一则新闻，如图

5-1中所示：

图 5-1 中国证券网

这也就是说，时间如果倒回一年的话，至此参价已经上涨了一倍。按理说，相关的上市公司一定会水涨船高的，可我们再看紫鑫药业（002118），如图 5-2 中所示：

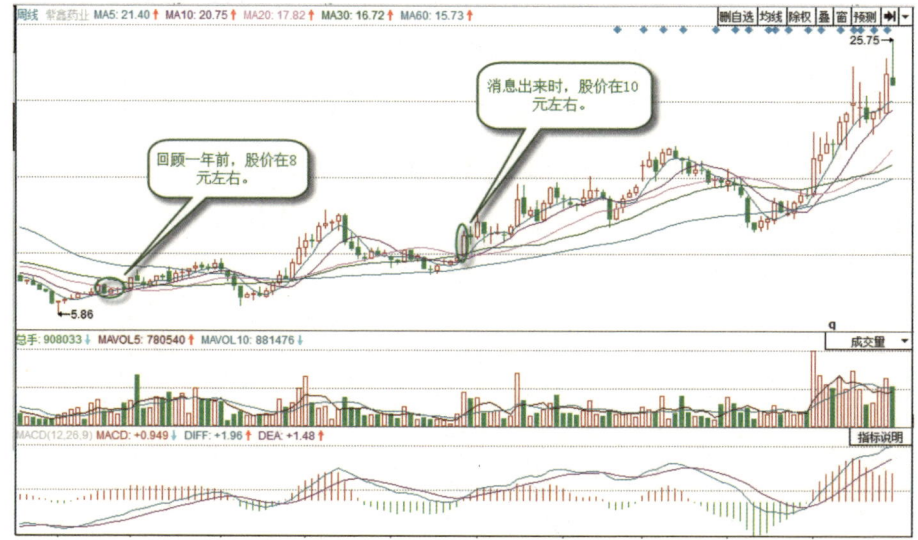

图 5-2 紫鑫药业周线图

人参从2013年2月至2014年2月上涨了一倍的价格,然而紫鑫药业在这一年的时间里股价却只从8元左右上涨到了10元左右,可谓步履维艰。

2. 如果商品价格出现缓慢上涨,并且幅度不是很大,可物价的上涨率却大于借贷利率的上涨率时,公司库存商品的价值上升。因为产品价格上涨的幅度高于借贷成本的上涨幅度,公司的利润因此上升,股票价格也会由此上升。

3. 如果物价上涨,商品市场的交易呈现繁荣兴旺时,人们热衷于及时消费,从而使股价下跌;如果当商品市场上涨回跌时,反而成了投资股票的最好时机,从而引起股价上涨。

4. 如果物价持续上涨,引起股票投资者保值意识的增加,因此使投资者从股市中抽出资金来,转投向动产或不动产,如房地产、贵重金属等保值性强的物品上,带来股票的需求量出现了下降,因此促使了股价的下跌。

因此,投资者应当在把握一般规律的同时,具体分析和观察,并警惕这些异常的特殊情况发生,从而更好地进行投资的操作。

5.1.2 通货膨胀对股市的影响

通货膨胀是指在纸币流通条件下,因货币供给大于货币实际需求,也就是现实购买力大于产出供给,导致货币贬值,而引起的一段时间内物价持续而普遍的上涨现象,其实质是社会总需求大于社会总供给。

通常,经济增长和通货膨胀在总体形势上是呈现同步运行态势的。通胀压力的大小直接影响到一个国家相关政策的制定,而这些政策又会对股市产生重要的利好。因为在通胀发生之初,货币供应量的增多,会刺激生产,增加公司利润,从而增加可分派的股息。股息的增加会使股票更有吸引力,于是股票价格自然就会上涨。然而通货膨胀又代表着货币贬值,随后而来

的必然是股价的大幅回落。

当通货膨胀发生时,企业经理和投资者不可能明确地知道眼前盈利究竟是多少,更难预料将来的盈利水平,他们无法判断与物价有关的设备、原材料、工资等各项成本的上涨情况。并且,企业利润也会由于通货膨胀下税收制度的变化而极大地减少。所以,通货膨胀引起的企业利润的不稳定,会使新投资者裹足不前。

从股市的宏观趋势来看,通货膨胀的压力加大,必然会引起政府的关注,这一点可以通过通胀的走势推测出政府可能推出的措施,并从力度大小的角度把握这些措施对股市的影响。对于中国来说,过去保持较高的经济增长速度和抑制通货膨胀始终是一对矛盾体。经济增长过快则通胀压力加重,要抑制通胀,但也因此而影响了经济发展的速度。在这个大前提下,政府宏观调控手段的实施对股市具有正反两方面的影响。

在经济发展过程中,如果通胀率上升得过快,政府为了保持经济的健康发展和维护社会稳定,通常会采取措施控制和减少财政支出,实行紧缩的货币政策,这就会提高市场利率水平,从而使股票价格下降。因为中国股市的涨跌起伏很大程度上是机构资金在起作用,这些机构原来大多是国营或集体企业,大部分已经转变为股份制公司。不管是何种形式,国家资金是它们的主要依赖对象。一旦政府收紧资金流出的源头,限期还贷,就会造成获利盘大量的抛股套现压力,并且这类资金在一定时间内一去不回头。

随着资金的紧张,公开的拆借市场和民间借贷的利率会随之上升,这种相对稳定且可观的利率收益,又造成了股市中的部分资金流出。只出不进或出多进少的结果必然造成股市的下跌。如果政府已经出台的调控措施仍未减缓通胀压力,那么政府还会加大力度实施宏观调控,推出更为严厉的措施。

一般认为，通货膨胀率在 5 以内时，危害并不大，并且对股票价格还有一定的推动作用。货币供应量的增多在一定程度上刺激了股市，使得股票更具吸引力。当通货膨胀率较高且持续到一定阶段时，经济发展和物价上升的前景就变得难以捉摸，整个经济形势会变得很不稳定。这时，因为企业对利润前景并不明确，影响了新资金的注入。

当通胀压力逐步加大并引起政府关注时，投资者就应该考虑到股市的上升空间已经接近极限，应当出局观望了。同样，当通胀见顶回落并达到合理范围内时，政府为促进经济发展又会推出如放松银根、盘活企业的一系列措施，从而刺激股市，为股资者创造赚钱机会，此时就应当大举投资股市了。

因此，投资者应当时刻关注通胀及政府的相关经济政策，从而选择最佳时机进出股市。

5.1.3 利率对股市的影响

在所有影响股票价格的宏观经济因素中，利率是最为敏感的一个因素。通常来说，利率哪怕是极微小的变化，都会引起股市的价格变动。

从历史上看，利率与股市之间有着明显的杠杆效应。也就是说，利率上升，股市将下跌；利率下调，股市将上涨。

利率是货币政策的一个具体表现形式。货币政策是用以调节整个社会的货币供应量的。当利率上升时，企业的经营成本增加，利润减少，可供股票投资者分配的股息、红利自然也会减少。此时，股票的投资吸引力下降，银行储蓄回报率提高，投资者就会将资金撤出股市，去转存银行。股市因为资金减少，就有可能出现股票供大于求的局面，从而导致股票价格下跌。

相反，当利率降低，就会刺激投资需求的增加，致使资金从银行流回股市，股价便会在资金的推动下上升。

国家的利率是根据经济发展的现实情况，并遵循市场规律制定的。一个国家在经济处于萧条和衰退期，为了恢复和刺激经济发展，政府通常会降低银行存贷款利率，降税减息。

比如，在经历了前期的快速发展之后，在2012年6月7日，央行突然发布降息的消息，如图5-3所示：

图5-3 腾讯网新闻

而此时股票市场也在经历了2009年的大跌后，出现回暖。再比如，2014年11月21日，央行再次宣布降息，紧接着，2015年3月1日再次宣布降息，从而促成了2015年的大牛市行情，沪指从2600多点，经过半年时期一路上涨到了5900多点，如图5-4中所示：

当国家经济出现过热情况时，通常表现为通货膨胀的压力增大，投资需求过猛，这时政府为了保证经济平稳、健康发展，往往会采取提高

第五章
如何从新闻里淘金

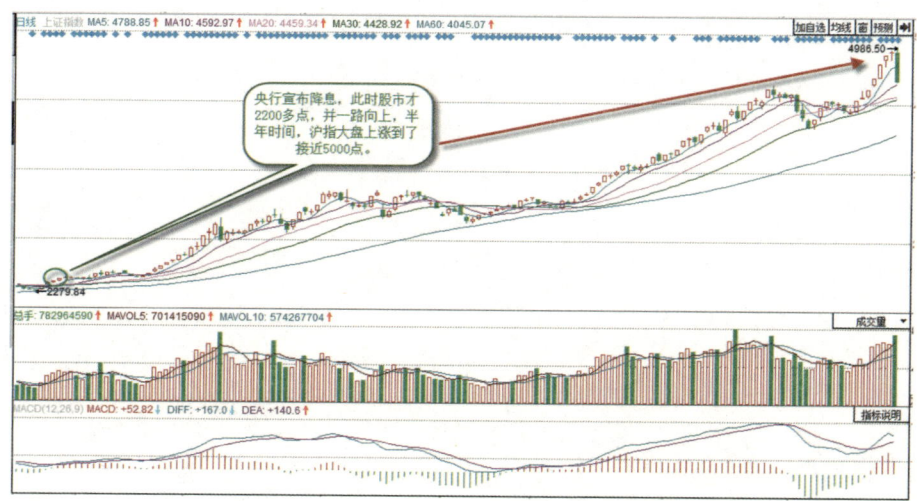

图 5-4 上证大盘日线图

利率的办法抑制通货膨胀。此时的股市也往往表现为牛市行情冲顶过程，风险已十分巨大。一旦利率提高或有可能提高时，股市暴跌就有可能随时发生。

比如在 2007 年 3 月 19 日，央行宣布了加息，如图 5-5 中所示：

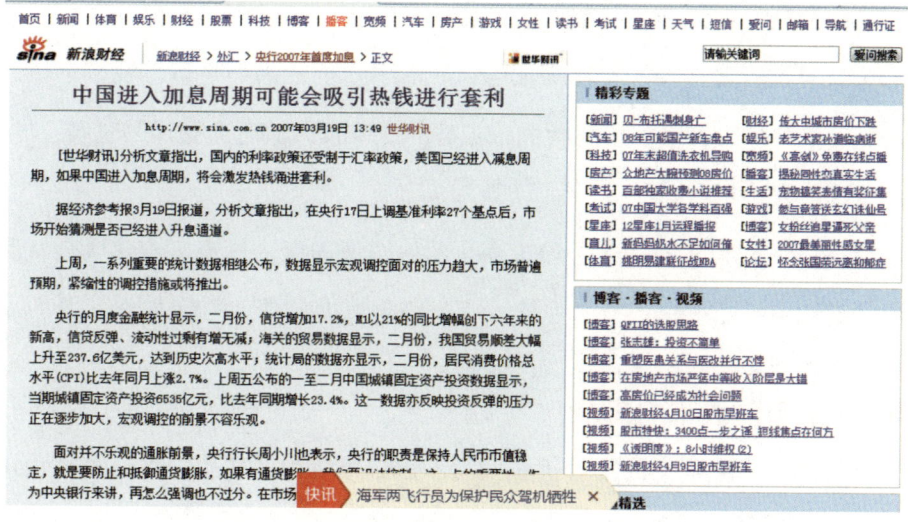

图 5-5 新浪财经

107

由于此时经济过热，沪指已经从 2005 年 6 月 30 日的 998.23 点上涨到了 3000 点左右，并在其后，又实施了多次加息，沪指才从 6124.04 点出现了回落，如图 5-6 中所示：

图 5-6 沪指大盘月线图

因为利率的总体走势对股市的影响非常大，了解利率走势和股市波动的关系对投资者选择股票的买卖时机，有着重要的参考价值。我们可以通过利率走势的顶和底，去寻找股市走势的底或顶，从而选择什么时候入场，和什么时候出场。

可以说，利率的变化是股市变化的一个风向标，投资者应该学会从利率的变化中嗅出股市的行情变化，从而以此来决定自己的股市操作。

5.1.4 汇率对股市的影响

汇率是一个国家的货币折算成另一个国家货币的比率，是一种货币用另一种货币表示出来的价格。

汇率变动会受到经济、政治等多种因素的影响。如果国内经济结构合理，财政收支状况良好，物价稳定，经济实力强大，其国内商品在国际市场上便具有竞争力，出口贸易增长，其货币汇率就会坚挺；反之，则货币汇率疲软，面临贬值压力。因此，汇率的变动也会反过来对经济、政治等多方面产生重大的影响。比如本币贬值，可以刺激出口，抑制进口，也会导致资金外流，影响一国国际收支平衡。

外汇行情与股票价格有着密切的联系。通常，如果一个国家的货币稳中有升，吸引外资流入，经济形势稳步发展，股价就会上涨，而一旦一个国家的货币贬值，股价也会随之下跌。

比如，我国在2005年7月21日，人民币升值，汇率不再盯住单一美元货币。人民币升值令中国A股市场上许多大市值的股票在国际上的竞争力进一步上升。可以说，在股权分置改革和汇率改革两大制度改革的作用下，A股的价值已经具有较强的国际竞争力。

本次汇率改革对国内证券市场的具体影响主要表现在资产的计价和资金的供给两个方面。

在全球经济一体化的影响下，人民币升值使境内资产的境外估值水平一次性地降低，从而提升国内股市的价值。这次改革使人民币资产升值，A、B、H股的基本资产价格相对提升，因此在短暂反映了汇兑对B股的影响后，包括A、B、H股在内的所有人民币股票资产的价值都得到提升。同时由于本次改革幅度较小，市场预期会进一步提升，从而对市场产生正面影响。

从资金供应分析，本次汇率变动影响资金最大的是QFII资金，新增60亿美元的额度相对减少了人民币资金2%。但是从长期来看，由于人民币继续升值的预期将长期化，因此可以断定，QFII入市的速度将加快，并且会在较短时期内用完旧额度并申请新的额度。如此，实际上是在增加QFII的资金供应量，从而对A股市场形成长期的资金供应。

所以说，汇率对股市有着很大影响，投资者在投资股市时应当时刻关注着汇率。

5.2 宏观经济政策对股市的影响

5.2.1 货币政策对股市的影响

货币政策是政府调控宏观经济的基本手段之一。由于社会总供给和总需求的平衡与货币供给总量与货币需求总量的平衡相辅相成，因而宏观经济调控的重点必然立足于货币供给量。货币政策主要针对货币供给量的调节和控制展开，进而实现诸如稳定货币、增加就业、平衡国际收支、发展经济等宏观经济目标。

因此说，货币政策对股票市场与股票价格的影响非常大。

比如，宽松的货币政策会改善上市公司的融资环境，增加商业银行的资金量，令商业银行的可贷资金充裕，为上市公司提供了良好的融资环境，有利于上市公司获得更多的贷款进行资产重组，摆脱经营困境，增加营业利润，为股价盘升奠定了坚实的基础。

其次，上市公司拥有多个融资渠道，就会减轻对股民的配股压力，使二级市场上的资金更为宽裕，这更有利于股价震荡上行。然而货币供应太多又会引起通货膨胀，令企业的发展受到影响，使实际投资收益率下降。

紧缩的货币政策则刚好相反，它会减少社会上货币供给总量，不利于证券市场的活跃和发展。另外，货币政策对人们的心理影响也很大，这种

第五章
如何从新闻里淘金

影响对股市的涨跌又将产生极大的推动作用。

比如，在 2008 年的时候，由于金融危机暴发，股市从 6000 多点一路下跌，经济下滑。政府一改之前的货币紧缩政策，提出了 4 万亿拉动内需的庞大计划，当时，新浪财经发表了这样一篇文章，见图 5-7：

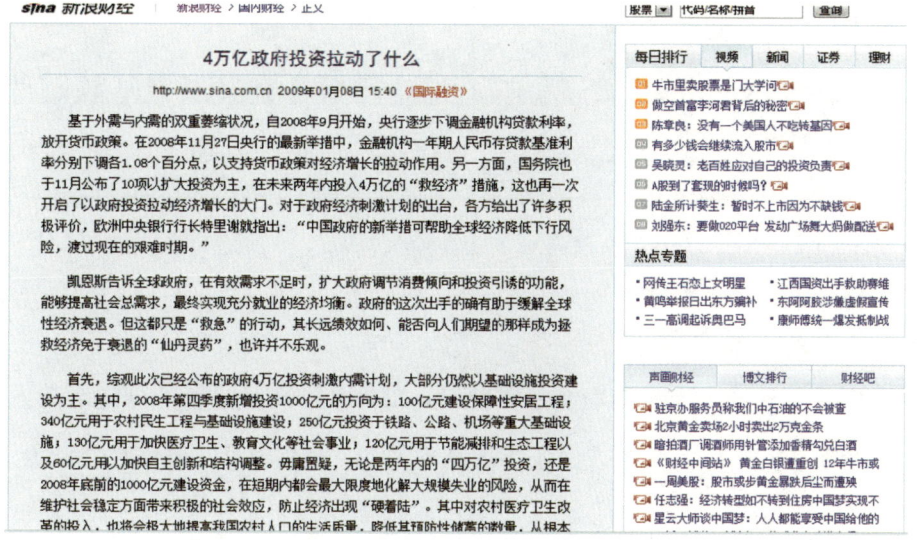

图 5-7 新浪网"新浪财经"

从这篇文章中可以看出，在 4 万亿计划逐一实施的同时，自 2008 年 9 月开始，央行还开始逐步下调金融机构的贷款利率，放开了货币政策，而之前的股市一直是处于单边下跌的走势。如图 5-8 中所示。

4 万亿计划及宽松的货币政策，使得股市在随后持续下跌数日后，开始出现了探底回升。至 2009 年 7 月 31 日时，上证指数从 1600 多点上涨到了 3400 多点。

由此可见，货币政策对股市的影响之大。因此，投资者在投资股市时一定要时时关注国家的货币政策。

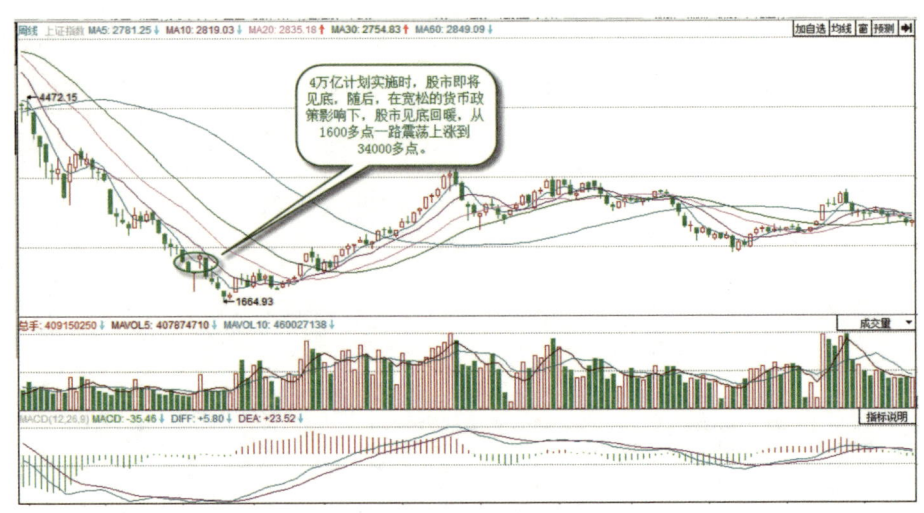

图 5-8 沪市大盘周线图

5.2.2 财政政策对股市的影响

财政是政府为实现其职能的需要对一部分社会产品进行的分配活动，它体现着政府与其有关各方面发生的经济关系。一个国家财政资金的来源，主要来自于企业的纯收入，收入的多少则取决于物质生产部门以及其他事业的发展状况、经济结构的优化、经济效益的高低和财政政策的正确与否，财政支出主要用于经济建设、公共事业、教育、国防以及社会福利。

一个国家的财政规模和采取的财政方针对股市有着直接的影响。例如，如果财政规模扩大，只要政府采取积极的财政方针，股价就会上涨；如果国家财政规模缩小，或者显示将要紧缩财政的预兆，那么投资者会预测到未来经济的不景气而减少投资，因而股价就会出现下跌。虽然股价反应的程度会依据当时的股价水准而有所不同，但投资者可根据财政规模的增减，作为辨认股价转变的根据之一。

财政投资的重点对行业或企业业绩的好坏，也有着很大的影响。如果政府采取产业倾斜的政策,那么就可以重点关注这一行业里的相关上市公司,因为这一行业的股票价格就会受到影响。财政支出的增减,直接受到影响的是与财政有关的企业。因此,每个投资者都应当了解财政实施的重点。

例如,在2015年4月10日时,上海证券网发布了这样一条消息,如图5-9中所示:

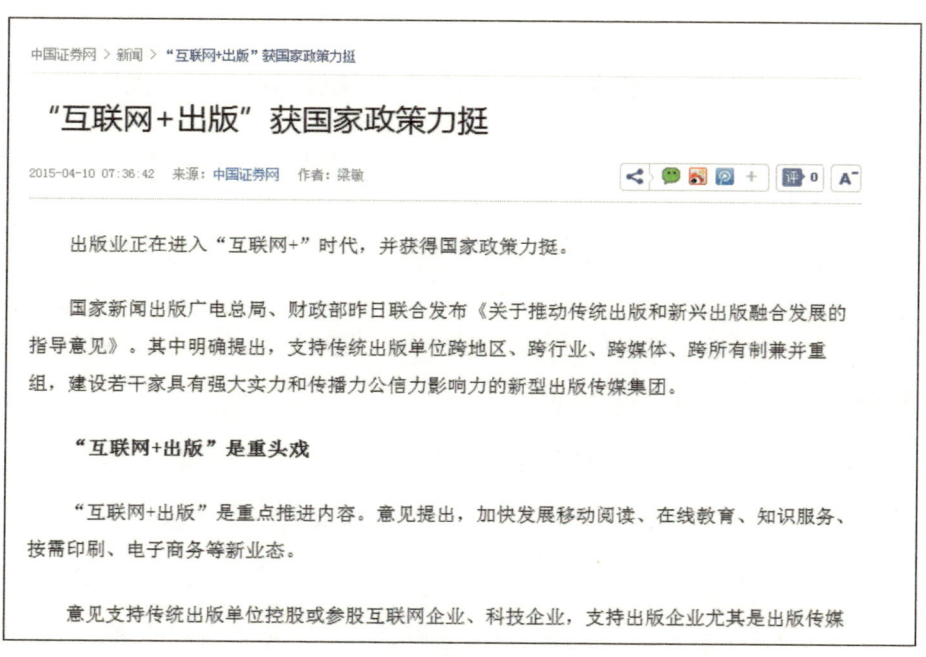

图5-9 中国证券网

在这条信息中,国家不仅仅是在政策上予以支持"互联网+出版",并且财政部还表示,相关的财政政策会在随后陆续出台。这就表明,国家的财政政策开始向"互联网+出版"行业倾斜,那么这一行业里的相关个股就应当引起投资者的注意了,而此时我们再来看一下上市公司中的传媒行业股,以中视传媒为例,见图5-10所示:

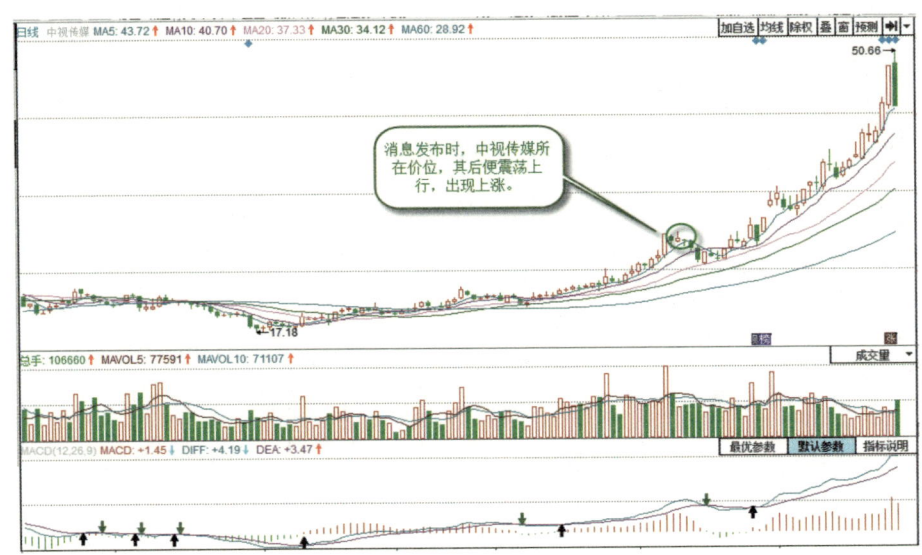

图 5-10 中视传媒日线图

消息发布后，以中视传媒为首的传媒行业的上市公司，几乎出现了整体的爆发，并且上涨幅度都很大。

这就说明，财经政策对于股票价格变动来说，可以说是一个时点，通常股价会在政府的预算原则和重点财经政策还未出台前，或者是在预算公布之后的初始阶段。所以，投资者对国家财政政策的变化，必须给以密切的关注，尤其是在财政政策变动的初始阶段，应当根据财经政策适时做出买入或卖出的决策。

5.2.3 税率对股市有什么影响

国家对企业征税的税种、税率对上市公司来说是很重要的。当税率发生变化时，必然会引起股价的变化，同样，进出口税率的调整也会影响股市波动，尤其是相关出口或进口的上市公司。

比如在 2012 年 12 月 11 日时，中国证券网发布了这样一个消息，如

图 5-11 中所示：

图 5-11 中国证券网

这个消息透露出，国家将在 2013 年对化肥的淡季出口关税进行下调，这无疑对那些以化肥出口为主的企业是一大利好，比如金正大、芭田股份、鲁西化工、新都化工、司尔特 和泸天化等。那么，我们在此以金正大为例来看一看，如图 5-12 中所示。

这一消息在中国证券网发布后，金正大刚刚走出了短期的底部，随后便开始震荡上行，股价也从 13 元左右很快上涨到了 17 元多。并且由于这种降低关税的利好对行业里的上市公司的影响是长期性的，因此，在经过短期上涨后，金正大的股价一路震荡向上。至 2015 年时，股价就到了 58 元多。

相反，如果国家调高出口税率，对于那些以出口相关产品的上市公司而言，将会增加企业的压力，成本相应上升，其股价自然会因此而出现下跌。所以，进出口税率对股市有着较为直接的影响，投资者应当及

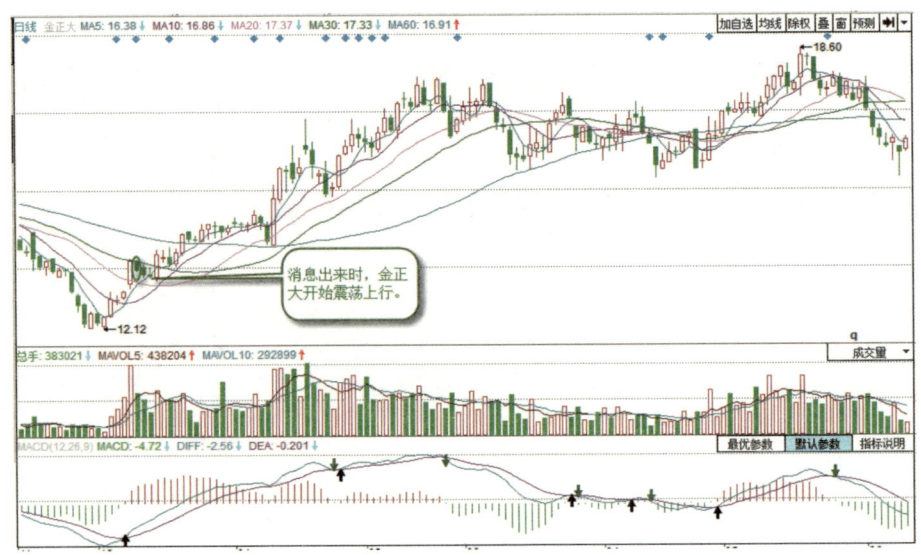

图 5-12 金正大日线图

时根据国家税率的变化,而调整好自己的投资方向,根据税率的变动去选择投资标的。

5.3 从行业新动向里寻找热点

5.3.1 《新闻联播》里透露的产业新动向

很多投资者都喜欢关注财经报刊,却往往忽略了央视的《新闻联播》,其实这种做法是错误的。很多时候,许多的新兴产业,或是行业的新动向,《新闻联播》都会在第一时间里进行播出与介绍,只不过这些新闻在《新联联播》里占的比重较小,很多时候只是作为消息被简单地介绍一下而已,但是作为投资者却不能忽视这些消息。

第五章 如何从新闻里淘金

比如 3D 打印技术，就曾在 2012 年 2 月 21 日的央视《新闻联播》里播出过。图 5-13 是当天新浪网转播的这一段新闻：

图 5-13 新浪网转发的 2013 年 02 月 21 日央视的《新闻联播》

当时是作为一种新技术发布的新闻，很多人对此都还陌生，但明显可以感受到，3D 打印在未来有着突破性的广泛应用。就像新闻里讲的，可以应用到医学等各个领域，并不仅仅局限于通常意义上的打印技术。

作为投资者来说，此时就应当关注相关概念的上市公司了，比如金运激光、华中数控等。下面我们以华中数控来看一看其走势，见图 5-14。

明显可以看出，此时的华中数控还在低位徘徊，作为一种还未被广大投资者关注的新兴行业或是新技术，此时就应当对这类相关的上市公司予以关注了。可以在随后震荡走低时作为中长线投资逐步介入。因为一旦被大众所接受，其就会受到市场的追捧，成为疯涨的黑马股。如果在当时买入的话，并一路持有到 2015 年 5 月的话，其股价已经上涨了接

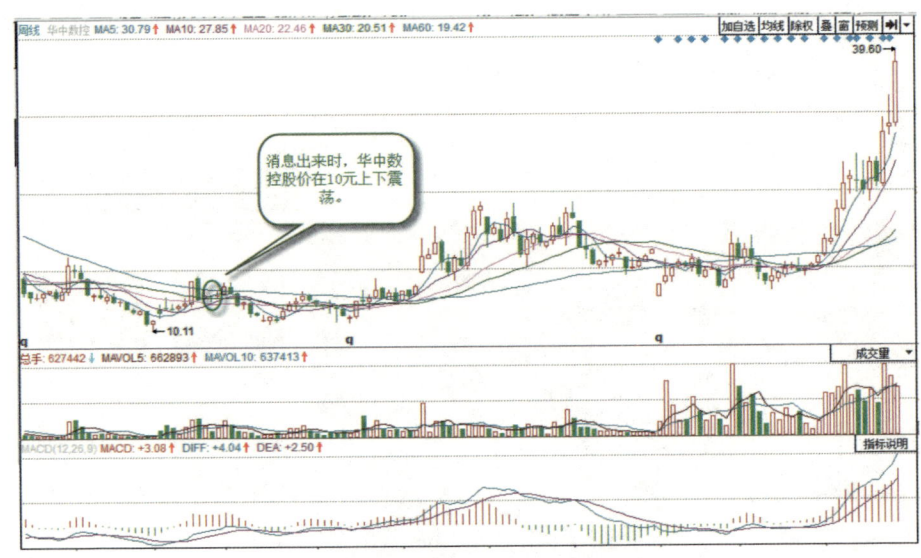

图 5-14 华中数控周线图

近 3 倍之多。

事实上，3D 打印技术不仅仅局限于 3D 概念股，包括那些工业机器人概念的相关上市公司，同样会因为这一技术受益，包括另外一些与这一技术相关的医药股，因此，还可以借此而深度挖掘相关的受益股票进行投资。

所以说，作为投资者而言，一定要从《新闻联播》等新闻中关心时政新闻，捕捉信息，及时掌握各个产业的新动向，这样才能及时把握住投资机遇，创造出超于他人的投资收益。

5.3.2 新闻热点催生出的新牛股

很多时候，投资机会往往就在我们的身边，比如时下人们关注的事件，或是新闻焦点，其实都可以作为我们投资的参考与借鉴的。就像每一位投资者都知道的外国那个卖"热狗"的老太太把平时赚到的钱买了"热狗"

公司的股票而最终在其死后成为亿万富翁的故事一样，这样的事并不只是传说。

在 2013 年 11 月 11 日的 21 点半左右，各大新闻媒体及网站发布了这样一条消息，如图 5-15 中所示：

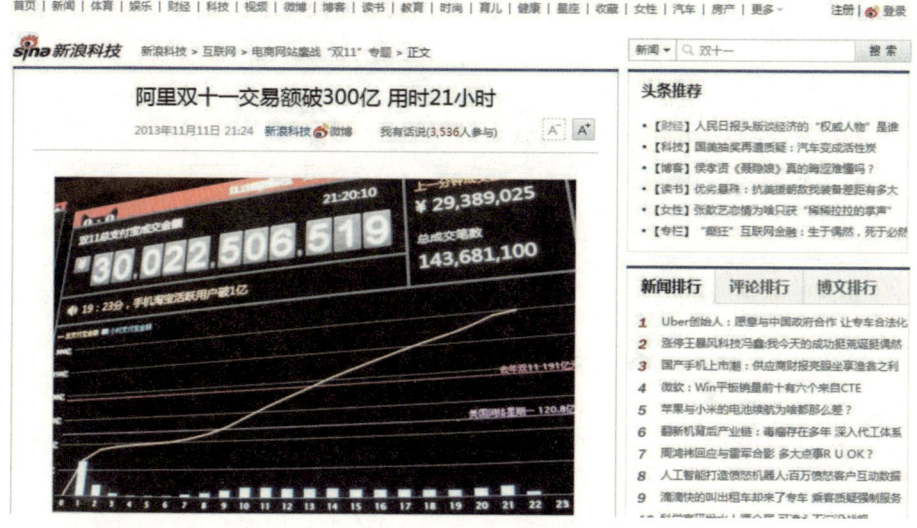

图 5-15 新浪网 2013 年 11 月 11 日新闻

各大媒体的报道几乎都一样，因为这一天是"双 11"，也就是淘宝搞的购货狂欢日，马云仅仅用了 21 个小时 20 分钟的时间，淘宝的交易额便一举突破了 300 亿。这一消息在次日很快成为了各大媒体的头条。

作为股市投资者来说，此时就应当根据这一消息来考虑一下了，淘宝"双 11"一天交易额过 300 亿，最大的受益者当然是马云，但当时马云的公司还未上市，那么最先受益的便是阿里的大股东，比如内蒙君正。但相比之下，还有一类公司应当引起注意，那就是在线支付，因为这 300 个亿都是依靠在线支付与移动支付来完成的。

由这一新闻焦点引发出来的是，中国网购的大潮，所以，第三方支付成了当前最热的了。再去看相关的上市公司，自然我们就会发现卫士通（002268），如图5-16中所示：

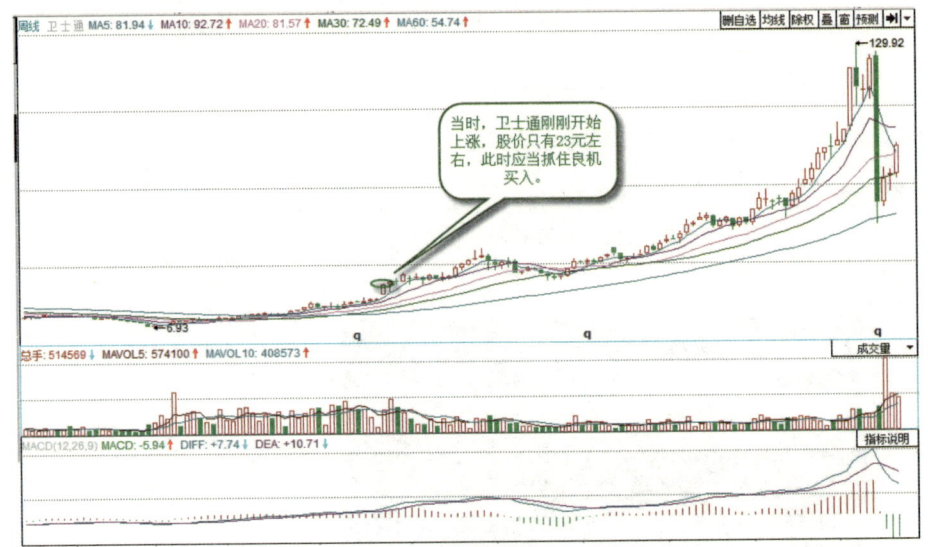

图5-16 卫士通周线图

此时卫士通已经在震荡走高，股价并不高，而第三方支付是未来最重要的支付平台，未来空间很大，也就是说，卫士通未来的上升空间很大，所以此时就应当考虑及时买入股票了。因为在其后的一年中，尤其是临近2014年"双11"的时候，马云和阿里巴巴一直是各大新闻媒体关注的焦点和热点。第二年，淘宝会不会再次突破2013年的记录呢？

如果在2013年"双11"过后便一直持有卫士通的话，那么到了2014年"双11"的时候，淘宝交易额突破了去年的300亿，卫士通的股价也出现了翻番的行情，因为此时的第三方支付已经成了人们离不开的购物支付方式。所以，若是继续持有卫士通至2015年3月底的话，股价最高冲至了129.92元，与2013年"双11"时的股价相比，最前面整整多了个1还绰绰有余。

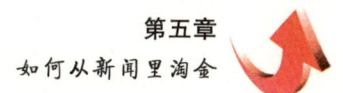

第五章
如何从新闻里淘金

　　因此，新闻热点往往是人们关注的事情，这个新闻代表着未来可能还会影响到人们的生活，尤其是一些商业性的新闻热点，更是值得投资者去关注，因为巨大的财富往往就隐含其中。

第六章

如何解读上市公司的公告与研究报告

在投资过程中，我们经常会零星地从炒股软件上或是报刊、网站上看到一些上市公司发布的相关公告，或是一些券商对某个行业或个股的研究报告。但是，如果我们有一天想要去寻找相关的公告与研究报告了，却会忽然变得茫然了。在哪里才能看到上市公司的公告或是券商的研究报告呢？作为投资者，我们又应该如何根据这些公告与研究报告来选股呢？

第六章
如何解读上市公司的公告与研究报告

6.1 如何看上市公司的各种公告

6.1.1 证券发行与上市公告

证券发行与上市公告包含新股发行公告、股票非公开发行公告、发行债券公告、新股上市公告、新增股票上市公告、解禁股上市公告、融资融券公告等。这些公告都是一个公示,可以使投资者了解到证券发行与上市的最新情况和动向。

这些公告都可以从中国证券网或是上交所与深交所的官方网站上看到,比如在上海证券交易所的官方网站上,只需点击首页的"上交所公告"即可进入页面进行查看。如图6-1中所示。

在深圳证券交易所上市的公司,可以登陆深圳证券交易所的官方网站,在首页点击"信息披露"即可进入页面进行查看相关的公告,如图6-2中所示。

图 6-1 上海证券交易所官方网站上交所公告栏

图 6-2 深圳证券交易所官方网站"信息披露"

  首次公开发行的 A 股被投资者称为"打新股"。所谓打新股,就是用资金参与新股的申购,每笔资金申购新股后都可以获得一个新股申购配号,然后由交易所抽签。如果申购配号符合抽签抽中的配号,那么这说明中签

第六章 如何解读上市公司的公告与研究报告

了。目前打新股有两种方式,一种是网下申购,这个只有机构投资者才能够申购,另外一种是网上申购,网上申购作为个人投资者都可以申购。

在申购新股的时候,投资者要注意两点:第一,了解上市新股要求的最低申购股数;第二,就一支新股来说,一个证券账户只能申购一次。并且,账户不能重复申购,不可以撤单,申购前要记住申购代码。如果在下单时出现错误或者违反上述规则,则会视为无效申购。

如果上市公司缺钱,一般会用公开增发股票的方式来解决资金缺口。譬如下图所示,新兴铸管股份有限公司于 2009 年 8 月 21 日发布的这一公告就属于公开增发,如图 6–3 中所示:

图 6–3 中国证券网上海证券报官方网站

另外一种是非公开增发,也称定向增发,是指对特定的对象发行股票,一般是上市公司的整体上市和引进战略投资者实现重组的重要手段,比如在 2015 年 5 月 21 日,长发汽车就发布了这样一则公告,如图 6–4。

值得注意的是,公开增发与非公开发行的股票之间的不同之处在于,公开增发是发现金认购的方式实施的。这实际上也就意味着,此时的上市公司很差钱。

图 6-4 证券时报官方网站

再有就是大小非解禁股上市的公告，此类公告是最值得关注的，许多财经新闻都会将此列为重点新闻，譬如图 6-5 是新浪财经转发的众生药业于 2012 年发布在证券时报上的一份解禁公告：

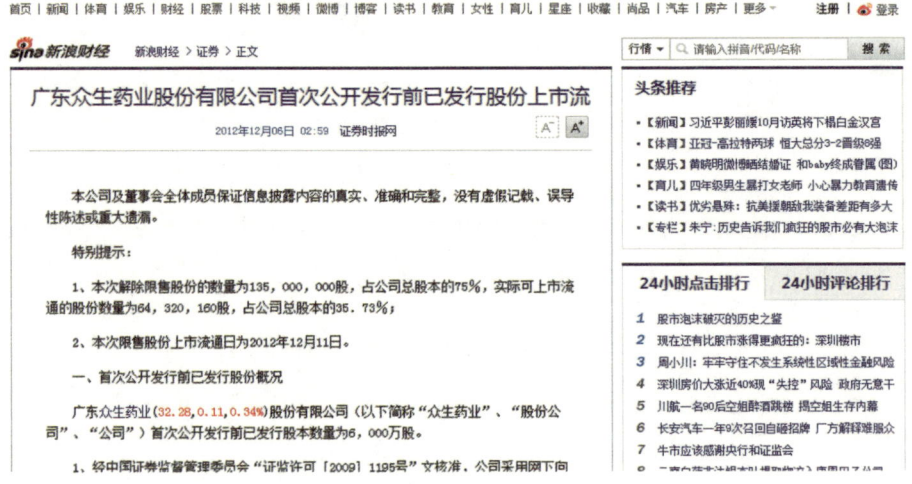

图 6-5 新浪网新浪财经

这一公告显示，此次众生药业将有占据公司总股本35.73%、占流通股本75%的首发原始股票解禁。我们再来看一下众生药业在股市中的表现，如图6-6中所示：

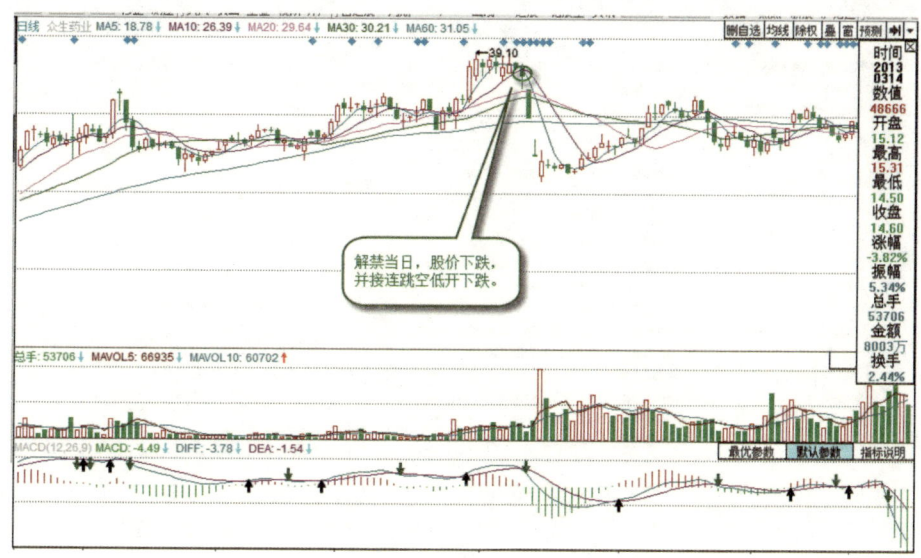

图6-6 众生药业日线图

解禁公告发出后，在2012年12月11日解禁当日，众生药业的股份便如上图所示出现了较长的阴跌，并在随后数日接连出现了跳空低开的暴跌，短短数个交易日，其股价便跌去了近一半。

所以说，解禁公告是需要投资者在买入股票前必须格外注意的，尤其是临近时日越短、解禁数量又大的股票，一定要予以规避。

6.1.2 并购重组类公告

并购重组类，这类公告一般需要通过中国证监会的网站和交易所的网站结合起来看，证监会有一个专门的栏目是出并购重组公告的。具体网址是：http://www.csrc.gov.cn/n575458/n776436/n804965/n9659274/。在进入中国证监会的官方网站后，只要点击左上角的"信息公开"，然后再点击左侧下方的"重组委公告"即可进入。如图6-7中所示：

图6-7 中国证监会官方网站"重组委公告"

而交易所的信息可以通过官方网站来查看，比如我们登陆上海证券交易所的官方网站后，点击上面的"信息披露"栏，然后在左侧栏内点击"并

图6-8 上海证券交易所"信息披露"栏目

购重组审核意见"就可以进行查询了。

其具体网址是：http://www.sse.com.cn/disclosure/credibility/maarao/

并购重组的公告出台对于股价的变动还要看上市公司并购重组的具体资产如何，并不能说所有的并购重组都会催动股价上升，所以投资者不能因为上市公司并购重组了就以为是好事。

比如电子城（600658）的重组是在 2009 年 9 月 25 日通过的，可是当其在 9 月 28 日复牌时却以跳空低开的方式开盘，并最终以跌停价收盘。如图 6-9 中所示：

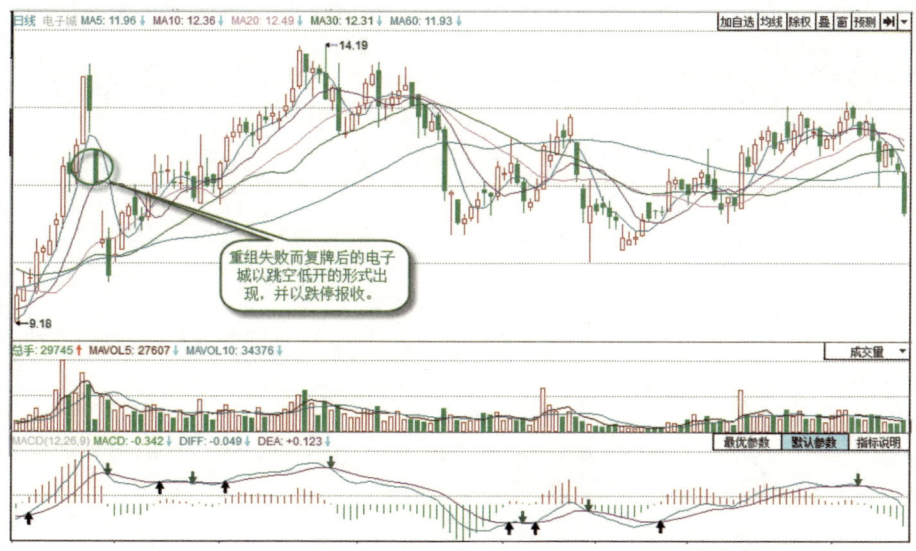

图 6-9 电子城日线图

再有就是重组失败的案例也不在少数，要引起投资者的注意了，并不是所有停牌重组的股票最终都能够成功。比如江泉实业（600212）在 2015 年 3 月 30 日时就开始停牌重组，可是到了 2015 年 3 月 8 日时其发布公告称，公司 3 月 2 日召开了第八届董事会第七次会议，审议并通过了《关于终止重大资产重组事项的议案》等议案。江泉实业的股票在 3

月 9 日复牌的当天，开盘后即直奔跌停板价位，并且一直维持到收盘，如图 6-10 中所示：

图 6-10 江泉实业日线图

因此，投资者一定要理性对待重组类的股票，不要盲目去追求重组类股票，并不是每一家公司的重组对投资者来说都是机遇，也可能是陷阱，据统计，仅 2015 年第一季度，重组失败的上市公司就高达 17 家。

6.1.3 业绩预增预减公告

每年会有四个时期是上市公司公告其业绩预增或预减的时期，这四个时期分别是：

（1）一季报的业绩预告时间为每年的 3 月下旬到 4 月底；

（2）中报的业绩预告时间为 7 月中旬到 8 月底；

（3）三季报的业绩预告时间为 9 月中下旬到 10 月底；

（4）年报的业绩预告时间为每年的 12 月到来年 2 月。

第六章 如何解读上市公司的公告与研究报告

每年的这四个节点都会涌现大量的业绩牛股，当然，碰上业绩地雷的个股也不少。而市场往往会在这些时间上以业绩作为一个主流的炒作题材。

从交易所的规定来看，这些公告主要分为四类：业绩预增、业绩预减、业绩亏损和业绩扭亏。我们先来看看业绩预增，其实这类公告其中的猫腻最多，业绩预增并不一定就意味着该公司的业绩有多好，从根本原因来分析，业绩预增一种是由主营业务带来的业绩增长，另外一种就是非主营业务的业绩增长了，而作为投资者应该以主营业务的业绩增长为主。

另外还有一种就是大比例的增长幅度，但是其业绩增长的源动力根本就不是主营业务，这种情况存在较为普遍，尤其是当股市向好的时候，很多上市公司由于交叉持股或投资其他非主营业务，或是其他原因，使得其业绩显得很"亮丽"。

比如2014年10月9日沃华医药（002107）发布了2014年前三季度的业绩预增公告，称其业绩预增在200%—250%，这一消息发布后，该股当日即出现了涨停，但是随后股价便出现了震荡走低，一直到2014年12月中旬，股价依然丝毫没有与三季度报业绩预增后应当有的表现。如图6-11中所示。

此时，如果仔细看沃华医药当初的预增公告就会发现，沃华医药前三季度的业绩预增，主要是由于去年同期的基数太低，净利润只有606万元，另外非经营性收入的飙升也使得其业绩出现了预增。这也就是说，其2014年的业绩大增是由于2013年同期的增长幅度很小甚至是亏损的原因所致，再加上非主营业务的业绩提升，才使沃华医药在2014年三季度的季报变得十分"华丽"。

因此，投资者在看业绩预增公告的时候一定要仔细，要分辨出其业绩预增是不是主营业务带来的增长是十分重要的，因为只有主营业务的增长才是支撑上市公司大举向好的表现，其股票才能得到机构的青睐。

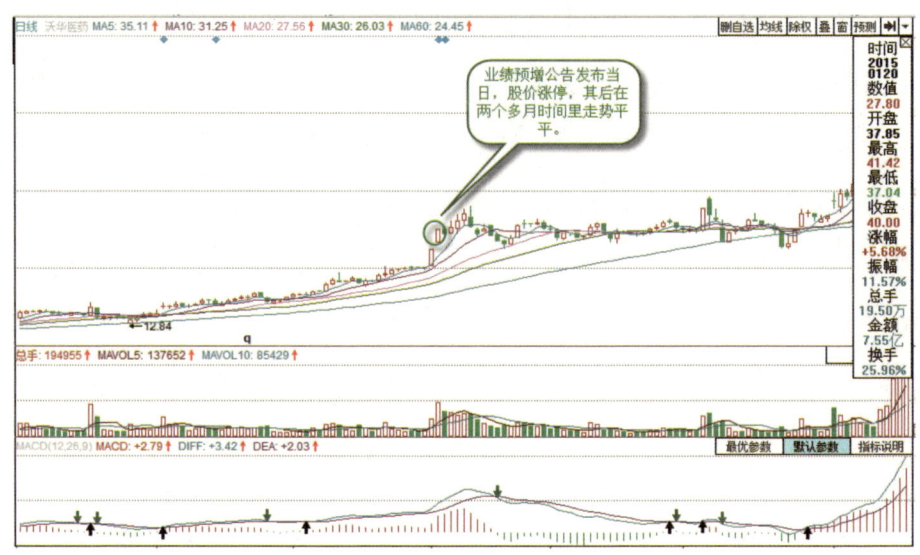

图 6-11 沃华医药日线图

除了业绩预增公告，业绩预减公告也是应当留意的，尤其是当我们手中持有这些股票的时候，在关键的业绩公告发布时，更应当留意。

如图 6-12 是中国软件（600536）2013 年 1 月 8 日发布的一则业绩预减公告：

图 6-12 和讯网个股数据《中国软件业：绩预减公告》

业绩预减公告发布的当日，中国软件便出现了上下的震荡，其后又恢复了震荡上行，但由于其业绩出现了下滑，因此股价很快冲高到 14.7 元后便开始了一路的震荡下跌，如图 6-13 中所示：

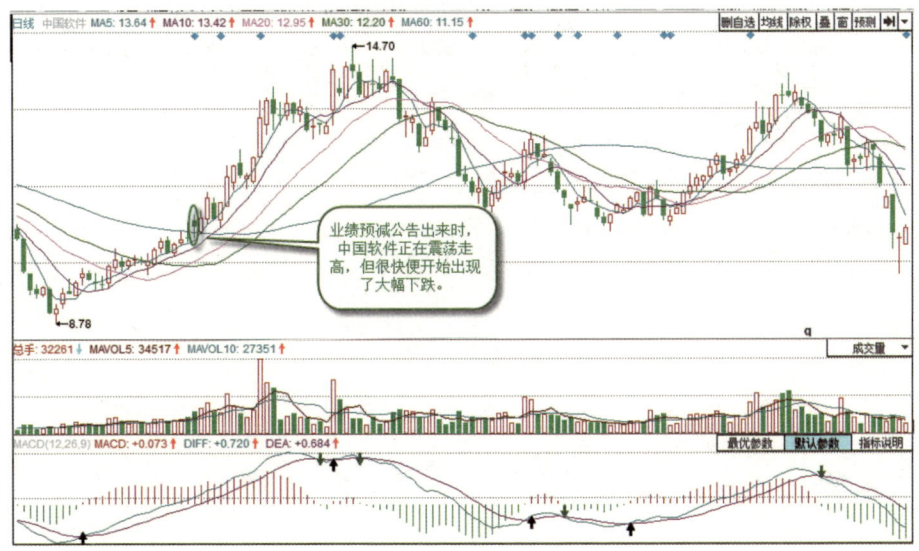

图 6-13 中国软件日线图

因此，对于那些手中持有中国软件的投资者来说，一旦发现其发布了业绩预减的公告，即使是短期其股价依然处于上涨阶段，但没有业绩支撑的股票很难有大的表现，还是逢高及时卖出的好，以免陷入因业绩下滑所带来的投资失利。

6.1.4 大股东增持减持公告

此类公告最直接明了，大股东增持大多都是对上市公司未来充满信心的一种表现，这种情况大多出现在熊市中，比如在 2008 年经济危机的时候，三一重工的大股东出现了集体增持公司股票的行为。

如图 6-14 中所示：

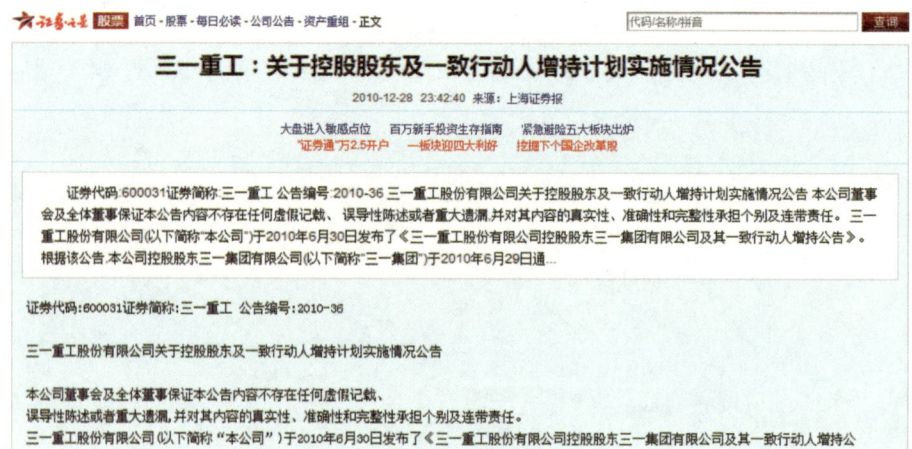

图6-14 证券之星网

三一重工这份增持公告发布后,其股价随后便停止了下跌的走势,出现了一波明显的上涨行情,但仍然没有扭转大的趋势。如图6-15中所示:

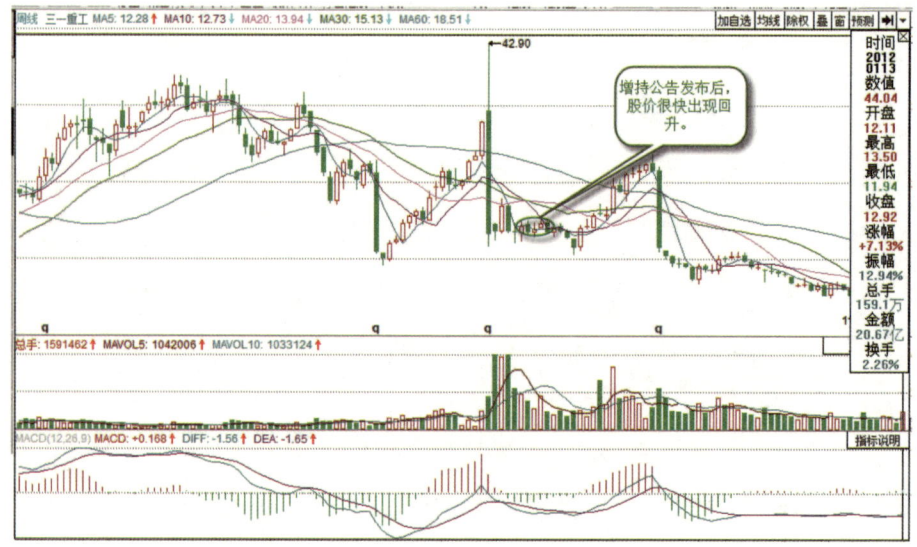

图6-15 三一重工周线图

第六章
如何解读上市公司的公告与研究报告

因此,在熊市中经常会出现大股东增持的公告,但这种情况往往说明其股票价格出现了非理性下跌,已经突显出了股票的投资价值,但熊市的思维不能以常理来看,大股东的增持行为虽然可以起到提振热气的作用,短期或许会改变股票运行的方式,但却难以扭转股票的大趋势方式,所以,投资者应当理性对待熊市里出现的大股东增持本公司股票的公告。

但是如果大股东增持的公告是出现在了牛市当中,那么说明上市公司的大股东一致认为当前的股票价格已经严重被低估,未来股票价格将会出现上涨,此时投资者应当以买入股票为宜。

与增持对应的是减持公告,其中的原因较多,有时是上市公司为了更换持股比例,但更多的减持是发生在牛市行情中,大股东的减持是为了实现套现。

如图 6-16 中所示,这是一份德赛电池(000049)于 2014 年 11 月 21 日发布的减持公告:

```
德赛电池:股东减持股份公告  查看PDF原文
公告日期:2014-11-21

证券代码:000049 证券简称:德赛电池 公告编号:2014—042
深圳市德赛电池科技股份有限公司
股东减持股份公告
本公司及董事会全体成员保证信息披露的内容真实、准确、完整,没
有虚假记载、误导性陈述或重大遗漏。
深圳市德赛电池科技股份有限公司(以下简称"本公司")于2014年11月20日接到公司控股股东惠州市德赛工业
发展有限公司(以下简称"德赛工业") 关于减持本公司股份的通知,德赛工业于 2013 年 08 月 26 日至 201
4 年 11
月 20日期间,通过集中竞价交易系统减持本公司无限售条件的流通股
2,093,536股,占本公司总股本的 1.31%,具体情况如下:
一、股东减持情况
1、股东减持股份情况
本次减持股份
减持均价
股东名称 减持方式 减持时间期间 占总股本
(元) 股数(万股)
比例(%)
2013年8月26日至
```

图 6-16 德赛电池 2014 年 11 月 21 日股东减持公告

137

大股东减持公告发布的当日，股价下跌，其后在震荡行情中短期出现了较大幅度的下跌，如图6-17中所示：

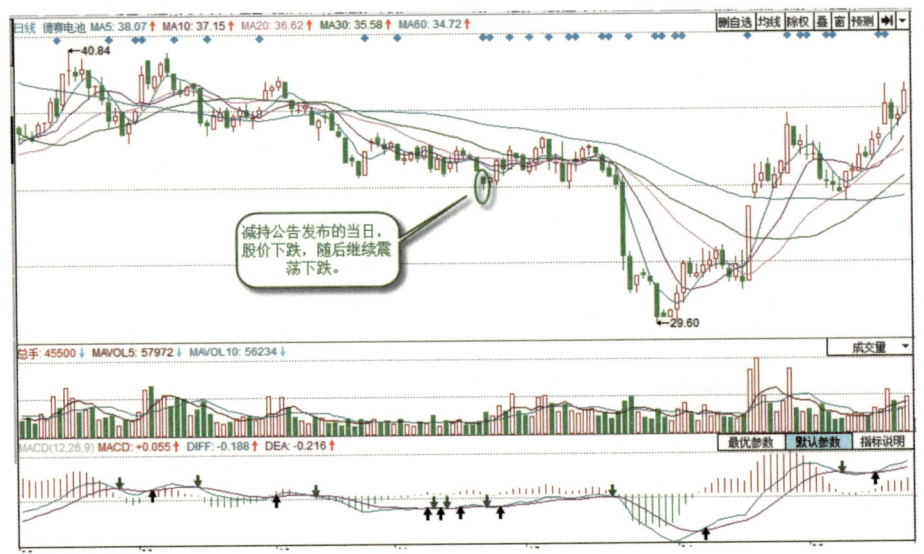

图6-17 德赛电池日线图

对于大股东增持的例子很多，但需要指出的是，在理论上来讲，大股东减持是会对股价有所影响的，但是这种影响是一种较为短暂的影响，并不能影响到股票的长期运行方向，因为好的公司不会由于大股东的减持而业绩下滑，相反，差的公司也不会由于大股东的增持而变好，所以对投资者而言，不要过多受大股东减持的公告而影响到自己的投资，而要根据实际情况来操作股票，事实上，遭受大股东减持后一路震荡走高的股票并不在少数，如图6-18中所示。

长信科技（300088）于2014年1月29日发布大股东减持公告后，股价当日出现了下跌，但次日便展开升势，并就此一路上涨，股价短期内出现了大幅上涨，如图6-19中所示。

第六章
如何解读上市公司的公告与研究报告

长信科技：控股股东减持股份预披露提示

芜湖长信科技股份有限公司（以下简称"长信科技"或"公司"）于近日收到公司控股股东东亚真空电镀厂有限公司（以下简称"香港东亚"）的《股份减持计划》，具体情况如下：

一、持股情况概述

香港东亚系长信科技控股股东。截至本公告日，香港东亚直接持有公司股份119,680,000股，占公司股份总数的23.30%，上述股份已于2013年5月27日起解除限售。

二、股份减持计划

1、减持股东名称：东亚真空电镀厂有限公司
2、减持目的：资金周转、投资收回
3、减持期间：2014年2月11日—2014年8月10日
4、减持数量及比例：不超过2992万股，即不超过公司股份总数的5.83%
5、减持方式：大宗交易或集中竞价等其他方式

三、其他相关说明

1、香港东亚承诺，在按照本计划减持股份期间，严格遵守《深圳证券交易所创业板股票上市规则》、《上市公司解除限售存量股份转让指导意见》等有关法律法规及公司规章制度。
2、本减持计划不存在违反《证券法》、《上市公司收购管理办法》等法律法规、部门规章、规范性文件和深圳证券交易所《创业板信息披露业务备忘录第5号-股东及一致行动人增持股份业务管理》、《创业板信息披露业务备忘录第18号：控股股东、实际控制人股份减持信息披露》等规定的情况。
3、实施本次减持计划后，香港东亚所持公司股份数量和比例将低于现第二大股东新疆润丰股权投资企业（有限合伙）所持公司股份数量和比例，公司将按规定进行信息披露。
4、敬请广大投资者注意投资风险。

图 6-18 长信科技 2014 年 1 月 29 日大股东减持公告

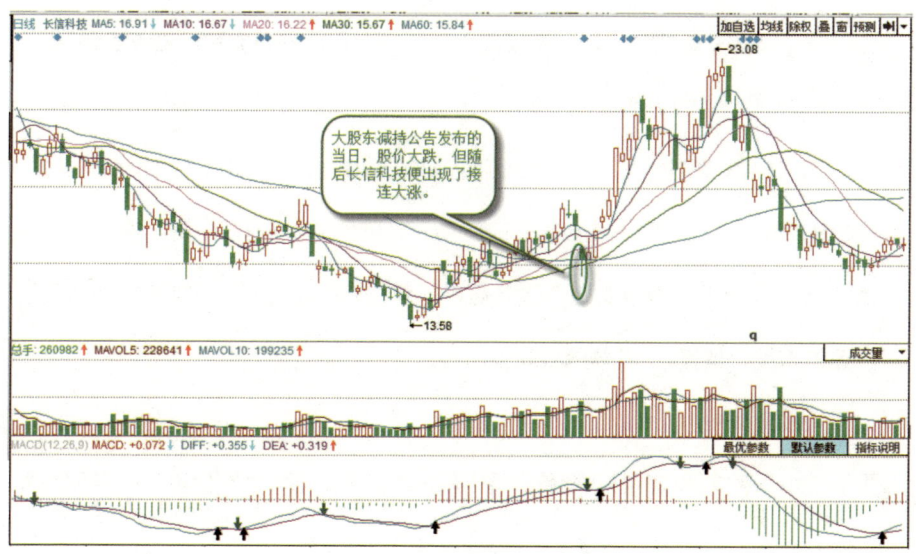

图 6-19 长信科技日线图

6.1.5 对外投资公告

对外投资是相对于对内投资而言的，上市公司的对外投资是为了获得更好的投资收益，从而使自己的业绩出现增长。看此类公告需注意上市公司对外投资的项目是什么，未来的发展如何。如果对外投资的项目一般化，那么这种投资根本没有什么实际意义；如果投资的项目有长远发展，那么上市公司就会因此而受益。

比如上海绿新（002565），在 2015 年 4 月 7 日时发布了下面这样一条对外投资公告，见图 6-20：

[公告摘要]

证券代码：002565　　　　　　　证券简称：上海绿新（002565）

公告编号：2015-025

上海绿新包装材料科技股份有限公司对外投资公告

本公司及董事会全体成员保证信息披露内容的真实、准确和完整，没有虚假记载、误导性陈述或重大遗漏。

为进一步提高企业盈利能力，进军无线互联网和云印刷市场，上海绿新包装材料科技股佊有限公司（以下简称"公司戒本公司"）拟不"康曼德股佊有限公司"共同投资设立"优印（上海）信息科技有限公司"（暂定名），主要从事信息科技领域内的技术服务及相关产品的批发、销售。　具体内容如下：

一、对外投资概述

公司于 2015 年 3 月 31 日不康曼德股佊有限公司（以下简称"康曼德"）、共同签署

图 6-20 上海绿新对外投资公告

从这则公告看，上海绿新此次对外投资是进军无线互联网与云印刷市场，此举不仅对公司未来发展有益，同时互联网也是各行业都在大力发展

和挖掘的一种经营方式,可以说未来可期。

此公告发布时,上海绿新正在停牌,4月8日复牌的当日,股价很快便冲至了涨停,随后便一路震荡上行,至2015年5月18日时,股价已经达到13.87元,而4月8日的最低价只有10.81元,短期内涨幅很是可观,接近了30%,如图6-21中所示:

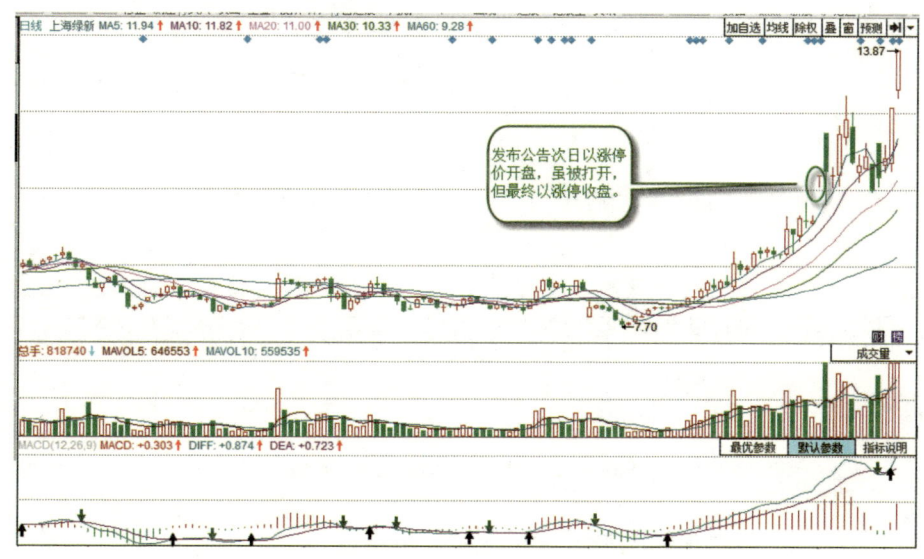

图6-21 上涨绿新日线图

因此,当上市公司发布对外投资公告时,一定要看清楚其内容,以及对外投资的是什么项目,如果项目可期,应当选择及时买入,否则应当远离,尤其是当股价处于高位时发布的此类公告,更应当引起投资者的重视。

6.1.6 分红派息公告

这类公告相对比较简单,并且在股市中也较为常见。分红派息就是上市公司向其股东派发红利和股息的过程,而分红派息的性质主要有现金和

股票两种方式,但是投资者需要注意,在分红派息前夕,持有股票的股东一定要密切关注与分红派息有关的四个日期,这四个日期是:

(1)股息宣布日(即公司董事会将分红派息的消息公布于众的时间);

(2)派息日(即股息正式发放给股东的日期);

(3)股权登记日(即统计和确认参加期股息红利分配的股东的日期);

(4)除息日(即不再享有本期股息的日期)。

在通常的情况之下,如果仅仅是年度分红派息,那么除息日后,分红派息基本上对股份数量不会构成什么影响,股票依然会按照原来的运行方式运行,比如电广传媒(000917),在2014年7月4日发布了这样一则公告,见图6-22:

湖南电广传媒股份有限公司2013年度分红派息实施公告

证券新闻 证券日报 2014-07-04 01:36 我要分享

证券代码:000917 股票简称:电广传媒 公告编号:2014-33

湖南电广传媒股份有限公司2013年度分红派息实施公告

本公司及董事会全体成员保证信息披露的内容真实、准确、完整,没有虚假记载、误导性陈述或重大遗漏。

一、通过分配方案的股东大会届次和日期

是否距离股东大会通过分配方案两个月以上实施的:

是 否

公司2013年度利润分配方案已经2014年5月22日召开的2013年度股东大会审议通过。股东大会决议公告刊登在2014年5月23日的《中国证券报》、《证券时报》、《上海证券报》和《证券日报》以及巨潮资讯网上。

图6-22 电广传媒分红派息公告

第六章
如何解读上市公司的公告与研究报告

在这个公告中,其除息日为:2014年7月10日;现金红利发放日为2014年7月10日,此时公告发布当日,电广传媒正好处于起涨时,当日跳空拉出一根长阳,但与这则公告并无关系,至除息日时,股价处于高位震荡行情,随后便震荡调整,但并未改变其上涨趋势,如图6-23中所示:

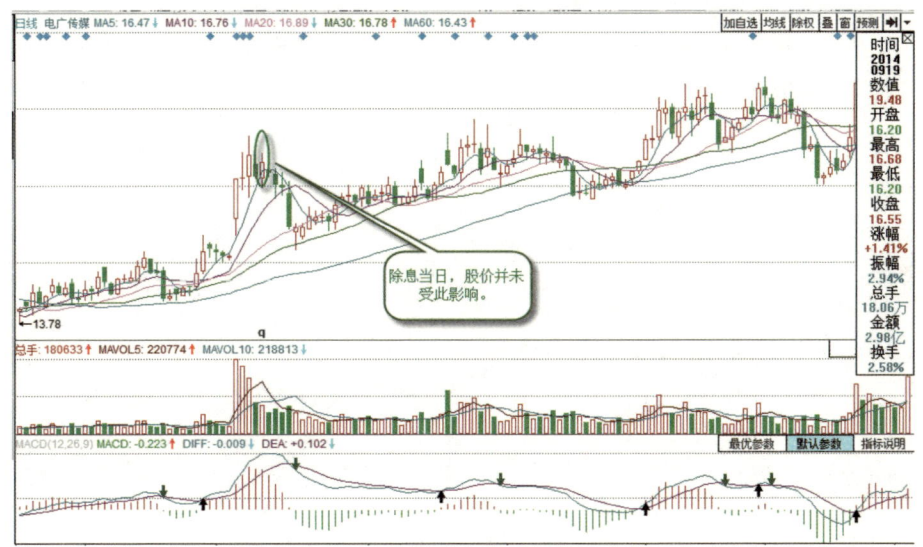

图 6-23 电广传媒日线图

虽然除息对股票的价格不会有多大影响,但是却从另一个侧面印证了一个问题,只有好的公司才会分红,因此,对于那些年年分红派息的公司是可以逢低买入并长期持有的。

分红派息的另一种形式也经常出现,就是以现金加股票的形式。这种形式在A股中小盘个股中屡见不鲜,因此也应当引起投资者的注意。

分红配股,也就是我们常讲的高送转。原本,送转增股票是一种上市公司正常的分红形式,但是在A股市场上,由于主力的介入,送转增股经常成为主力借以出货的一种形式,因为主力常常会在上市公司发布送转增公告前,对股价进行大幅度的拉升,然后借实施高送转除权之机进行大举出货。

比如嘉应制药（002198），在2014年1月15日晚间发布了分红配股的公告后，其后股价便开始了大幅度的拉升，仅仅一个多月，股价便从15元多拉至了24元多，然后便在高位震荡，直到除权除息实施后，又强拉了数日，然后便开始了一路震荡下跌的走势，股价此后一蹶不振，如图6-24中所示：

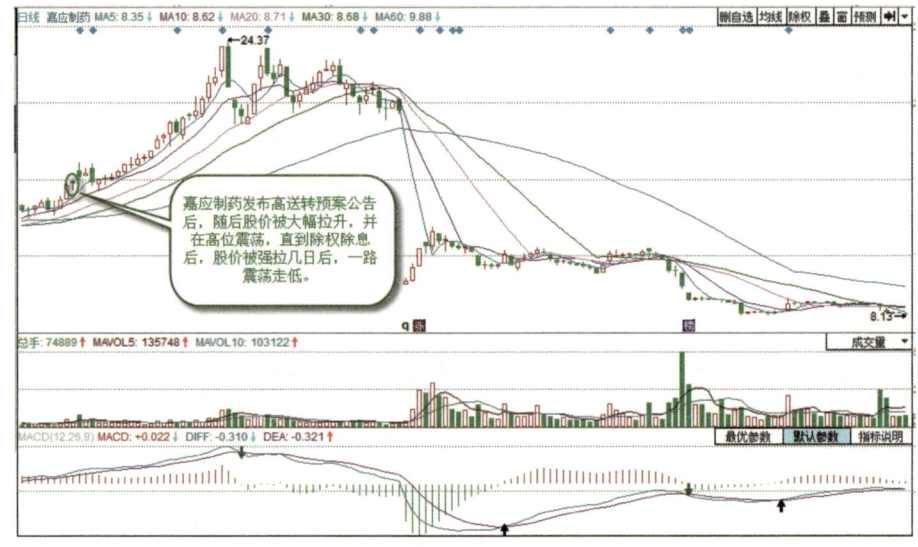

图6-24 嘉应制药日线图

当然，也有好的公司在实施分红送股后出现快速填权的，比如图6-25中所示的中科金财（002657）。

像中科金财的情况并不多见，有着政策的支持及公司业绩的大幅提升，而多数的成长性好的公司，通常都是随着公司分红配股后一年中业绩的提升，而最终才实现填权行情的，比如海欣食品（002702）在2014年4月26日实施分红配股后，直到2015年5月5日才实现了填权。

有一个不容忽视的现象是，很多公司一旦发布了分红派息和送转增股

第六章
如何解读上市公司的公告与研究报告

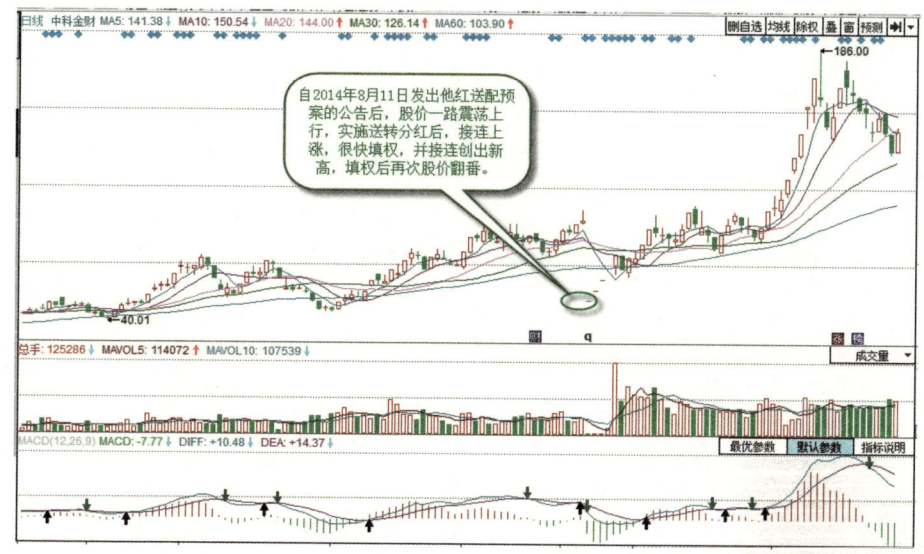

图 6-25 中科金财日线图

后,股价都会进行一番大幅的拉升,因此,投资者参与这类股票时一定要把握好节奏,当分红派息配股的公告发出时,可以买入股票,至分红送配实施后,也就是除权除息后,应当及时卖出股票。因为除非是特别优秀的公司,业绩有着持续向好的高成长,否则即使是一年后会实现填权,送转分红后其股价也会经过长时间的震荡行情的,但是作为中长线投资都可以忽略这一点。

6.1.7 签约订单中标公告

此类公告一般都是上市公司签订了重要合同或获得了重要的定单,一般来说,对上市公司产生的股价影响不是非常确定,仅供参考。某些上市公司研究员通过大单来计算该上市公司的业绩变动影响。

比如天玑科技(300245)在2015年3月11日,就曾发布过这样一个公告,见图6-26:

145

天玑科技:关于收到中标通知书的公告　查看PDF原文

公告日期：2015-03-11

证券号码：300245　　证券简称：天玑科技　　公告编号：2015-013

上海天玑科技股份有限公司

关于收到中标通知书的公告

本公司及董事会全体成员保证公告内容真实、准确和完整，没有虚假记载、误导性陈述或重大遗漏。

一、中标项目概况

上海天玑科技股份有限公司于近日分别收到了中国通信建设集团有限公司及中国移动通信集团浙江有限公司的中标通知书，具体内容为：

（一）、中国通信建设集团有限公司的中标通知书内容

1、中标项目：中国电信浙江公司2014年硬件集中改造-EDA域核心平台扩容采购项目

2、中标人：上海天玑科技股份有限公司

3、中标金额：2,679,504.02元

4、招标编号：CITCC-ZJ1401041

（二）、中国移动通信集团浙江有限公司的中标通知书的内容

1、中标项目：中国移动通信集团浙江有限公司IT支撑网X86通用云数据平台采购项目

2、中标人：上海天玑科技股份有限公司

3、中标金额：7,700,000元

二、中标项目对公司的影响

上述项目中标总额为人民币10,379,504.02元，仅占2013年公司经审计的营业总收入的3%。但上述订单进一步证明了公司数据库云平台产品的技术领先优势，同时对公司数据库云平台产品未来的市场开拓具有重大的示范意义，符合公司的发展战略，对公司的长远发展和经营业绩将产生积极的影响。该项目不会对公司的独立

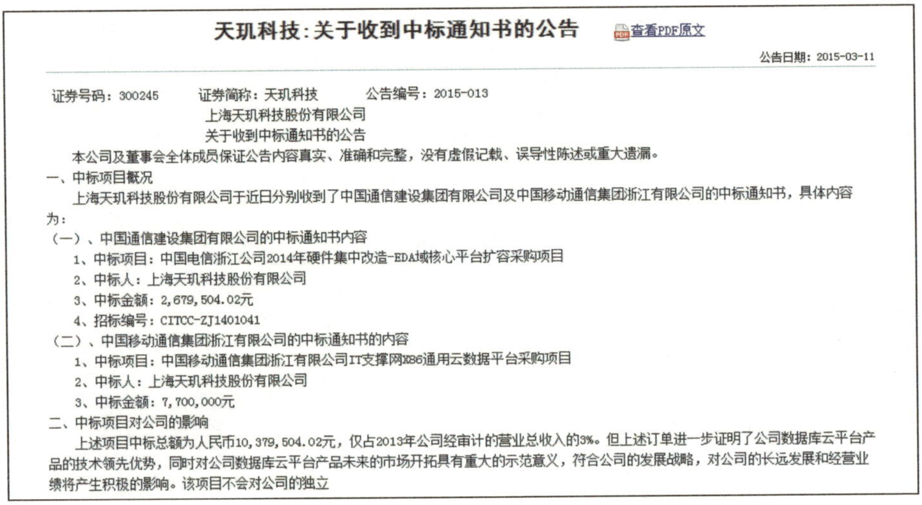

图 6-26 天玑科技 2015 年 3 月 11 日中标公告

此中标公告发布之后，天玑科技在二级市场上并没有什么反应，如图 6-27 中所示：

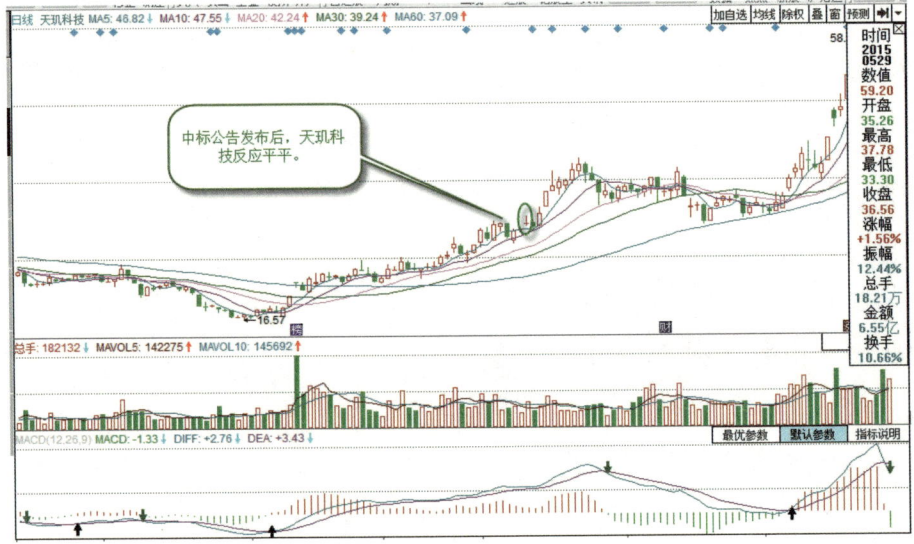

图 6-27 天玑科技日线图

尽管从中标公告中显示，此次中标，对于天玑科技来讲确实是利好，但是中标公告出来后，天玑科技却表示，这两个项目的中标总额仅占2013年公司营业总收入的3%。言外之意就是指，这两个中标的项目从天玑科技的全年整体收入来看并不算什么，收入只占公司全年收入的3%。

由此也可以看出，公司中标公告，猛一看似乎是对公司的利好，但事实上要看中标项目在公司年收入中的比重，因为投资者眼中的大单，对于上市公司来说也许根本就不算什么。所以，投资者在面对上市公司发布的订单中标公告时，一定要认真分析，不能一味全当作利好来看待。

6.1.8 实际控制人变动公告

实际控制人的变动对于上市公司来说是十分重要的，控制人的变更相当于其主营业务有所变动，或是变动之后的控制人对其有什么后续资本操作。

面对上市公司控制人的变动公告时，同样需要具体情况具体分析，因为有的时候，实际控制人变更了，更为有利于上市公司业务发展与提升，那么股票价格表现就会抢眼。比如当年的ST祥龙在2012年10月11日时就曾发布过这样一则公告，见图6-28。

从这则公告中可以看出，ST祥龙经过此次划转后，将由原实际控制人武汉市国有资产监督管理委员会变更为武汉东湖新技术开发区管理委员会，实际上，这种变更有点类似于权力下放，武汉市国有资产监督管理委员会的工作较多，而武汉东湖新技术开发区管理委员会更为着重企业的开发与发展，更有利于武汉东湖新技术开发区管理委员会进行资源整合。

因此，在公告发布的当日，ST祥龙在二级市场上出现了变化，直接以

> **关于实际控制人变更的提示性公告**
>
> http://www.sina.com.cn 2012年10月11日 02:09 中国证券网-上海证券报
>
> 股票简称：ST 祥龙 股票代码：600769 编号：临【2012-32】号
>
> 关于实际控制人变更的提示性公告
>
> 本公司及董事会全体成员保证公告内容的真实、准确和完整，对公告的虚假记载、误导性陈述或者重大遗漏负连带责任。
>
> 本公司2012年10月10日接第一大股东武汉葛化集团有限公司（以下简称葛化集团）通知，葛化集团接中共武汉市委办公厅武办文[2012]65号文关于《市委办公厅、市政府办公厅批转《市国资委关于划转武汉葛化集团有限公司实施方案》的通知》： 为整合企业资源，促进左岭地区整体规划开发，经市委、市政府研究决定，将武汉葛化集团有限公司整体划转到武汉东湖新技术开发区管理委员会，并授权武汉东湖新技术开发区管理委员会对其行使国有资产出资人职责。
>
> 本次划转实施前，第一大股东武汉葛化集团公司持有本公司74986377股，占公司总股本的20%，原实际控制人武汉市国有资产监督管理委员会合并持有本公司股权109425461股，占公司总股本的29.18%，本次划转实施后，本公司控股股东及持股数没有发生变化，而武汉市国有资产监督管理委员会合并持有本公司股权34439084股，占公司总股本的9.18%，因此实际控制人由"武汉市国有资产监督管理委员会"变更为"武汉东湖新技术开发区管理委员会"。

图 6-28 ST 祥龙 2012 年 10 月 11 日实际控制人变更公告

"一"字涨停开盘，并在随后出现了接连三个涨停，其后更是一路震荡上行。并且经过一年多的整合，ST 祥龙终于于 2014 年 4 月 3 日实现了摘帽，股票名称恢复为"祥龙电业"，股价至 2015 年 5 月 22 日，更是冲高到 15 元多，如图 6-29 中所示。

上市公司的控制人变更，多数是发生在企业发展已经举步维艰的时候，比如 ST、*ST 等股票身上，但是并不是每一支股票换了新的控制人后便会顺利实现脱帽的，因此，投资者应当视具体情况具体分析。

另外，还有一种控制人变更的公告应当引起投资者的重视，就是原控制人麻烦缠身时，比如新黄浦（600638），在 2012 年 4 月 26 日时发布了这样一则公告，见图 6-30。

第六章
如何解读上市公司的公告与研究报告

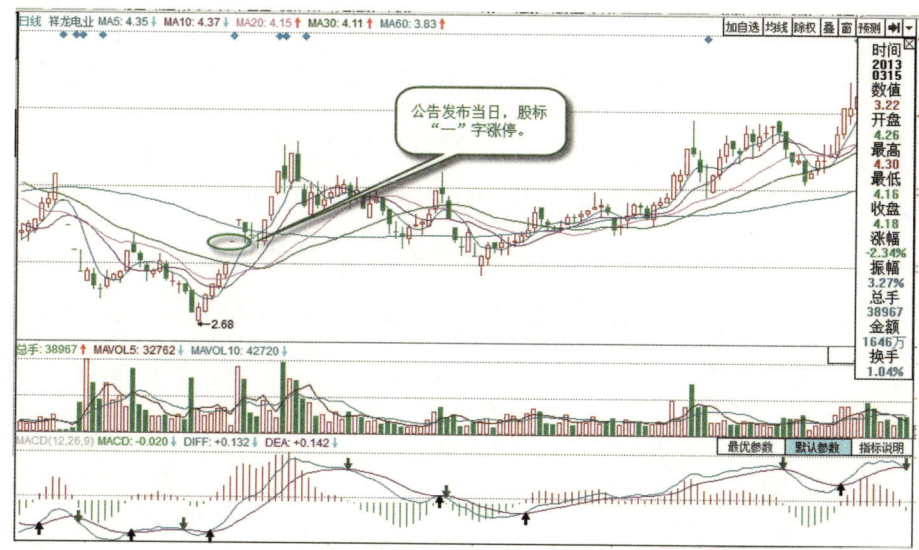

图 6-29 ST 祥龙日线图

新黄浦：关于控股股东及实际控制人发生变动的提示性公告

华股财经 2014年04月26日   字号：T｜T

证券代码：600638   证券简称：新黄浦   编号：临 2014-008

上海新黄浦置业股份有限公司
关于控股股东及实际控制人发生变动的提示性公告

本公司董事会及全体董事保证本公告内容不存在虚假记载、误导性陈述或者重大遗漏，并对其内容的真实性、准确性和完整性承担个别及连带责任。

重要内容提示：
● 本次权益变动属于股东二级市场增持，未涉及要约收购。
● 本次权益变动使公司控股股东及实际控制人发生变化。

一、本次权益变动基本情况

图 6-30 2012 年 4 月 26 日新黄浦实际控制人变更公告

149

从这一公告中可以看出，这一变更，等于新黄浦由"华闻系"的实际控制变更为了"人保系"的控制，但是由于当时"华闻系"已遭各种债务、诉讼缠身，旗下除了金融业务外，还有诸如华闻传媒（000793）（000793.SZ）等非金融业务，使得新黄浦此时已经成为一块烫手的山芋，因此，即使是"人保系"接手控制了，此时的新黄浦也已经是千疮百孔，因此，控制人变更的公告发布当日，新黄浦的股价便出现了下跌，新黄浦也停牌，在2012年5月15日复牌后，股份直奔跌停价而去，其后更是一路下跌，短期内跌幅很大，如图6-31中所示：

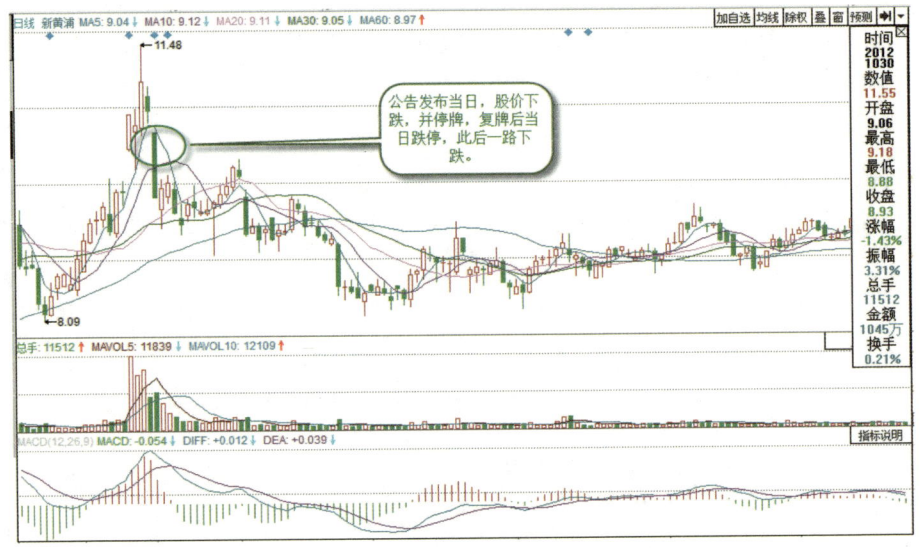

图6-31 新黄浦日线图

因此，当投资者手中持有股票时，一定要留意这家上市公司发布的公告，一旦发现有实际控制人变更的公告发出，应当看清究竟是由于什么变更的，如果感觉这种变更对投资者不利，应当及时卖出持股，以免遭受更大的损失。

6.1.9 澄清警示公告

由于市场上的传闻很多，各种谣言四起，而各大上市公司都会发布澄清公告，另外，如果某只股票在短时间内涨幅过大，上市公司也会发布相应的股票交易异常波动公告。

比如贝因美（002570），2013年4月30日，由于来自国家食品安全风险监测发布，及很多媒体的相应报道，"亨氏""贝因美""旭贝尔"品牌的23份以深海鱼类为主要原料的婴幼儿辅食被发现汞含量超标。为此，贝因美很快对深海旗鱼和金枪鱼营养鱼酥两个品种的产品予以召回，并于5月2日发布了一份澄清公告，见图6-32：

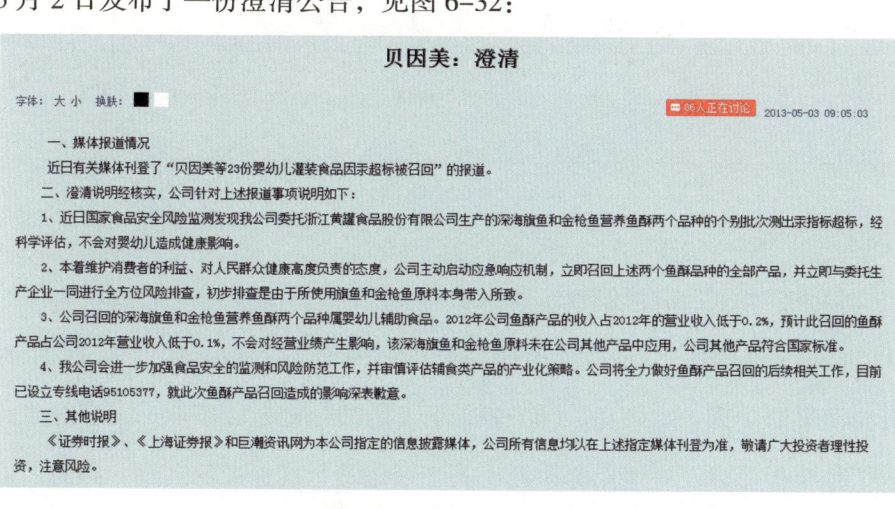

图6-32 贝因美2013年5月2日澄清公告

在这份公告中，贝因美表示，2012年公司鱼酥产品的收入占2012年的营业收入低于0.2%，预计此次召回的鱼酥产品占公司2012年营业收入低于0.1%，不会对经营业绩产生影响；而该深海旗鱼和金枪鱼原料未在公司其他产品中应用，公司其他产品符合国家标准。贝因美公告同时说明，上述两个产品不会对婴幼儿造成健康影响。

这份公告一出来，贝因美的股票当时即停止了接连下跌走势，股价当日即大涨近8%，并在次日，再次涨了近8%，如图6-33中所示：

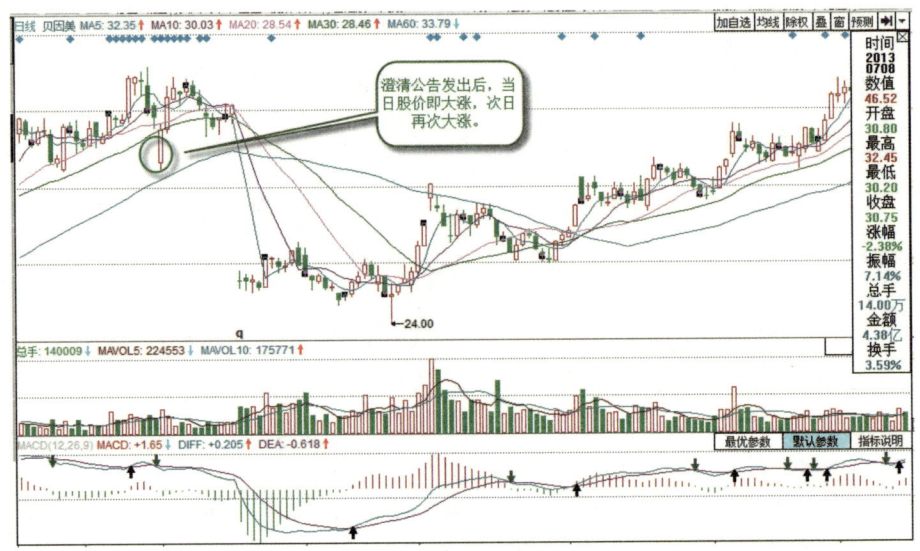

图6-33 贝因美日线图

但是，并不所有澄清市场谣言后的股票都会出现大涨的，要看事件的大小及社会影响，以及造成事件的真正原因而定，比如2012年11月19日由酒鬼酒（现 *ST 酒鬼，000799）引发的塑化剂超标事业，因事件涉及到了整个行业以及中国白酒市场上关于制定塑料剂标准的问题，因此，虽然事件发生后，酒鬼酒即刻停牌，但复牌后依然以"一"字跌停的方式开盘，虽几经停牌、公告警示，比如其在2012年11月28日发布了警示公告，如图6-34中所示。

发布了这一公告，以及上交所不时发布警示公告，但酒鬼酒的股价却从停牌时的47.58元一路下跌，最低跌至了10元多，可谓一泻千里，可以说，此时所有警示公告都已经没有了任何意义，如图6-35中所示：

第六章 如何解读上市公司的公告与研究报告

酒鬼酒股份有限公司关于股票异常波动公告

2012年11月28日 02:00 来源：上海证券报

证券代码：000799 证券简称：酒鬼酒 公告编号：2012-46

酒鬼酒股份有限公司关于股票异常波动公告

本公司及董事会全体成员保证信息披露的内容真实、准确、完整，没有虚假记载、误导性陈述或重大遗漏。

特别提示：本公司股票将于2012年11月28日9:30起停牌一小时，10:30起恢复交易。

一、股票交易异常波动的情况

截止2012年11月27日，酒鬼酒（股票代码：000799）连续3个交易日内收盘价跌幅偏离值累计达到20%，根据深圳证券交易所《股票交易规则》的有关规定，属于股票交易异常波动。

二、公司关注并核实的相关情况

1、除公司2012年11月19日发布的《酒鬼酒股份有限公司关于公司股票继续停牌的公告》和2012年11月23日发布的《酒鬼酒股份有限公司重大事件说明及复牌公告》外，近期公司经营情况及内外部经营环境未发生重大变化。

图 6-34 酒鬼酒 2012 年 11 月 28 日股票异常波动公告

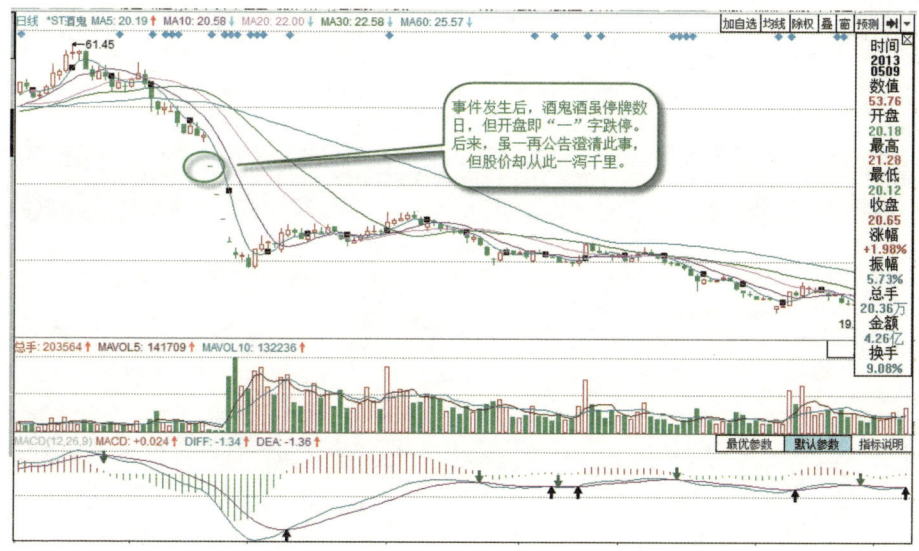

图 6-35 酒鬼酒（*ST 酒鬼）日线图

6.2 研究报告哪里看

6.2.1 全景网

公司在 2002 年与全景网络公司重组，构建起了以数据库为基础、以信息披露为核心、集网站、杂志、广播、电视、新媒体终端为一体的多层次资本市场跨媒体信息传播体系，形成了巨潮资讯网、全景网、财富天下数字电视频道、新财富杂志以及系列财经电视节目（交易日）、巨潮系列指数、深证系列指数等财经知名品牌，成了中国资本市场信息服务领域的龙头企业。因此，全景网上的资讯还是很可靠的。

全景网官方网站：http://www.p5w.net

图 6-36 全景网官方网站

第六章
如何解读上市公司的公告与研究报告

图 6-36 是全景网官方网站，打开后点击左上角的"股票"，就会出现图 6-37：

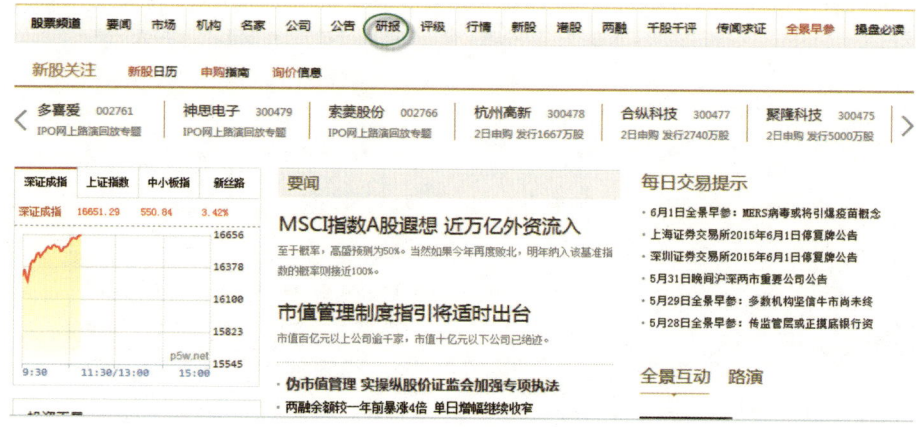

图 6-37 全景网"财经"

这里，在页面上方就可以看到"研报"两个字，然后点击它，就会出现很多券商的研究报告，再根据自己的需要选择就可以了，如图 6-38 中所示：

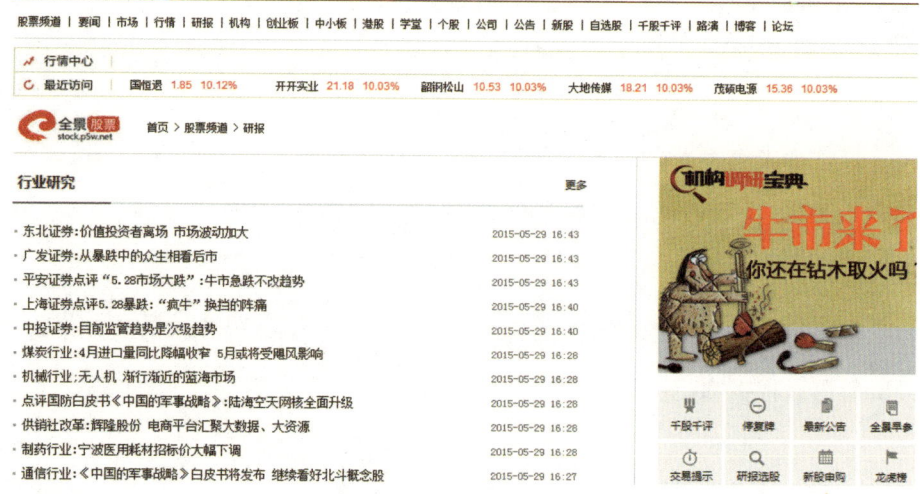

图 6-38 全景网"研报"

155

6.2.2 和讯网

和讯网是目前国内唯一一家同时拥有互联网新闻信息服务许可证、信息网络传播视听节目许可证及证券投资咨询资质的网站，在众多的财经网站中，和讯网更为专业一些，其中不仅有一些券商的研究报告，同时还有着很多就职于券商的分析师的研读报告，值得阅读。

和讯网研报网址：http://yanbao.stock.hexun.com

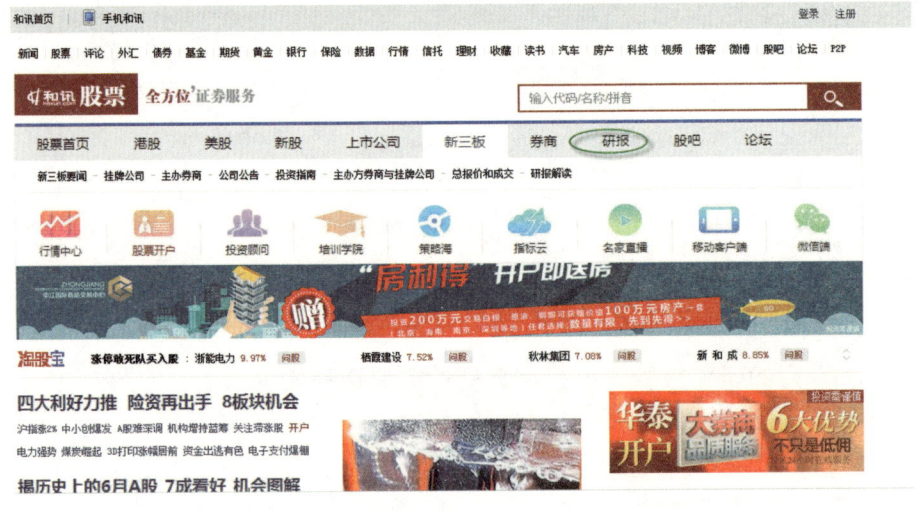

图6-39 和讯网"股票"

打开和讯网官网的首页，再点击上面栏目列表中的"股票"，就会看到图6-39的画面，此时只需要再点击一下上面列表中的"研报"，即可进入栏目，见图6-40。

里面有各大券商的研究报告，同时还有关于个股或是版块的研究报告，投资者可以根据自己的需求进行选择阅读。

第六章
如何解读上市公司的公告与研究报告

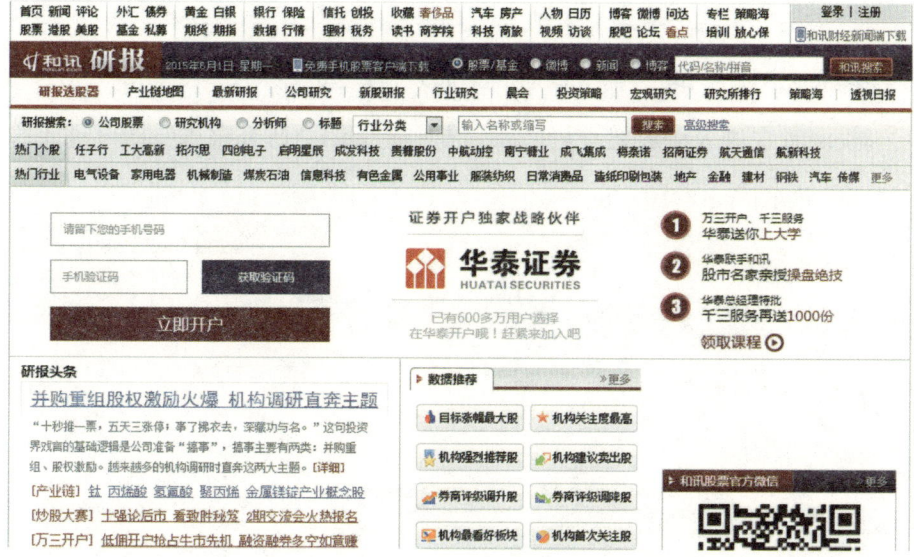

图 6-40 和讯网"研报"

6.2.3 淘股吧

尽管各大财经网站都有着相关的研究报告，但相对来说，淘股吧也是一个不错的选择，投资者也可以上这里去看一些研究报告。淘股吧里的研

图 6-41 淘股吧首页

157

究报告是免费报告中格式最全的,而其提供的报告通常都较新。

淘股吧网址:http://www.taoguba.com.cn/default

投资者在进入淘股吧首页之后,点击上面的"研究报告"即可进入这一栏目,如图6-42中所示:

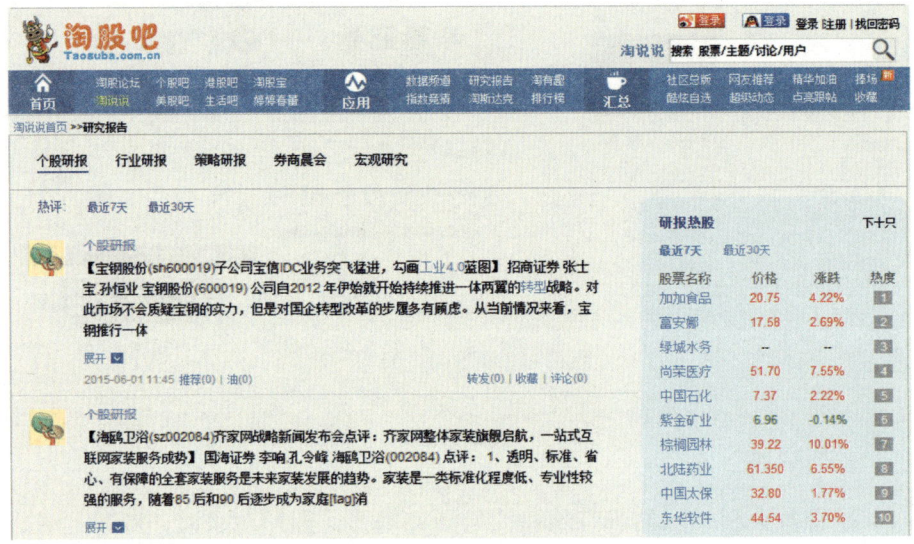

图6-42 淘股吧-研究报告

从图6-42中可以看到,里面有个股研报、行业研报、策略研报、宏观研究、券商晨会等小的细分栏目,投资者只需点击即可进入相关页面查看。

另外,许多券商内部人员有时也会将最新的报告上传,可以关注他们在各大网站开设的个人博客。还有,其他类似的研究报告,各个财经网上都大致相同,均可以查看的,这里笔者就不一一列出了。

第六章
如何解读上市公司的公告与研究报告

6.3 研究报告如何看

6.3.1 各大券商的晨会纪要报告

这是每天早晨开盘前，各大券商发给各投资部门的策略报告，会根据当日发生的财经新闻进行点评，并且还有一些个股的追踪，每天开盘前必读，目前每天都会有上百篇的晨会报告，而我们只需要看几个比较有名的大券商的晨报即可，那具体在哪个网站上看晨会报告呢？

这一点很好办，国内许多财经网站上都可以看到晨会报告，比如和讯网、中金在线、淘股吧、证券之星等上面均有，例如证券之星，登陆其首页后，只需要点击右上角的"晨会"。即可看到图6-43中的内容：

券商晨会	
• 中原证券6月26日晨会纪要	2015-06-26 10:17:54
• 国泰君安6月26日晨会纪要	2015-06-26 10:14:48
• 银河证券6月26日晨会纪要	2015-06-26 10:14:46
• 海通证券6月26日晨会纪要	2015-06-26 10:14:45
• 长城证券6月26日晨会纪要	2015-06-26 10:14:42
• 平安证券6月25日晨会纪要	2015-06-25 10:02:22
• 银河证券6月25日晨会纪要	2015-06-25 10:02:13
• 国泰君安6月25日晨会纪要	2015-06-25 10:02:12
• 海通证券6月25日晨会纪要	2015-06-25 10:02:11
• 长城证券6月25日晨会纪要	2015-06-25 10:02:08
• 湘财证券债市晨报	2015-06-25 00:00:00
• 海通证券6月24日晨会纪要	2015-06-24 10:10:58
• 银河证券6月24日晨会纪要	2015-06-24 10:10:52
• 平安证券6月24日晨会纪要	2015-06-24 10:10:49
• 国泰君安6月24日晨会纪要	2015-06-24 10:10:47
• 长城证券6月24日晨会纪要	2015-06-24 10:10:39

图6-43 证券之星 – 券商晨会

并且,如果想查看哪家券商的晨会报告,只需直接点占击即可查看,见图6-44:

图6-44 证券之星－券商晨会－国泰君安2015年6月16日晨会纪要

6.3.2 公司的研究报告

这是对公司的基本面做全面的分析,这部分是所有研究报告中最值得一读的。在和讯网《研报》的页面,可以选择行业及行业中个股名称缩写,或是在下面选择热门行业或个股,直接点击就可直接看到个股的研究报告,如图6-46中所示。

比如我们选择了一只热股"启明星辰",就会出现图6-47的页面。

在这个页面,上面是个股的分时图,显示着股票的最新行情,此处的行情是与现实盘中的行情是一致的,也就是说在查看个股研究报告时可以结合着其行情来看,很方便,而在分时图下面,则是各大券商对个股的研

第六章
如何解读上市公司的公告与研究报告

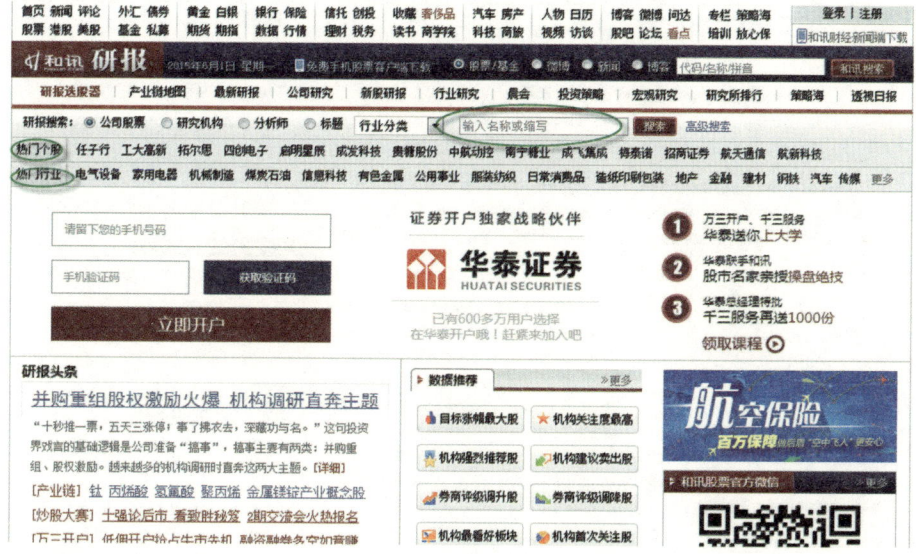

图 6-45 和讯网 – 研报

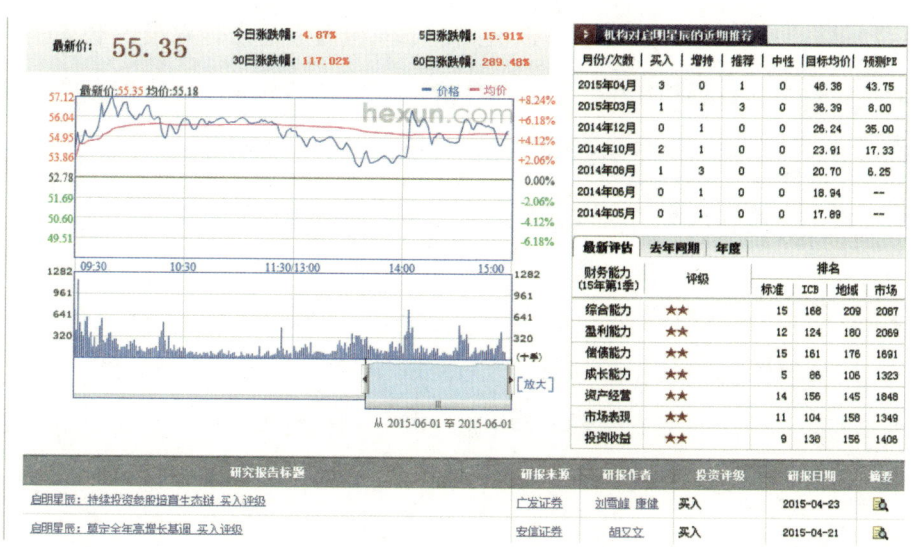

图 6-46 和讯网 – 研报

究报告，只需点一下其标题就可以进入了。比如，我们选择第一个广发证券的研究报告，就会出现图 6-48 的页面。

161

图 6-47 和讯网 – 启明星辰 – 研究报告

报告一目了然,并且还可以去点击下面相关提示去查看报告全文。同时,这些报告摘要很简洁,表达出了券商对个股的预测,可以作为投资者的选股参考。而且各个券商调研时间不同,其结果也会有所不同,同时还有的券商会跟踪调研,在这里发布最新的研究报告。

6.3.3 行业研究报告

行业研究报告是指券商对整个行业的综合报告,在行业研究报告中,券商会关注一大批与行情相关的个股,对于中小投资者有着指导作用,一方面可以了解整个行业的具体情况,另一方面可以知道关注该行业里哪些具体的个股。

比如我们点击和讯网研报页面的"行业研究",就会出现各大券商对各个行业发布的研究报告,如图 6-49 中所示。

第六章
如何解读上市公司的公告与研究报告

这时，就可以选择自己感兴趣的行业点击查看了，如我们选择第一个，就会出现图6-50的页面。

图6-48 和讯网－研报－行业研究

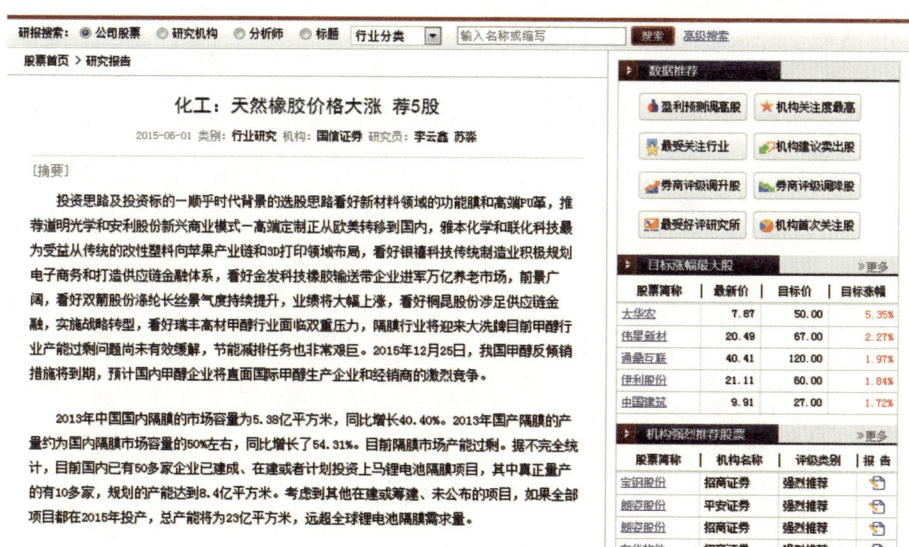

图6-49 和讯网－研究报告

163

在这份化工研究报告的后面，还有券商推荐的5只相关个股，让投资者能够结合行业来看其中个股。

同样，如果自己一直关注哪个行业，也可以在和讯网研报首页的"行业分类"处选择自己想要查询的行业，直接进入专门的行业研究报告栏目，比如我们选择了"汽车"，就会出现图6-51的页面：

图6-50 和讯网 – 研报 – 研究报告

这时，投资者就可以选择自己喜欢的券商发布的相关行业报告来查看了。

值得一提的是，在这些研究报告中，券商会对这个行业给出一个评级，并且对行业中的个股也会给出推荐、谨慎推荐或是买入等评级，还有几个月内的目标价是多少，十分详细。

6.3.4 投资策略报告

各大券商的投资策略其实就类似于股指预测和如何操作的建议，当然，看各大券商的投资策略，投资者需要记住逆向思维，也就是说，如果所有的券商都看多，或一致看空，都将被认为是市场要反转的信号。就拿2008年来说，所有的券商在2008年的策略中都提到大盘会继续高位运行，有的券商甚至看高到1万点，最低点也看到4500点，可事实呢？沪指自2008年开始一路下跌，最低跌至了1664点。如图6-51中所示：

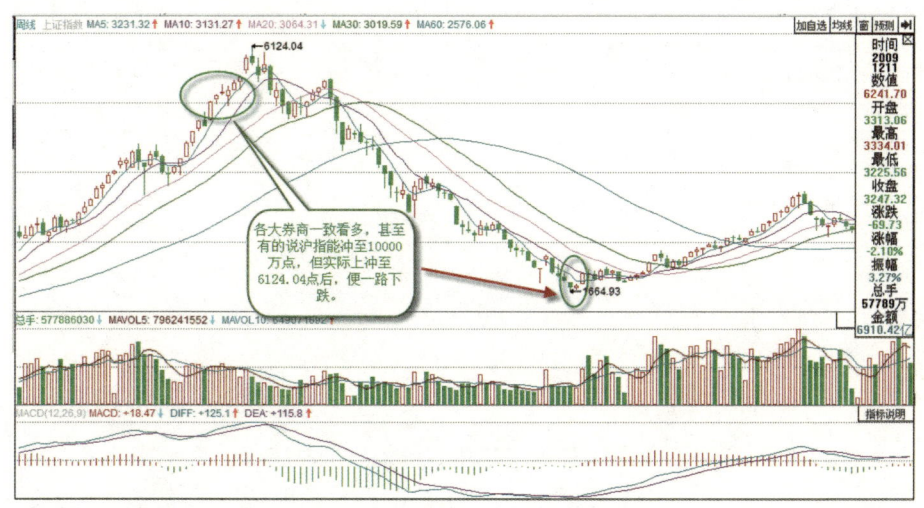

图6-51 沪指周线图

因此，投资者看报告时要动脑筋。

而查阅投资策略报告，笔者仍然首推和讯网，投资者可以在和讯网研报中点击"投资策略"即可进入该页面，就会显示出众多券商发布的各种各样的投资策略，如下图所示，只需点开即可查看，如图6-52中所示。

同样，对于这些券商的投资策略，投资者也应当理性对待，比如2015年沪指自上行至4000点之后，最常见的一个字眼就是"股市中期向好，短期有强震洗盘需求"，其中券商对国企业改革的报告还是值得一读的。

图 6-52 和讯网－研报－投资策略

6.3.5 宏观研究报告

宏观研究报告是券商对于大方向的把握，笔者认为，在宏观研究报告上，各大券商都不会出现什么偏差，因为券商对于大环境的把握还是比较准确的，各大券商发布的宏观报告都可以读一读，十分有帮助，其中，尤

图 6-53 和讯网－研报－宏观研究

第六章
如何解读上市公司的公告与研究报告

其是中金公司的宏观研究报告值得推荐。

宏观经济报告的查看,各大财经网站均有,例如和讯网,只需点击"研报"然后再点击"宏观研究"就可以进入了,如图6-53中所示:

比如我们点击页面中相关中金公司发布的一篇宏观研究报告,见图6-54。

图 6-54 和讯网 – 研报 – 宏观研究报告

中金公司的宏观研究报告不讲求花架子,和其他券商相比,内容不空,因此,笔者认为,可以多读一读。

6.3.6 其他相关报告

基金债券研究报告:

这类研究报告是专门分析基金和债券类的报告,投资者可以作为参考。

比如在和讯网上,在进入首页后,可直接点击基金或债券,页面跳转后就会出现相关的研究报告,见图6-55。

图 6-55 和讯网 – 债券

海外股市研究报告：

关注海外股市的研究报告，可以参考海外股市的运行情况。

比如在和讯网可点击"股票"，再点击"美股"，如图 6-56 中所示。进入后，里面就有全球股市的相关报告和海外股市行情，投资者可以作为参考来阅读。

图 6-56 和讯网 – 美股

第六章
如何解读上市公司的公告与研究报告

衍生品研究报告：

这类报告比较杂，多半是权证的分析报告。

6.4 如何从公告与研究报告里发现金股

6.4.1 解读利好公告，擒住大牛股

在上市公司众多的公告里，其实有很多都是利好的公告，因此，投资者只要始终带着分析的眼光去看上市公司那些公告，事实上发现牛股并不难。比如业绩预增公告，并购重组公告，对外投资公告，中标公告与分红派息公告等。

然而，在很多时候，这类利好公告发布时，往往个股的股份已经在市场上被炒得很高了，因此，投资者在面对这种利好公告发布时，心里要形成一种预判。如何判呢？比如我们看一家公司的业绩公告，如果不是周期性比较强的企业，那么往往上市公司都会有一种连续性，因为好的上市企业的发展必定是有可持续性，那也就意味着，只要是品质优秀的公司，如果不发生大的变故或意外，今年盈利了，明年仍然会盈利，只不过业绩的多少会发生一定的变动。

例如，誉衡药业（002437）是一家优质的医药上市公司，在2014年2月28日时，公司发布了其2013年的业绩公告，见图6-57。

从这份公告中可以看出，誉衡药业在2013年一年的时间里，业绩收入较去年实现了高达83.94%的增长，那么，在2014年里，其业绩同样会是增长的，只不过增长的幅度有点差异而已。

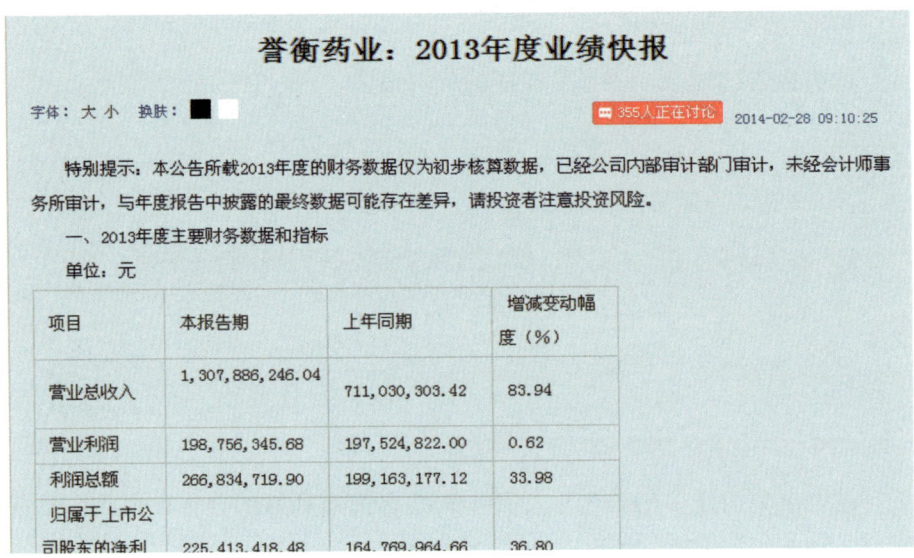

图 6-57 同花顺 – 誉衡药业 – 业绩公告

那么，此时我们不妨来看看此时誉衡药业在二级市场上的表现，如图 6-58 中所示：

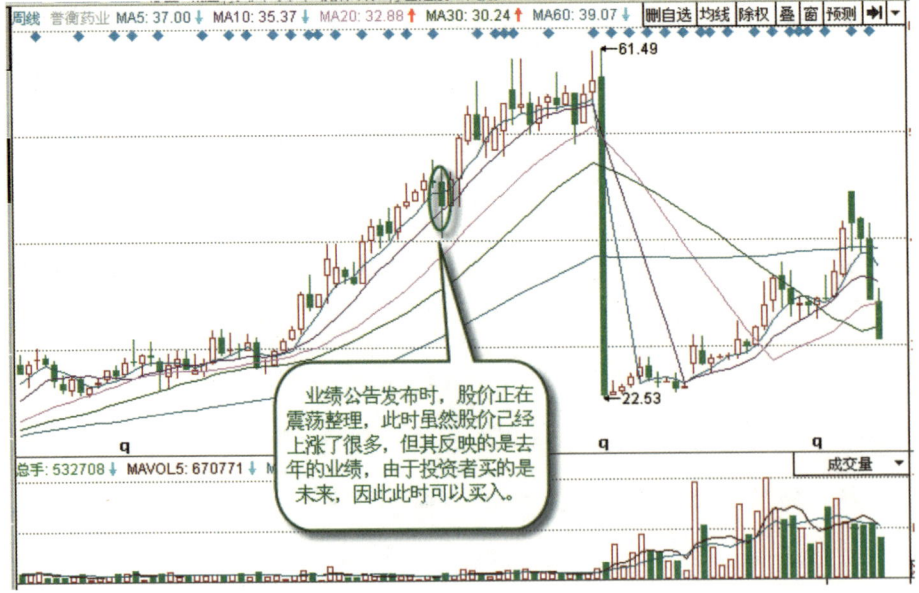

图 6-58 誉衡药业周线图

第六章
如何解读上市公司的公告与研究报告

从图 6-58 中可以看出，2013 年业绩公布时，誉衡药业的股价已经上涨了很多，股价达到了 45 元左右，但由于此时的股价所反映出来的是去年的情况，而投资者选择这支股票所看中的是其未来一年的盈利能力，因此，此时可以放心买入。

其后，投资者可以一路持有，其间，誉衡药业股票发生了变动，实施了高达 10 送 10 比例的送转，并且股价一路震荡走高，至 2015 年 6 月时，最高已经达到了最高 45 元多。如此一来，投资者至此已经获利高达 100%。只需要在股市大跌出现时从容卖出持股即可，如果长期看好此股，那么则可以在跌势止住时再行买入即可。

因此，投资者可以根据上市公司历年的盈利公告所反映出的情况来选择股票，但是如果期间一旦发现这家公司的股票出现了突然没来由的下跌时，则应当引起注意了，要多方看看是不是有什么因素影响了其盈利。

6.4.2 发现研究报告里的闪光点，让牛股无处藏身

经常看证券公司研究报告的投资者都知道，往往那些证券公司的研究员都会对一些个股高看一眼，尤其是在行情略好时，这也就是说，其他推荐的股票当时的现价都已经很高了，很多投资者都不敢买，害怕在高位接盘。

但事实上，投资者在看研究报告时，不是要看那些研究员推荐的股票，而是要了解这些股票所处的行业，以及研究人员对这些上市公司的分析，比如，在这个行业里，行业前景如何，行业里的个股是如何占据市场的，占了大约多少比重。而所有这些当中，都在无声地说明着这家公司的盈利能力，如果是朝阳行业中的盈利能力强的上市公司，这时就要引起注意了，然后再去查看这家公司的相关资料，决定自己的未来投资。

比如，我们在 2015 年初的时候，看到了图 6-59 中的一则研报：

图 6-59 和讯网 – 汽车行业研报

在这则研究报告里，2015 年新能源汽车的销量出现了环比回落，但是我们却明确地知道，在如今的汽车行业里，新能源汽车是未来的一种发展趋势，很多大城市的公交车都在变更为新能源汽车，也就是说，新能源汽车是未来有着很好发展前景的产业。那么，我们再来看一看当时新能源汽车概念的个股，比亚迪自然就会出现在我们的视线之中，再去看看它当时的走势呢，就会发现，当时的比亚迪正在震荡走高后出现了一波下跌的走势，这一点与新能源汽车的发展方式是不一致的，如图 6-60 中所示：

第六章 如何解读上市公司的公告与研究报告

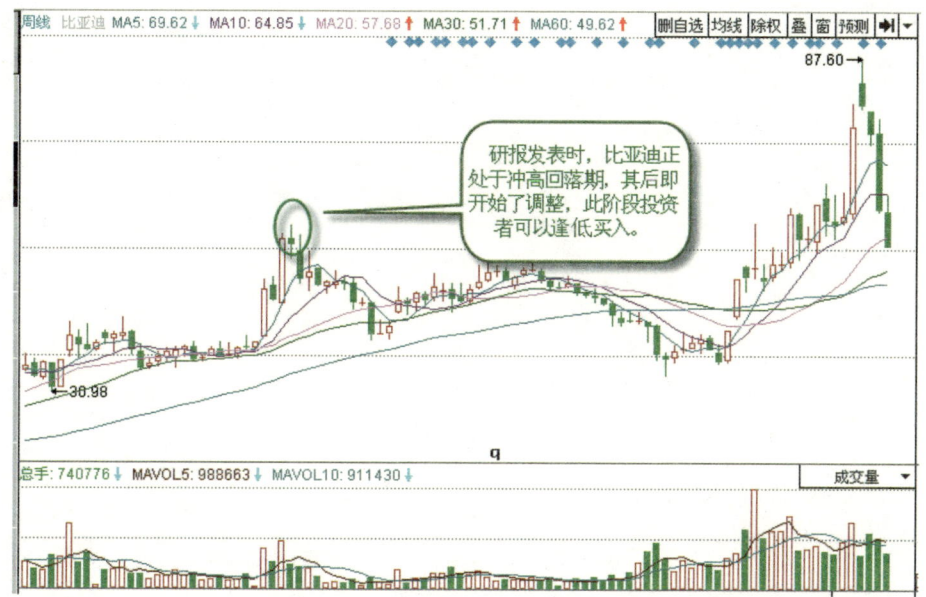

图 6-60 比亚迪周线图

从图 6-60 中可以看出，2015 年 3 月的比亚迪在研报发布之时，正出现冲高回落，因此很多投资者都不敢买，并且随后开始出现调整，但事实上，只要从各种行业研报中看到了未来新能源汽车的发展趋向的投资者，此时就应当借其震荡调整时介入，因为作为中长线选股的投资者来说，正是要在好的未来发展空间较大的股票出现调整时去买入的。

果然，在 2015 年 2 月时，比亚迪在出现一波震荡走低后，突然展开了上涨，到 2015 年 6 月初时，一路上涨到了 87.60 元，与其在平台震荡整理时的 48 元左右相比，仅仅持股半年时间，投资者即可获利高达 90% 左右。

所以说，投资在读研报时，不要眼睛只盯着研究员们所推荐的股票，而要看一看这些研究员对某个行业未来的分析，然后发现其中的闪光点，这样，才能让真正的牛股再也无处藏身。

173

第七章

影响股价的主要财务指标信息

很多投资者在选择股票的时候,通常都很依赖券商的推荐,或是迷于K线图,却往往忽略了上市公司的财务指标情况。而事实上,很多股票之所以在K线图上表现平平,并不只是一句"业绩不佳"就能表达出来的;或是股价一飞冲天,也不完全是机构在其中作怪。因为,支撑机构大肆炒作的股票,往往是那些业绩很好或是未来向好的个股,而这些都可以从上市公司的主要财务报表上看得清清楚楚,因为只有这些才是影响股价走向的关键因素。

第七章 影响股价的主要财务指标信息

7.1 销售毛利率

7.1.1 如何查看个股的销售毛利率

销售毛利率是指毛利占销售净值的百分比,也就是我们通常所说的毛利率。其中毛利是销售净收入与产品成本的差。

销售毛利率的计算公式是:销售毛利率=(销售净收入-产品成本)/销售净收入×100%

通常情况下,分析者应当主要考察企业主营业务的销售毛利率。在上市公司的财务报表中,主营业务销售毛利率=(主营业务收入-主营业务成本)/主营业务收入×100%。

对于股市投资者而言,如何查看个股的毛利率呢?

下面以同花顺为例,当我们打开同花顺,点开个股的K线图或是分时图时,只需点击左侧的个股资料或按快捷键F10便可进入个股资料页面,如图7-1中所示:

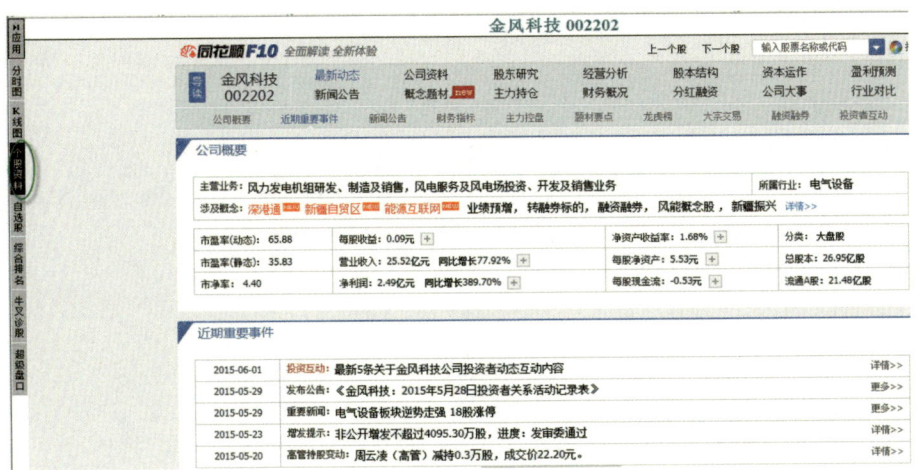

图 7-1 金风科技 – 个股资料

此时，只需再次点击上面的“财务概况”，就可以显示出个股的财务指标了，如图 7-2 中所示。

其实除了炒股软件，从很多财经网站上同样可以查看，比如新浪财经、和讯、网易等，只需打开网站的财经频道，再搜出想要查看的个股，里面

科目\年度	2015-03-31	2014-12-31	2014-09-30	2014-06-30	2014-03-31	2013-12-31
基本每股收益(元)	0.09	0.68	0.44	0.12	0.02	0.16
净利润(万元)	24,877.35	182,968.23	119,492.76	33,069.16	5,080.11	42,764.60
净利润同比增长率(%)	389.70	327.85	535.78	256.80	56.50	179.41
营业总收入(万元)	255,159.93	1,770,421.80	1,062,051.65	447,090.51	143,413.27	1,230,847.66
营业总收入同比增长率(%)	77.92	43.84	49.19	37.74	50.80	8.69
每股净资产(元)	5.53	5.48	5.27	4.99	4.96	4.96
净资产收益率(%)	1.68	13.00	8.60	2.46	0.38	3.25
净资产收益率-摊薄(%)	1.67	12.39	8.41	2.46	0.38	3.20
资产负债比率(%)	64.56	66.74	65.78	62.65	57.78	59.87
每股资本公积金(元)	2.95	2.95	2.95	3.03	3.03	3.07
每股未分配利润(元)	1.43	1.34	1.13	0.81	0.78	0.77
每股经营现金流(元)	-0.53	1.05	-0.02	-1.01	-0.71	0.72
销售毛利率(%)	30.85	27.03	29.12	30.65	32.16	21.17

图 7-2 金风科技 – 个股资料 – 财务概况

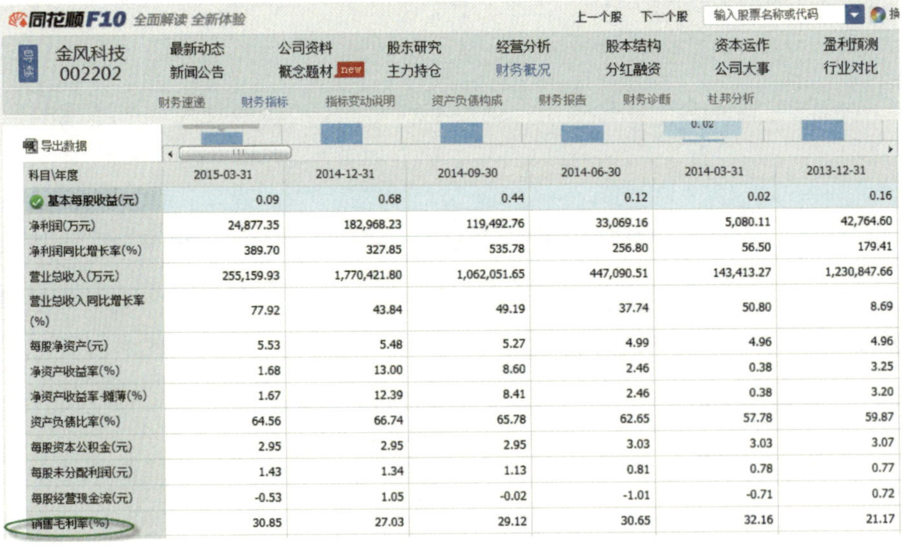

同样有相关个股的财务报表，如图 7-3 中所示：

	2015-03-31	2014-12-31	2014-09-30	2014-06-30	2014-03-31	2013-12-31
总资产利润率(%)	0.27	1.13	0.89	0.58	0.29	1.12
主营业务利润率(%)	--	--	--	--	--	--
总资产净利润率(%)	0.27	1.20	0.92	0.60	0.29	1.21
成本费用利润率(%)	168.92	169.38	171.60	171.53	157.32	164.96
营业利润率(%)						
主营业务成本率(%)						
销售净利率(%)						
净资产收益率(%)	4.38	19.18	15.04	10.38	4.94	20.02
股本报酬率(%)	60.63	290.31	188.53	157.05	57.94	252.65
净资产报酬率(%)	3.92	20.57	15.00	13.24	4.92	22.74
资产报酬率(%)	0.27	1.29	0.89	0.75	0.29	1.28
销售毛利率(%)	44.52	--	50.94	50.40	50.75	53.52
三项费用比重(%)						
非主营比重(%)	5.67	0.03	-0.25	-1.85	-2.02	2.13
主营利润比重(%)	-15.37	-13.13	-13.21	-13.25	-13.57	-12.65

图 7-3 网易财经 – 个股行情 – 浦发银行

7.1.2 如何通过销售毛利率选股

除非是学财务专业的投资者，否则即使知道了上市公司的销售毛利率是怎么回事，事实上在操盘过程中，也极少会考虑这个指标，而多数只是从年报中看看其业绩增加的情况。可实际上，无论上市公司发布的年报、半年报或是季报，其业绩是否能够增长，从销售毛利率上便可以看出来，这也就意味着，从销售毛利率上，可以选择出哪些股票的质地更好些，尤其是同行业之间的个股。

比如，下面我们以医药商业行业中的桐君阁（000591）、嘉事堂（002462）与九州通（600998）来对比一下，如图 7-4、图 7-5 和图 7-6 中所示。

从图 7-4、图 7-5 与图 7-6 中可以看出，从 2013 年 12 月 31 日起，桐君阁与嘉事堂的销售毛利率就远远高于九州通，这说明，桐君阁与嘉事堂比九州通的盈利能力要强很多，如果我们在 2014 年 10 月份打算投资医药商业股的话，三支股票比较之下，应当选择桐君阁或者嘉事堂，首选桐君阁，

桐君阁 000591

科目\年度	2015-03-31	2014-12-31	2014-09-30	2014-06-30	2014-03-31	2013-12-31
基本每股收益(元)	0.04	0.01	-0.00	0.07	0.03	0.12
净利润(万元)	1,029.96	388.09	-134.64	1,889.93	763.23	3,313.52
净利润同比增长率(%)	34.95	-88.29	-105.22	0.58	0.29	8.95
营业总收入(万元)	123,422.22	474,877.83	365,077.03	248,854.28	124,568.73	463,530.82
营业总收入同比增长率(%)	-0.92	2.45	3.85	3.92	5.87	-1.55
每股净资产(元)	1.49	1.45	1.61	1.70	1.68	1.66
净资产收益率(%)	2.56	1.00	-0.30	4.07	1.66	7.70
净资产收益率-摊薄(%)	2.52	0.97	-0.30	4.04	1.65	7.29
资产负债比率(%)	85.14	85.63	82.73	81.71	82.17	82.32
每股资本公积金(元)	0.13	0.13	0.10	0.10	0.10	0.10
每股未分配利润(元)	0.12	0.08	0.28	0.37	0.35	0.32
每股经营现金流(元)	0.11	0.04	0.34	0.28	0.16	-0.07
销售毛利率(%)	14.91	15.30	13.63	14.48	14.02	14.47

图 7-4 桐君阁 – 财务概况

嘉事堂 002462

科目\年度	2015-03-31	2014-12-31	2014-09-30	2014-06-30	2014-03-31	2013-12-31
基本每股收益(元)	0.16	0.95	0.81	0.67	0.52	0.54
净利润(万元)	3,798.46	22,806.01	19,361.22	16,023.51	12,421.72	13,016.88
净利润同比增长率(%)	-69.42	75.20	139.84	167.77	587.08	99.62
营业总收入(万元)	170,180.76	557,215.23	383,390.29	238,624.29	108,575.08	354,427.52
营业总收入同比增长率(%)	56.74	57.22	59.62	50.25	50.09	38.77
每股净资产(元)	5.52	5.36	5.22	5.08	5.08	4.94
净资产收益率(%)	2.91	18.90	16.13	13.19	9.95	11.33
净资产收益率-摊薄(%)	2.87	17.72	15.45	13.14	10.19	10.97
资产负债比率(%)	63.38	63.17	63.35	60.70	51.95	53.26
每股资本公积金(元)	1.49	1.49	1.49	1.49	1.49	1.88
每股未分配利润(元)	2.70	2.54	2.46	2.32	2.32	1.81
每股经营现金流(元)	0.18	-3.19	-1.56	-0.55	-0.20	-1.30
销售毛利率(%)	13.49	12.88	11.75	11.17	10.44	9.52
存货周转率	2.14	8.66	6.36	4.15	2.18	9.47

图 7-5 嘉事堂 – 财务概况

第七章
影响股价的主要财务指标信息

科目\年度	2015-03-31	2014-12-31	2014-09-30	2014-06-30	2014-03-31	2013-12-31
基本每股收益(元)	0.07	0.36	0.19	0.14	0.08	0.34
净利润(万元)	11,852.25	56,070.68	29,573.35	20,896.41	11,287.01	47,792.78
净利润同比增长率(%)	5.01	17.32	22.70	17.60	15.41	15.80
营业总收入(万元)	1,194,492.04	4,106,840.45	3,062,815.19	1,991,251.66	984,205.53	3,343,804.97
营业总收入同比增长率(%)	21.37	22.82	23.53	23.21	21.06	13.32
每股净资产(元)	4.83	4.75	4.60	4.46	4.50	3.59
净资产收益率(%)	1.51	8.10	4.46	3.23	1.83	9.83
净资产收益率-摊薄(%)	1.49	7.19	3.91	2.77	1.56	9.37
资产负债比率(%)	69.35	66.48	65.90	66.25	63.55	71.29
每股资本公积金(元)	2.37	2.36	2.37	2.30	2.30	1.31
每股未分配利润(元)	1.31	1.23	1.10	1.06	1.10	1.17
每股经营现金流(元)	-1.46	-0.10	-1.45	-1.06	-1.59	0.09
销售毛利率(%)	7.39	7.10	6.67	6.69	6.62	6.67

图 7-6 九州通 – 财务概况

次选嘉事堂，而从当时的股价来看，嘉事堂在 24 元左右，桐君阁在 13 元左右，桐君阁更具价格上的优势，而九州通在 16 元左右。

如果我们在 2014 年 10 月买入的话，并持有到 2015 年 5 月，桐君阁的股价上涨幅度接近了 3 倍，而嘉事堂上涨了 3 倍，但当时桐君阁绝对股价低，也就是说，同样的投资资金，买桐君阁可以多买一些。而九州通则上涨了 1 倍。

无论当时买入嘉事堂还是桐君阁，都说明了一个问题，在同行业中，只有销售毛利率高的上市公司，其盈利能力才更好，那么业绩自然就好，反映到股票价格上，也才会涨得更高。

7.2 每股净资产值

7.2.1 如何查看每股净资产值

每股净资产值反映了每股股票代表的上市公司的净资产价值,是支撑股票市场价格的重要基础。当每股净资产值越大时,说明上市公司每股股票所代表的财富越是雄厚,那么,上市公司创造利润的能力和抵御外来因素影响的能力就会越强。

跟销售毛利率一样,想要查看上市公司的每股净资产值,同样是打开同花顺炒股软件,点击个股K线图或是分时图后左侧的"个股资料",或是直接按F10的快捷键,在进入页面后,点击上面的"财务概况"就可以了,如图7-7中所示:

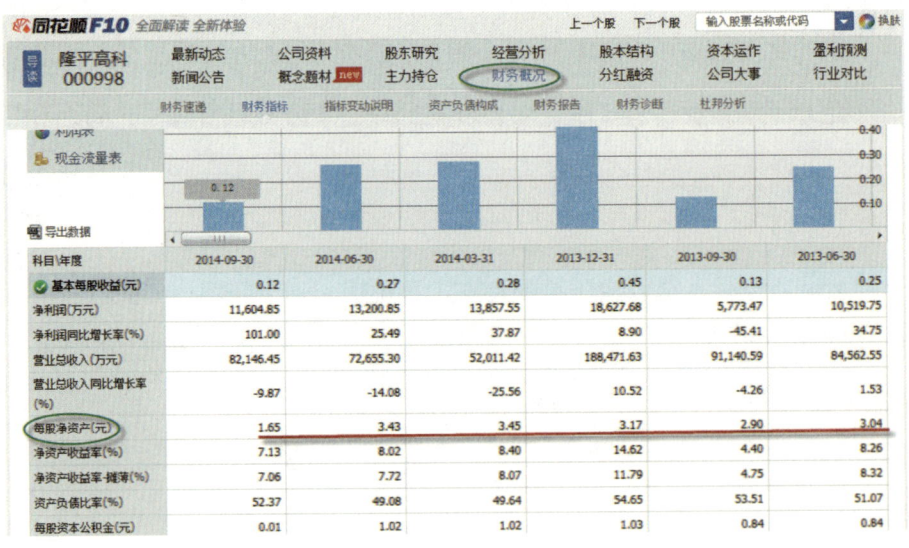

图7-7 隆平高科 – 财务概况

第七章 影响股价的主要财务指标信息

从隆平高科（000998）的每股净资产值来看，由于这只股票的每股净资产很低，说明这家上市公司创造利润的能力相对较低，不宜投资。

7.2.2 如何通过每股净资产值选择股票

不管是从价值投资的角度，还是从投机的角度出发，投资者在买入股票时，都要买那些业绩良好的股票，因为不管主力如何炒作，最终能够支撑股票价格持续走高的，依然是股票的业绩，而表现股票业绩的指标，就是其财务报表。

我们都知道，一家上市公司的业绩好坏，在于它是否有着较强的盈利能力，而在各项财务指标中，每股净资产值恰好表明的就是这一点。因此，即使是上市公司的季报或半年报业绩并不好，但只要其每股净资产值比较高，就说明这家公司的盈利能力依然在，那么业绩提升只是早晚的事。

比如在 2015 年 1 月的时候，我们打算选择食品行业的个股进行投资，那么如何选呢？这时，我们可以打开食品行业中的个股，然后查询其"财

科目\年度	2015-03-31	2014-12-31	2014-09-30	2014-06-30	2014-03-31	2013-12-31
基本每股收益(元)	0.07	0.20	0.18	0.17	0.07	0.29
净利润(万元)	2,650.89	8,085.69	7,091.48	6,648.78	2,880.83	11,813.12
净利润同比增长率(%)	-7.98	-31.55	-29.48	-39.77	-47.12	-15.59
营业总收入(万元)	141,264.70	409,437.06	297,022.35	221,926.60	137,967.56	360,332.93
营业总收入同比增长率(%)	2.39	13.63	21.32	20.11	24.22	34.42
每股净资产(元)	4.68	4.62	4.58	4.57	4.53	4.46
净资产收益率(%)	1.42	4.44	3.90	3.65	1.59	6.78
净资产收益率-摊薄(%)	1.41	4.36	3.85	3.62	1.58	6.59
资产负债比率(%)	44.43	47.39	38.61	37.96	43.79	51.53
每股资本公积金(元)	1.61	1.61	1.60	1.60	1.60	1.60
每股未分配利润(元)	1.95	1.89	1.87	1.86	1.81	1.74
每股经营现金流(元)	-0.45	0.36	0.14	-0.16	-0.47	0.40
销售毛利率(%)	33.42	34.58	34.46	35.25	32.09	34.92
存货周转率	1.67	3.27	2.72	2.12	1.24	2.94

图 7-8 三全食品 – 财务概况

务概况",现以三全食品(002216)、海欣食品(002702)和双塔食品(002481)为例,如图7-8、图7-9与图7-10中所示。

海欣食品 002702

科目\年度	2015-03-31	2014-12-31	2014-09-30	2014-06-30	2014-03-31	2013-12-31
基本每股收益(元)	-0.03	0.13	0.04	-0.00	0.08	0.24
净利润(万元)	-372.90	1,839.33	633.34	-66.73	1,070.62	3,375.39
净利润同比增长率(%)	-134.83	-45.51	-63.15	-104.04	-47.93	-48.72
营业总收入(万元)	19,517.47	85,527.82	55,391.57	35,297.90	21,070.65	75,448.14
营业总收入同比增长率(%)	-7.37	13.36	14.10	4.56	3.94	2.26
每股净资产(元)	5.64	5.67	5.58	5.53	5.71	5.64
净资产收益率(%)	-0.47	2.30	0.80	-0.08	1.33	4.29
净资产收益率-摊薄(%)	-0.47	2.29	0.80	-0.09	1.33	4.23
资产负债比率(%)	19.55	24.24	18.74	15.42	15.83	19.12
每股资本公积金(元)	2.88	2.88	2.88	2.88	2.88	2.88
每股未分配利润(元)	1.55	1.58	1.51	1.46	1.64	1.56
每股经营现金流(元)	0.27	-0.09	-0.07	-0.02	0.10	0.42
销售毛利率(%)	33.04	30.54	29.45	29.51	32.32	31.52
存货周转率	0.77	3.73	2.79	2.01	1.15	3.78

图7-9 海欣食品-财务概况

双塔食品 002481

科目\年度	2015-03-31	2014-12-31	2014-09-30	2014-06-30	2014-03-31	2013-12-31
基本每股收益(元)	0.09	0.34	0.26	0.14	0.07	0.26
净利润(万元)	4,600.02	14,878.99	11,176.92	6,075.29	2,858.36	11,304.19
净利润同比增长率(%)	60.93	31.62	28.41	135.51	296.81	20.91
营业总收入(万元)	24,570.76	106,517.77	82,122.74	55,672.88	21,767.40	74,432.17
营业总收入同比增长率(%)	12.88	43.11	52.81	109.81	84.17	27.38
每股净资产(元)	4.83	4.74	2.52	2.41	2.38	2.31
净资产收益率(%)	1.90	14.00	10.67	5.91	2.82	11.97
净资产收益率-摊薄(%)	1.89	6.22	10.25	5.84	2.78	11.32
资产负债比率(%)	36.47	36.68	48.14	43.96	38.15	43.13
每股资本公积金(元)	2.72	2.72	0.42	0.42	0.42	0.42
每股未分配利润(元)	0.99	0.90	1.00	0.89	0.86	0.79
每股经营现金流(元)	0.18	-0.15	0.49	0.33	0.11	0.30
销售毛利率(%)	25.49	24.88	23.11	20.11	25.19	25.54
存货周转率	0.62	2.53	2.09	1.56	0.59	1.99

图7-10 双塔食品-财务概况

从以上三张图中可以看出：这三支食品加工制造行业的股票，每股净资产值最高的为海欣食品，在 2014 年底达到了 6.67 元；双塔食品位居第二，为 4.74 元；三全食品最低，为 4.62 元，那么在 2015 年 1 月时我们应当首选海欣食品。但是还有一个现象值得注意，就是其中的双塔食品，在 2013 年前三个季度的每股净资产值是 2.31 元、2.38 元、2.41 元和 2.52 元，到了第四个季度，一跃升到了 4.74，这说明双塔食品经过 2013 年前三个季度的积累，第四个季度时盈利能力得到了很大的提升，所以，此时投资也应当考虑到三塔食品。

我们再来看一下它们的日线图，见图 7-11、图 7-12 与图 7-13。

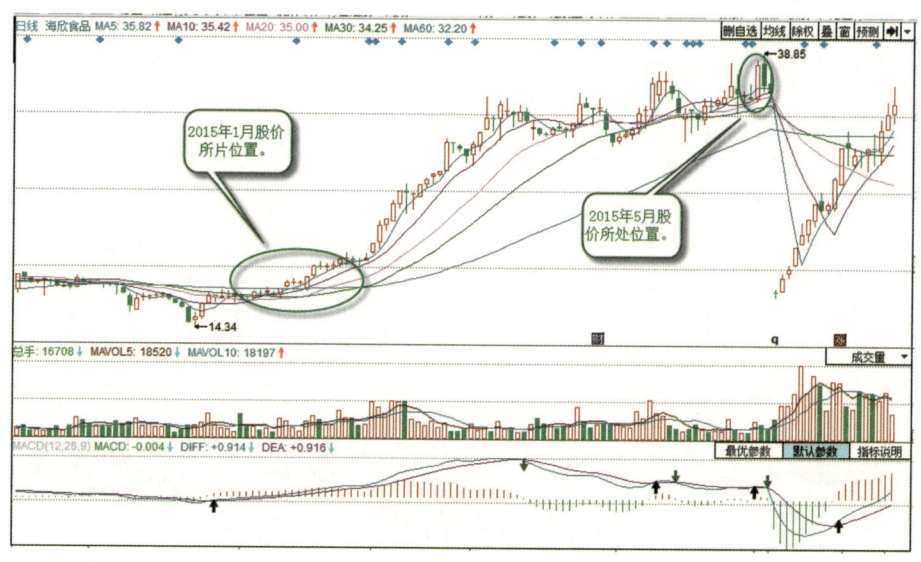

图 7-11 海欣食品日线图

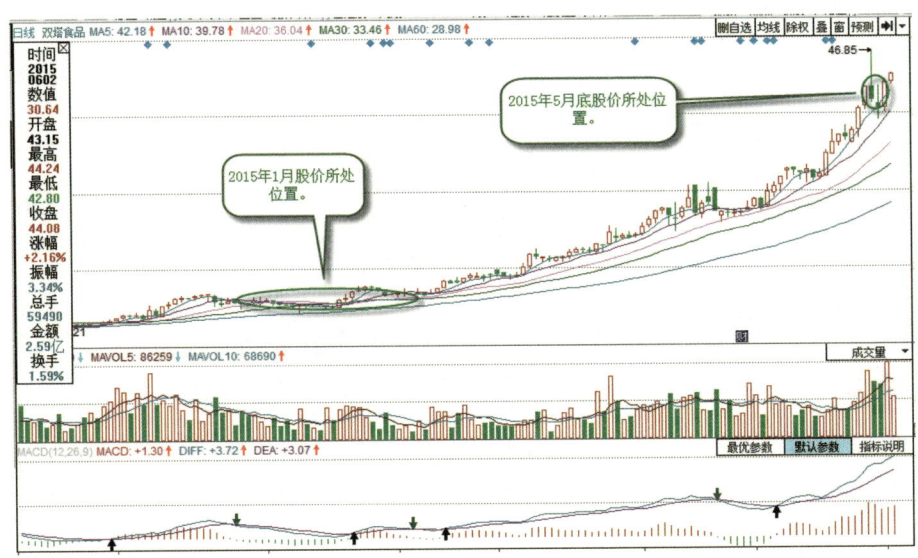

图 7-12 双塔食品日线图

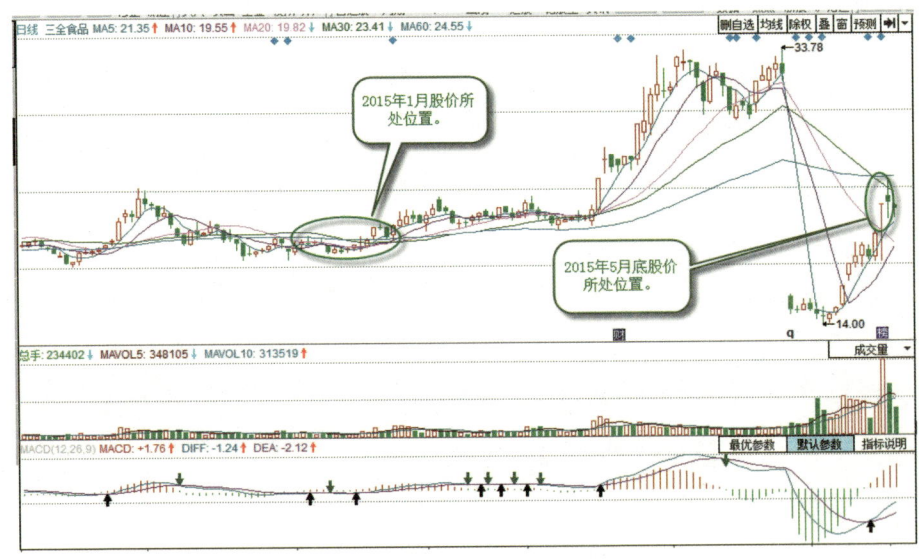

图 7-13 三全食品日线图

从上面海欣食品、双塔食品和三全食品的日线图中，能够明显看出，每股净资产值最高的海欣食品股价已经实现了翻番，每股净资产值居第二但明显出现提升的双塔食品同样实现了股价翻番,而只有三全食品涨幅最低。

因此,当我们选择好股票后,一定要将股票放在同行业中和其他股票的每股净资产值对比一下,这样你才能找到更好的股票进行投资,收益会更大。

7.3 主营业务收入增长率

7.3.1 如何查看主营业务收入增长率

主营业务收入增长率可以用来衡量公司的产品生命周期,判断公司发展所处的阶段。一般来说,如果一家公司的主营业务收入增长率超过了10%,那么说明公司的产品正处于成长期,将继续保持比较好的增长势头,尚未面临产品更新的风险,这样的公司属于成长型公司。如果主营业务收入增长率在5%—10%,则说明公司产品已经进入稳定期,不久将进入衰退期,需要着手开发新产品。如果该比率低于5%,说明公司产品已进入衰退期,保持市场份额已经很困难,主营业务利润开始滑坡,如果没有已开发好的新产品,将步入衰落。

那么,如何来查看上市公司的主营业务增长率呢?

很多财经网站都可以进行查看,只不过查询的方式略有不同而已,下面,我们以新浪财经为例,打开新浪财经首页,然后点击"股票",再点击"行情中心",输入自己想要查询的股票,如图7-14中所示:

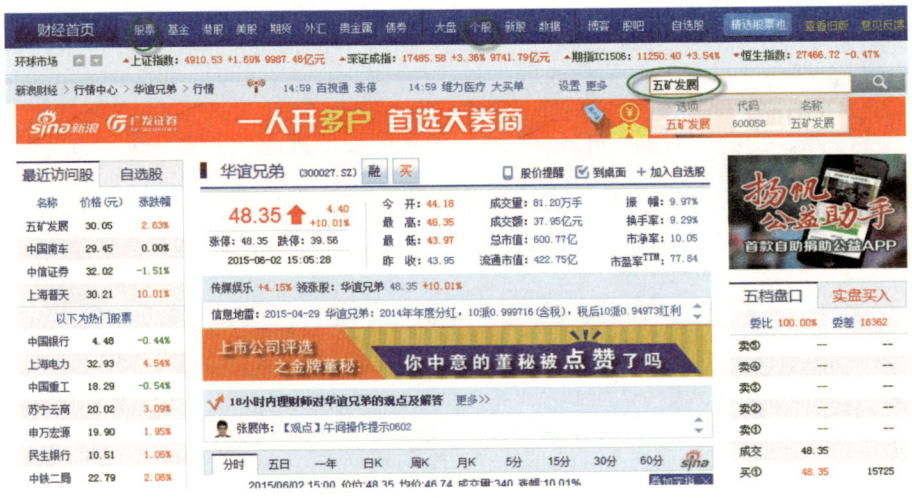

图 7-14 新浪财经 – 股票 – 行情中心

此时点击搜索，页面就会跳转到五矿发展的个股页面，如图 7-15 所示：

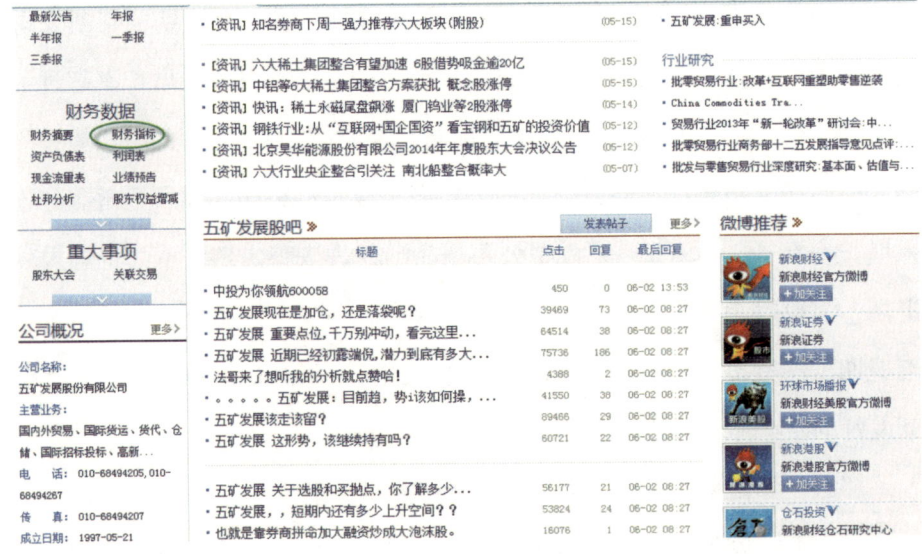

图 7-15 新浪财经 – 股票 – 行情中心

第七章
影响股价的主要财务指标信息

这时，向下拉，在左侧边栏里"财务数据"一栏内选中"财务指标"，然后点击，页面跳转后，鼠标向下拉，在"成长能力"一栏内就有"主营业务收入增长率"，如图7-16中所示：

资金流向	个股体检	销售净利率(%)	-1.3909	-0.0968	0.0332	-0.1964
风险评价		股本报酬率	-21.2546	417.2314	3.3949	389.6574
▼行情走势		净资产报酬率(%)	-2.2147	42.5476	0.3419	39.8814
分时走势	行情中心	资产报酬率	-0.4345	9.5524	0.0874	7.5514
大单追踪	成交明细	销售毛利率(%)	3.3522	2.8024	2.1512	1.8863
分价图表	持仓分析	三项费用比重	4.5195	2.4693	2.2126	2.1859
历史交易	复权交易	非主营比重	-9.304	99.9616	-1168.7225	-96.402
复权行情		主营利润比重	-271.1968	1111.3008	-11813.2494	-565.485
▶技术指标		股息发放率	-0.0095	-0.0167	0.028	-0.0417
▶发行与分配		投资收益率	--	--	--	--
分红配股	新股发行	主营业务利润(元)	526905432.51	3660163441.42	2292404761.24	1282487542
增发情况	发行可转债	净资收益率%	-1.14	2.43	2.05	0.3
募资动向	招股说明	加权净资产收益率(%)	-1.1301	2.445	2.0556	0.3013
上市公告		扣除非经常性损益后的净利润(元)	-111452911.94	-267479849.14	-113678471.43	-215404161.16
▼财务报表		**成长能力**				
财务摘要		主营业务收入增长率(%)	-54.9385	-33.7991	-16.1561	-9.4048
资产负债表		净利润增长率(%)	--	-298.8807	-18.5788	-219.3193
公司利润		净资产增长率(%)	-3.3725	-2.7619	-1.3356	-3.5165
利润表附注		总资产增长率(%)	-3.5844	1.3994	6.2745	8.7568
现金流量		**营运能力**				
现金流量表附注		应收账款周转率(次)	1.588	14.0827	10.867	6.964
资产负债表附注		应收账款周转天数(天)	226.7003	25.5633	33.1278	51.6944
▼财务数据		存货周转天数(天)	265.5847	26.2081	37.1812	58.6023
财务附注		存货周转率(次)	1.3555	13.7362	9.6823	6.1431
业绩预告		固定资产周转率(次)	--	13.3218	--	7.0318
坏帐准备						
文字附注						

图7-16 新浪财经 – 股票 – 行情中心

从中可以看出，五矿发展在近几年的主营业务收入增长率一直是处于不断加大的负增长之中，说明其主营业务收入增加率是一直处于倒退的负增长之中，也就是"不务正业"，因此投资者应当远离这类股票。

7.3.2 如何通过主营业务收入增长率来选股

通常，具有成长性的公司多数都是主营业务突出、经营比较单一的公司。因此，利用主营业务收入增长率这一指标可以较好地考查公司的成长性。主营业务收入增长率高，表明公司产品的市场需求大，业务扩张能力强。

比如在2015年3月时，如果我们想选择生物制品行业中的个股，大多数投资者自然就会想到其中的优质个股华兰生物（002007），但实际上，如果选华兰生物，还不如选择达安基因（002030），因为只要看看下面的两家公司的财务数据就能够明白，见图 7–17 与图 7–18：

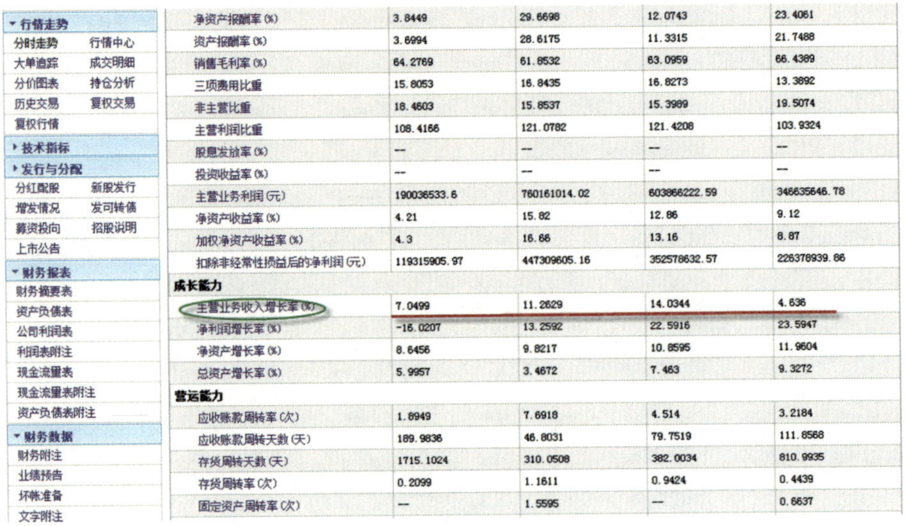

净资产报酬率(%)	3.8449	29.6698	12.0743	23.4061
资产报酬率(%)	3.6994	28.6175	11.3315	21.7488
销售毛利率(%)	64.2769	61.8532	63.0959	66.4389
三项费用比重	15.8053	16.8435	16.8273	13.3892
非主营比重	18.4603	15.8537	15.3989	19.5074
主营利润比重	108.4166	121.0782	121.4208	103.9324
股息发放率(%)	--	--	--	--
投资收益率(%)	--	--	--	--
主营业务利润(元)	190036533.6	760161014.02	603866222.59	346635646.78
净资产收益率(%)	4.21	15.82	12.86	9.12
加权净资产收益率(%)	4.3	16.66	13.16	8.87
扣除非经常性损益后的净利润(元)	119315905.97	447309605.16	352578632.57	226378939.86
成长能力				
主营业务收入增长率(%)	7.0499	11.2629	14.0344	4.636
净利润增长率(%)	-16.0207	13.2592	22.5916	23.5947
净资产增长率(%)	8.6456	9.8217	10.8595	11.9604
总资产增长率(%)	5.9957	3.4672	7.463	9.3272
营运能力				
应收账款周转率(次)	1.8949	7.6918	4.514	3.2184
应收账款周转天数(天)	189.9836	46.8031	79.7519	111.8568
存货周转天数(天)	1715.1024	310.0508	382.0034	810.9935
存货周转率(次)	0.2099	1.1611	0.9424	0.4439
固定资产周转率(次)	--	1.5595	--	0.6637

图 7–17 新浪财经 – 股票 – 华兰生物 – 行情中心

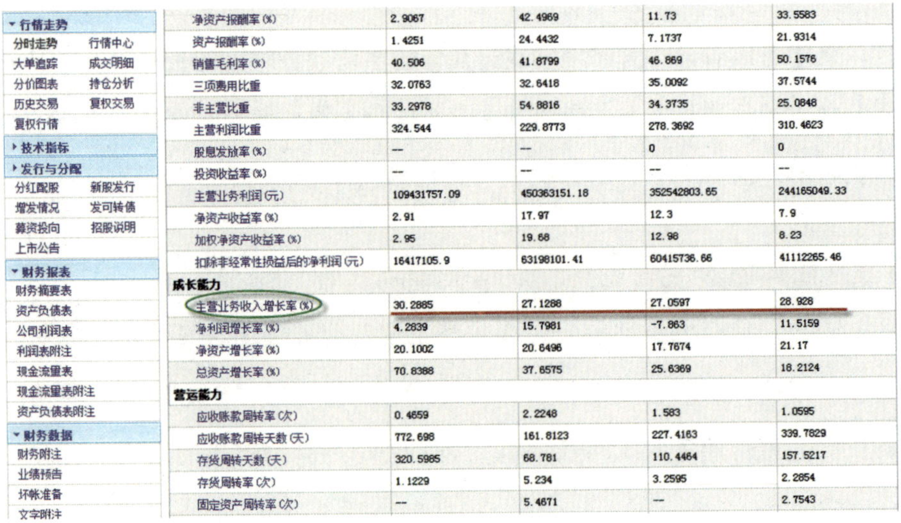

净资产报酬率(%)	2.9067	42.4969	11.73	33.5583
资产报酬率(%)	1.4251	24.4432	7.1737	21.9314
销售毛利率(%)	40.506	41.8799	46.869	50.1576
三项费用比重	32.0763	32.6418	35.0092	37.5744
非主营比重	33.2978	54.8816	34.3735	25.0848
主营利润比重	324.544	229.8773	278.3692	310.4623
股息发放率(%)	--	--	0	0
投资收益率(%)	--	--	--	--
主营业务利润(元)	109431757.09	450363151.18	352542803.65	244165049.33
净资产收益率(%)	2.91	17.97	12.3	7.9
加权净资产收益率(%)	2.95	19.68	12.98	8.23
扣除非经常性损益后的净利润(元)	16417105.9	63198101.41	60415736.66	41112265.46
成长能力				
主营业务收入增长率(%)	30.2885	27.1288	27.0597	28.928
净利润增长率(%)	4.2839	15.7981	-7.863	11.5159
净资产增长率(%)	20.1002	20.6496	17.7674	21.17
总资产增长率(%)	70.8388	37.6575	25.6369	18.2124
营运能力				
应收账款周转率(次)	0.4659	2.2248	1.583	1.0595
应收账款周转天数(天)	772.698	161.8123	227.4163	339.7829
存货周转天数(天)	320.5985	68.781	110.4464	157.5217
存货周转率(次)	1.1229	5.234	3.2595	2.2854
固定资产周转率(次)	--	5.4671	--	2.7543

图 7–18 新浪财经 – 股票 – 达安基因 – 行情中心

从上面图 7-17 与图 7-18 中可以看出，华兰生物与达安基因虽然均属于生物制品类公司，但是华兰生物的主营业务收入增长率在 2015 年第一季度却只有 7% 多点，显然其当前已经进入了稳定期，即将向衰退期过渡。而再看看达安基因，主营业务收入增长率却高达 30.2% 多，并且在 2014 年后三个季度，其主营业务收入增长率也一直保持在 27%—28% 的水平，远远超过了 10%，说明达安基因正处于高速成长期。

如果我们在数据公布的 2015 年 3 月底买入的话，显然短期内其上涨幅度要超过了华兰生物，并且如果长期持股的话，达安基因的成长性要远远高于华兰生物，未来更是可期，如图 7-19 与图 7-20 中所示。

股票炒的是预期，也就是上市公司的未来发展，而一家上市公司未来发展的潜力如何，成长如何，主营业务收入增长率更能直观地表现出这一点来，因此，我们在选择股票时，一定要选那些主营业务收入增长率高的上市公司，这样在买入后才能有更大的收益。

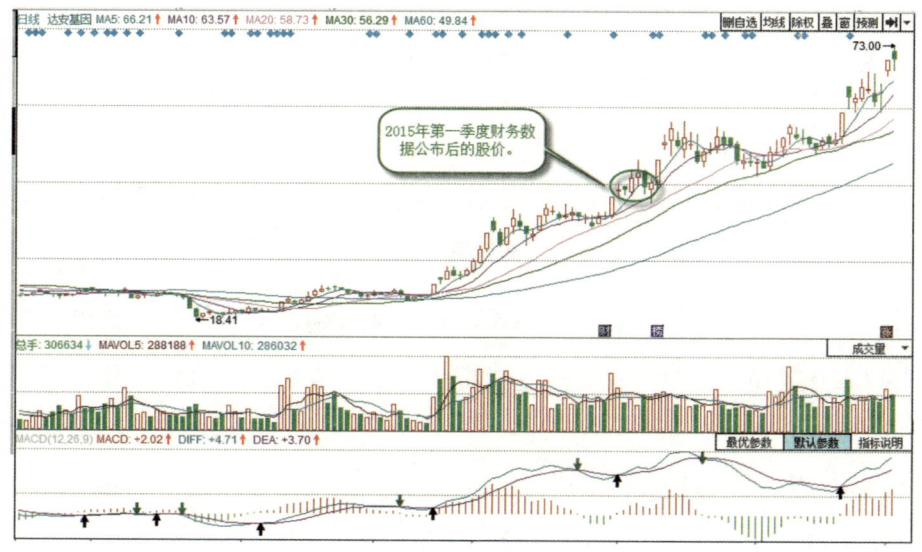

图 7-19 达安基因日线图

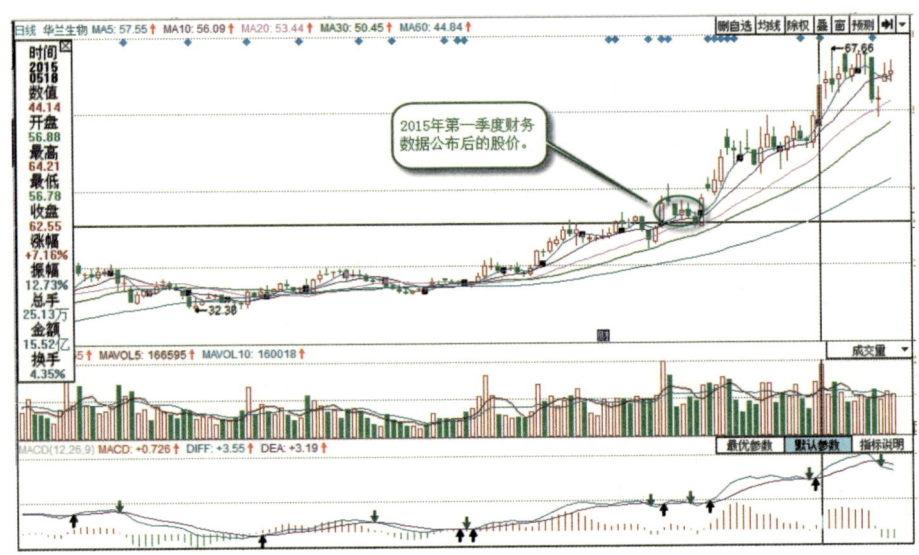

7-20 华兰生物日线图

7.4 净资产收益率

7.4.1 怎样查看净资产收益率

净资产收益率是净利润与平均股东权益的百分比,是公司税后的利润除以净资产得到的百分比率。该指标所反映的是股东权益的收益水平,用以衡量公司自有资本运用的效率。这个指标值越高,说明公司投资带来的收益越高。也就是说,这个指标体现了上市公司自有资本获得净收益的能力。

净资产收益率的查看很简单,在财经网站的个股行情中,只要点击财务指标就可以查看到,但相对来说,还是在炒股软件中查看更为方便,比如在同花顺炒股软件中,只要点出个股的分时图或K线图,再按一下快捷键 F10 便可进入到个股资料中，此时只需点击上面的"财务概况"就可以了。如图 7-21 中所示：

启明星辰 002439

科目\年度	2015-03-31	2014-12-31	2014-09-30	2014-06-30	2014-03-31	2013-12-31
基本每股收益(元)	-0.02	0.41	-0.04	-0.09	-0.14	0.59
净利润(万元)	-991.95	17,036.67	-1,843.60	-3,866.08	-2,889.16	12,239.55
净利润同比增长率(%)	65.67	39.19	42.53	5.83	23.27	66.19
营业总收入(万元)	18,930.69	119,565.26	58,143.11	32,855.76	12,310.07	94,843.01
营业总收入同比增长率(%)	53.78	26.07	17.67	12.73	19.95	30.31
每股净资产(元)	3.58	3.60	3.15	3.07	6.29	6.43
净资产收益率(%)	-0.67	12.07	-1.40	-2.96	-2.19	9.57
净资产收益率-摊薄(%)	-0.67	11.39	-1.41	-3.03	-2.21	9.18
资产负债比率(%)	27.00	32.73	24.90	22.17	23.48	27.19
每股资本公积金(元)	1.32	1.32	1.27	1.29	3.17	3.17
每股未分配利润(元)	1.20	1.22	0.78	0.73	2.01	2.15
每股经营现金流(元)	-0.40	0.89	-0.26	-0.32	-0.45	1.21

图 7-21 启明星辰 – 财务概况

图 7-21 是启明星辰（002439）的财务概况，从净资产收益率一栏中可以看出，从 2013 年第四季度至 2015 年第一季度期间，启明星辰的净资产收益率并不稳定，从 2013 年 12 月 31 日的 9.57%，一下子又回落到负值，2014 年底却又一下子上升为 12.07%，而 2015 年 3 月 31 日再次变为负值。这说明了什么呢？

这说明启明星辰这家公司在盈利上有着很大的不确定性，其业绩也是忽高忽低，因此在投资该股时应当引起注意。

一般来说，负债增加会导致净资产收益率的上升。

7.4.2 如何通过净资产收益率来选股

我们都知道，净资产收益率可以衡量上市公司对股东投入资本的利用效率，这一点弥补了每股税后利润指标的不足。比如，在上市公司对原有股东送红股后，那么每股盈利将会下降，从而在投资者中造成错觉，以为公司的获利能力下降了，但事实上，公司的获利能力并没有发生变化，因此，在投资中使用净资产收益率来分析公司获利能力就比较适宜。

但是，又该如何使用呢？其实很简单，我们在选股时最好是选那些净资产收益率高的股票就可以了，比如，下面我们以计算机应用板块为例，投资者都知道，在2014年计算机应用板块可以说独树一帜，引领各个板块发动上涨，其中以中科金财为领涨股，那么我们应该如何从这一板块中挖掘出其他金股呢？这时，可以先看一看其中个股的财务概况，如图7-22、图7-23与图7-24中所示。

从图7-22、7-23、7-24中可以看出，其中金证股份的净资产收益率最高，在2013年年底时达到了17.5%，然后有一定回落，但到了2014年底时再次上升到了20.34%，尽管2015年出现了回落，但属于正常的回落，

科目\年度	2015-03-31	2014-12-31	2014-09-30	2014-06-30	2014-03-31	2013-12-31
基本每股收益(元)	0.01	0.04	0.07	0.06	0.05	0.20
净利润(万元)	812.63	2,225.06	4,443.77	3,699.78	1,432.67	6,283.87
净利润同比增长率(%)	-43.28	-64.59	-34.30	-27.24	-30.22	-49.46
营业总收入(万元)	8,474.81	59,830.52	39,101.03	25,874.97	12,321.70	60,314.24
营业总收入同比增长率(%)	-31.22	-0.80	-1.64	-10.96	-3.02	6.13
每股净资产(元)	2.19	2.18	2.22	2.20	4.39	4.34
净资产收益率(%)	0.60	1.65	1.25	2.71	1.07	4.73
净资产收益率-摊薄(%)	0.60	1.64	3.22	2.70	1.05	4.65
资产负债率(%)	17.85	19.56	13.78	12.49	12.04	14.54
每股资本公积金(元)	0.58	0.58	0.58	0.58	2.17	2.17
每股未分配利润(元)	0.52	0.51	0.56	0.54	1.07	1.02
每股经营现金流(元)	-0.09	-0.07	-0.07	-0.08	-0.19	0.18
销售毛利率(%)	52.73	28.98	37.08	40.42	38.92	31.85
存货周转率	0.17	1.97	1.14	0.76	0.41	2.49

图7-22 榕基软件 – 财务概况

第七章 影响股价的主要财务指标信息

金证股份 600446

科目\年度	2015-03-31	2014-12-31	2014-09-30	2014-06-30	2014-03-31	2013-12-31
基本每股收益(元)	0.11	0.58	0.25	0.17	0.04	0.42
净利润(万元)	3,012.65	15,335.30	6,589.28	4,432.49	1,085.49	10,920.80
净利润同比增长率(%)	177.54	40.42	24.17	20.36	11.21	53.59
营业总收入(万元)	52,454.07	236,804.28	153,438.20	101,433.28	46,921.59	203,161.34
营业总收入同比增长率(%)	11.79	16.56	14.82	20.87	16.79	7.89
每股净资产(元)	3.27	3.15	2.80	2.72	2.64	2.60
净资产收益率(%)	3.53	20.34	9.23	6.93	1.58	17.50
净资产收益率-摊薄(%)	3.47	18.30	8.91	6.18	1.56	15.99
资产负债比率(%)	54.27	51.12	64.15	63.53	65.02	57.68
每股资本公积金(元)	0.19	0.19	0.16	0.15	0.12	0.12
每股未分配利润(元)	1.81	1.69	1.42	1.34	1.31	1.27
每股经营现金流(元)	-0.06	0.38	-0.39	-0.38	-0.09	0.34
销售毛利率(%)	22.03	21.64	21.71	21.37	18.96	20.61

图 7-23 金证股份－财务概况

中科金财 002657

科目\年度	2015-03-31	2014-12-31	2014-09-30	2014-06-30	2014-03-31	2013-12-31
基本每股收益(元)	0.06	0.61	0.32	0.28	0.04	0.54
净利润(万元)	1,904.00	7,770.29	4,061.03	2,959.42	412.72	5,602.16
净利润同比增长率(%)	361.33	38.70	35.49	28.76	23.43	-11.60
营业总收入(万元)	18,230.50	109,836.72	66,321.36	51,509.83	22,814.04	102,282.27
营业总收入同比增长率(%)	-20.09	7.39	31.17	48.20	93.39	96.06
每股净资产(元)	4.77	9.47	5.87	6.94	6.77	6.73
净资产收益率(%)	1.26	9.75	5.63	4.12	0.58	8.22
净资产收益率-摊薄(%)	1.26	5.18	5.51	4.07	0.58	7.96
资产负债比率(%)	34.63	35.61	45.58	44.07	47.25	48.12
每股资本公积金(元)	2.65	6.29	2.42	3.10	2.38	3.10
每股未分配利润(元)	1.00	1.94	2.21	2.55	2.38	2.34
每股经营现金流(元)	-0.33	1.53	-2.42	-3.00	-1.79	1.43
销售毛利率(%)	31.75	24.32	29.20	27.24	27.84	26.15

图 7-24 中科金财－财务概况

并且其净资产收益率远远高出板块中引领上涨的龙头股中科金财。而榕基软件的净资产收益率太低，可以不予考虑此股。因此，在2015年4月时，应当果断买入金证股份，如图7-25中所示：

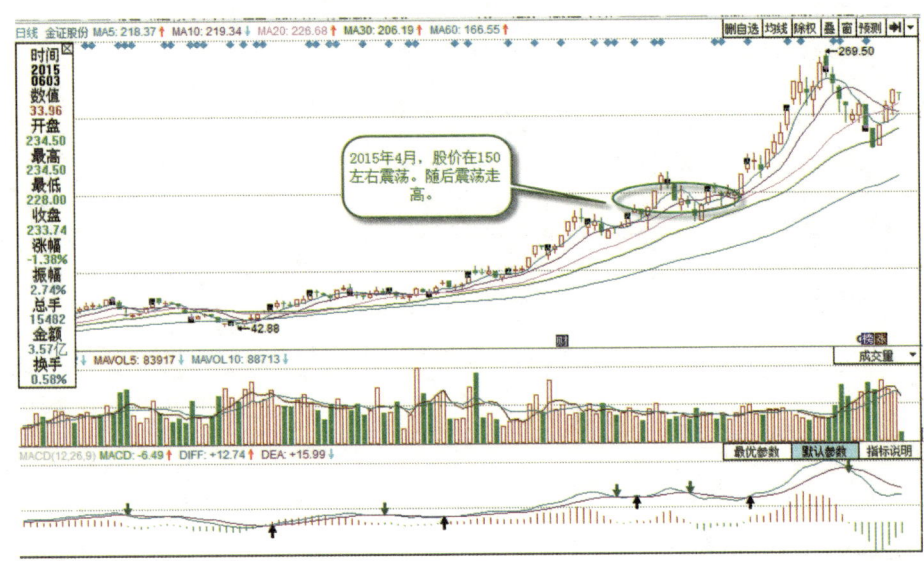

图7-25 金证股份日线图

其后，在龙头领涨股中科金财的带领下，金证股份的涨幅虽不及中科金财在短短一个多月的时间里涨幅超过了100%，但同样达到80%的收益。因为从获利能力来看，金证股份是远超中科金财的，其未来更是可期。

7.5 市盈率

7.5.1 什么是市盈率

市盈率指在一个考察期内，通常为12个月的时间，股票的价格和每

第七章
影响股价的主要财务指标信息

股收益的比率。投资者通常利用该比例值来估量某支股票的投资价值，或者用这个指标在不同公司的股票之间进行比较。一般认为，如果一家公司股票的市盈率过高，那么该股票的价格具有泡沫，价值被高估。相反，若是市盈利率过低，则显示被低估。

市盈率又被分为了静态市盈率，也就是以12个月的时间为基准得出的市盈率值，但是由于静态市盈率只能说明公司过去的情况，并不能充分说明未来，这给投资人的决策带来了许多盲点和误区，而投资股票更多的是看其未来。因此，就有了动态市盈率。

动态市盈率的计算公式是以静态市盈率为基数，乘以动态系数。该系数为 $1\div(1+i)^n$，其中 i 为企业每股收益的增长性比率，n 为企业可持续发展的存续期。比如说，该企业未来保持该增长速度的时间可持续5年，即n=5，则动态系数为 $1\div(1+35\%)^5=22\%$。相应地，动态市盈率为11.58倍，即：52.63（静态市盈率：20元 ÷0.38元=52.63）×22%。

查看市盈率则比较简单了，只需要打开炒股软件，点开个股即可在盘口看到，如图7-26：

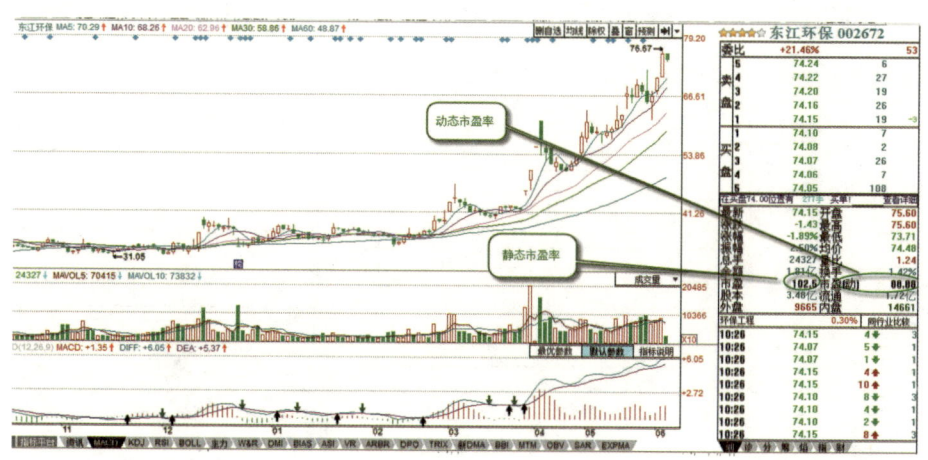

图7-26 东江环保日线图

从图7-26中可以看到，东江环保的静态市盈率是102.5，而当前的动态市盈率却是88.88。但是需要指出的是，由于炒股软件中有着计算动态市盈率的程序，所以，上面的动态市盈率是随着每个交易日盘中股价的变化而发生变化的。

需要注意的是，如果一只股票在之前的一年中企业是亏损的，那么静态市盈率是没有的，其动态市盈率也是一样，如图7-27所示：

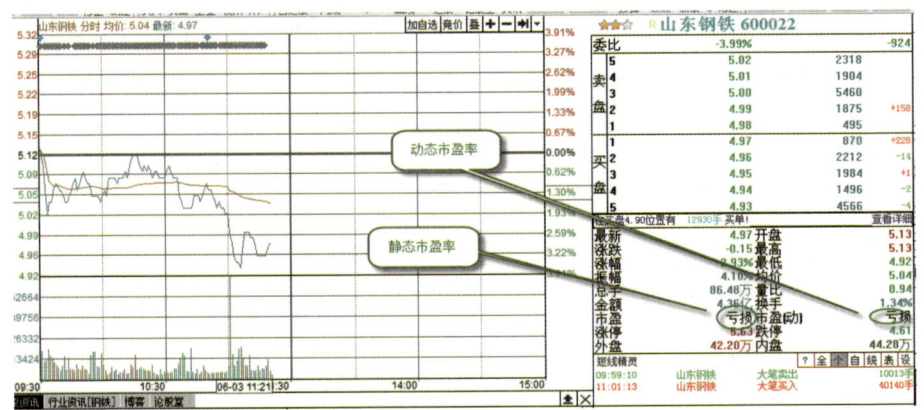

图7-27 山东钢铁2015年6月3日分时图

但是，如果一只股票在之前一年内没有亏损，但当年是亏损的，那么就只有动态市盈率一栏中会注明"亏损"，如图7-28：

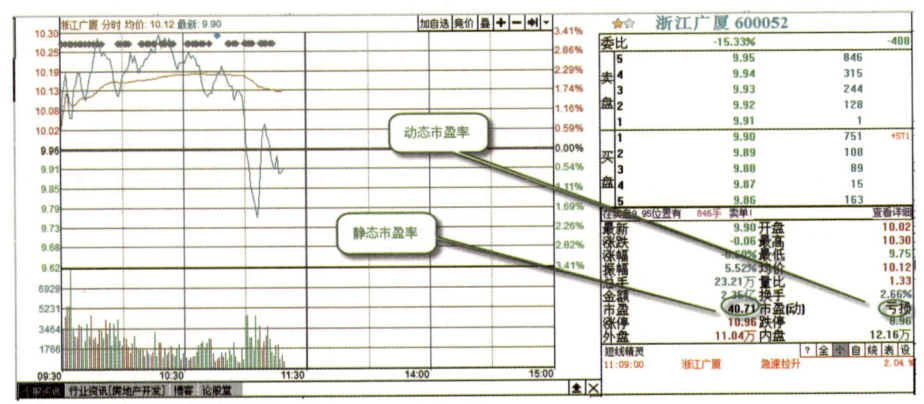

图7-28 浙江广厦2015年6月3日分时图

若是一只股票在之前一年里是亏损的，在当前是盈利的，那么就只有在静态市盈率一栏是亏损的，如图7-29：

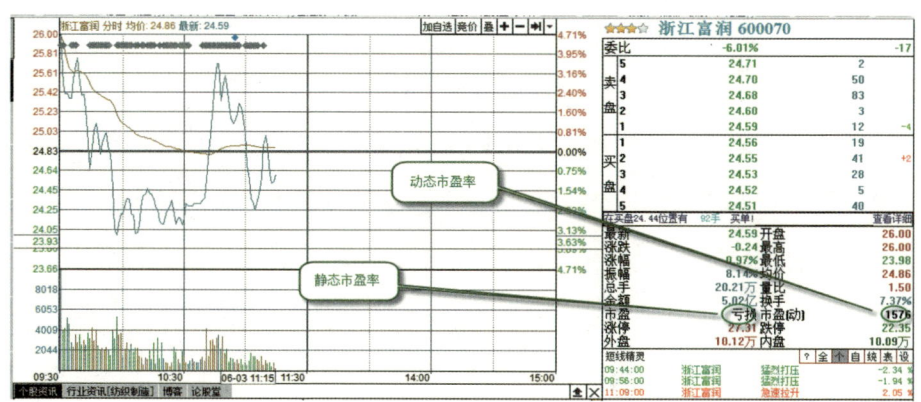

图7-29 浙江富润2015年6月3日分时图

7.5.2 如何通过市盈率选股

由于股票的动态市盈率是不断变化的，因此，它与静态市盈率之间就有了差异，两者相比之下，这种差别如果很大，那么就反映出了一支股票当前的价格是否具有着投资的价值。

比如，若是一只股票的动态市盈率若是远远高于静态市盈率，说明这支股票的当前价格已经被炒得很高了，也就不具备了投资的价值；若是其动态市盈率远远低于静态市盈率，说明此时的股价还未充分反映出股票的价值，这支股票便具有了吸引力，未来还会上涨。

动态市盈率理论告诉我们一个简单朴素而又深刻的道理，即投资股市一定要选择有持续成长性的公司。因此不难理解资产重组为什么会成为市场永恒的主题，以及有些业绩不好的公司在实质性的重组题材支撑下会成为市场黑马。

比如在2015年5月初的时候，我们看到，啤酒花（600090）自2015

年4月20日复牌以后,一直以"一"字涨停的方式出现上涨,原因就是啤酒花成功实现了重组,并且一口气拉出了9个"一"字涨停,在2015年5月4日的时候,该股仍然以涨停价开盘,可随后股价便出现了大幅下跌,在随后的两个交易日中,该股接连出现了较大幅度的下跌。

很多投资者此时都对啤酒花敬而远之,但是,此时如果我们仔细观察啤酒花的盘口,就会发现,其动态市盈率还是远远低于静态市盈率的,因此,在5月7日啤酒花股价启稳的时候,应当选择果断买入。

次日,啤酒花出现了再次上涨,并很快于5月28日创出了27.30元的新高,与5月7日时的最高价17.27元相比,短时间上涨幅度高达60%。如图7-30所示:

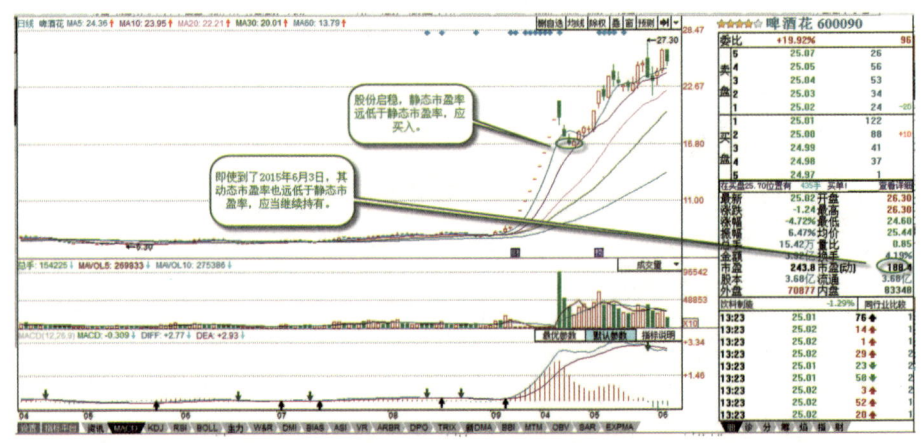

图7-30 啤酒花日线图

相反,对于同样属于重组题材的个股九九久(002411),尽管在"一"字涨停风过后,同样出现了上涨,但由于其动态市盈率高达1300多,比其静态市盈率332.4高了3倍,所以其炒作成分居多,投资者应当采取回避的态度。如图7-31:

第七章
影响股价的主要财务指标信息

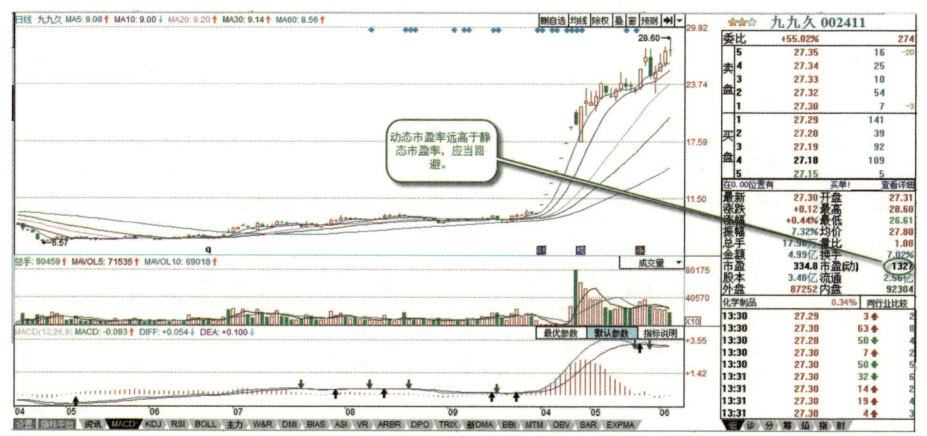

图 7-31 九九久日线图

因此，我们在通过市盈率选股的时候，应当选择那些动态市盈率低于静态市盈率的股票，并且，相比之下，动态市盈率较静态市盈率低的差距越大越好，因为这说明这支股票已经被严重低估了。

7.6 如何从财务指标里掘金

7.6.1 从公司盈利能力入手，让黑马无处藏身

很多时候,投资者经常会抱怨,抱怨自己怎么就没抓住那支大黑马呢？其实自己的自选股里是有这支股票的。当然，也经常会有那些重组个股发生乌鸡变凤凰的情况，可是这样的重组股是有一定风险性的，因为不是所有的重组股重组后都会得道成仙的。

因此，衡量一支股票好坏的标准始终是业绩，而那些黑马股或是大牛

201

股其实就明显地摆在那里，只是投资者不知道如何去发现罢了。那么，怎么发现呢？答案只有两个字：业绩。

业绩从哪里看呢，当然是从其财务指标里看，但是，我们要明白一个前提，一家公司的业绩好坏虽然是从公告里看到的，可是真正公司要实现业绩的增长，还是要看其盈利能力，只有盈利能力高的公司，才能创造出良好的业绩。之所以之前，其未能创造出好的业绩，是因为"生不逢时"没有机遇出现，而一旦有了良好的机遇出现，业绩就会出现爆发式增长。

比如，如果投资者在2015年6月时想投资医药股，这时不妨看一下同仁堂的财务状况，如图7-32中所示：

同仁堂(600085) 财务指标				
报告日期	2013-12-31	2013-09-30	2013-06-30	2013-03-31
每股指标				
摊薄每股收益(元)	0.8136	0.6285	0.4616	0.2284
加权每股收益(元)	0.487	0.375	0.275	0.146
每股收益_调整后(元)	0.503	0.389	0.286	0.146
扣除非经常性损益后的每股收益(元)	0.485	--	0.284	0.145
每股净资产_调整前	5.9777	5.8139	4.855	4.5295
每股净资产_调整后	3.8273	3.6986	3.1838	3.201
每股经营性现金流(元)	0.5159	0.5304	0.4977	0.342
每股资本公积金(元)	0.8273	0.819	0.3943	0.2919
每股未分配利润(元)	1.7089	1.6302	1.5376	1.6471
调整后的每股净资产	--	--	--	--
盈利能力				
总资产利润率(%)	8.9549	6.9639	5.4034	2.9418
主营业务利润率(%)	41.8815	42.6977	43.17	42.7344
总资产净利润率(%)	9.8861	7.6644	5.7814	3.0075
成本费用利润率(%)	17.3894	17.5782	18.064	14.7462
营业利润率(%)	14.4997	14.6526	15.2692	12.7946
主营业务成本率(%)	57.1288	56.2964	55.7856	56.1097
销售净利率(%)	12.2403	12.3604	12.6218	10.7142
股本报酬率(%)	160.895	62.8527	124.7305	22.8408

图7-32 新浪财经 – 同仁堂 – 财务指标

从图7-32与图7-33中，同仁堂的主营业务利润率在2013年时，始终保持在42%左右。为什么要看主营业务利润率呢，因为这一财务指标可以直接衡量一家公司主营业务的盈利情况,其利润率越高,则意味着这家公司的盈利能力越强。而同仁堂在之前的一年间一直保持着 42% 左右的主营业务利润率,这既说明其主营业务的盈利能力一直都很强,同时也表示其业绩一年以来都十分稳定,但是在 2014 年 5 月至 6 月间却出现了震荡下跌的情况,最低跌至了 16.35 元,如图 7-34 中所示:

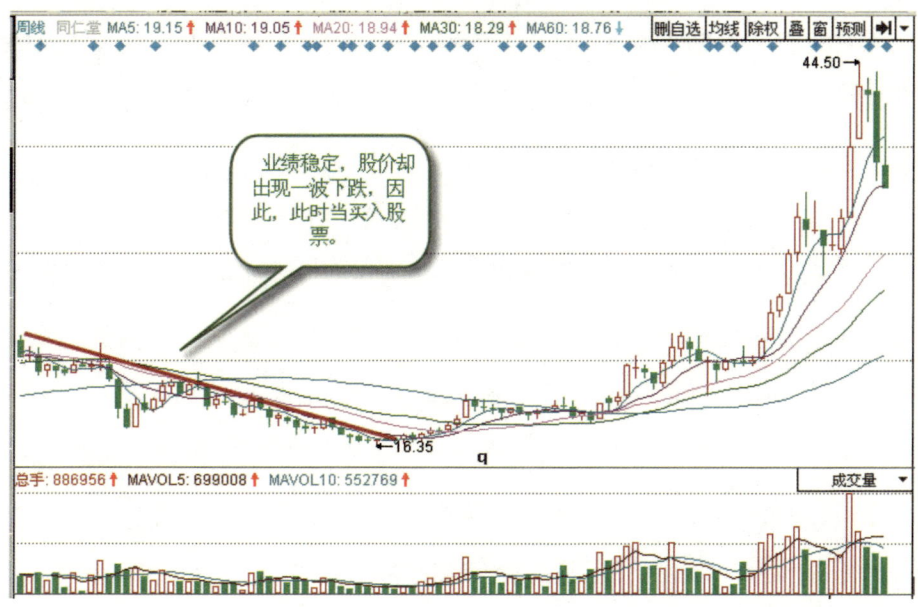

图 7-33 同仁堂周线图

因此,只能说明这是其股票的一种自然的冲高回落,其高盈利能力显示着,未来其股价一定还会出现上涨的,以体现其良好的业绩。所以,此时的投资者应当抓住同仁堂股价出现调整的良好时机,及时买入。

如果投资者买入后,持有至 2015 年 6 月的话,同仁堂最高冲至了每股 44.50 元,涨幅达到了 140% 左右,无疑是骑了一回黑马。

7.6.2 财务指标是发现业绩牛股的发源地

投资者在根据财务指标选股时,要想对一家公司的好坏做出准确的判断,就不能只是看其某个单一的财务指标,否则就很容易失之偏颇,很难得出准确的答案,并且还极有可能会形成片面认识,误选了股票。

这是因为,很多股票的的财务指标并不是一成不变的,随着上市公司业绩的改良,这些财务指标也在发生着变化,因此,投资者不仅要客观地看待财务指标,并综合各种指标进行分析,才能真正看清这家上市公司的实际情况,从而抓住真正的业绩牛股。

比如,很多投资者都喜欢在炒股软件的盘口看股票的市盈率,并通过这一点来判断这支股票是不是被高估,因为当一支股票的动态市盈率远远低于其静态市盈率时,说明这支股票此时是被市场低估了,可事实上很多时候并非如此。因此,静态市盈率是过去12个月内股票价格和每股收益的比率,不一定准确。这种情况,只能证明现在公司的市盈率是高于过去的,但公司盈利能力也在一年间发生了变化,因此,投资者一定要综合多种财务指标来判断一支股票是不是有投资的价值。

比如,在2015年中旬的时候,如果我们要选九芝堂(000989),就可以看一下其财务指标,如图7-34中所示。

在图7-34中可以看出,九芝堂的主营业务利润率在2014年中一直保持在53%以上,说明其主营业务的盈利能力还是很好;销售毛利率也一直维持在了54%以上,是比较高的;净资产收益率也是从2%左右一直呈现上升的趋势,到了2014年第四季度时竟然高达15%以上,说明上市公司自有资本获得净收益的能力在这一年出现了大幅的提高;再看此时的市盈利率,其动态市盈率是低于静态市盈率的;相对而言,其每股净资产平均只有5%左右,说明其抵御外来因素影响的能力相对弱些。

第七章 影响股价的主要财务指标信息

九芝堂(000989) 财务指标				
报告日期	2014-12-31	2014-09-30	2014-06-30	2014-03-31
每股指标				
摊薄每股收益(元)	0.8264	0.392	0.2443	0.141
加权每股收益(元)	0.83	0.39	0.24	0.14
每股收益_调整后(元)	0.83	0.39	0.24	0.14
扣除非经常性损益后的每股收益(元)	0.52	--	0.2	--
每股净资产_调整前(元)	5.4071	4.9744	4.8267	5.3234
每股净资产_调整后(元)	5.4038	4.9696	4.822	5.319
每股经营性现金流(元)	0.3985	0.4357	0.3066	0.1438
每股资本公积金(元)	1.9747	1.9747	1.9747	1.9747
每股未分配利润(元)	1.8595	1.4253	1.2777	1.7746
调整后的每股净资产(元)	--	--	--	--
盈利能力				
总资产利润率(%)	11.4428	5.9926	3.9284	2.1259
主营业务利润率(%)	53.5059	54.1948	54.3824	53.5853
总资产净利润率(%)	12.1742	6.0794	3.8861	2.1714
成本费用利润率(%)	24.1833	14.8773	14.0194	19.4978
营业利润率(%)	14.5303	12.3209	11.622	16.0403
主营业务成本率(%)	45.3101	44.6483	44.4682	45.2637
销售净利率(%)	17.5006	11.5759	10.9273	13.7789
股本报酬率(%)	127.9737	39.1981	104.7757	14.0998
净资产报酬率(%)	23.6676	7.88	21.7075	2.6486
资产报酬率(%)	17.7197	5.9926	16.8477	2.1259
销售毛利率(%)	54.6899	55.3517	55.5318	54.7363
三项费用比重	40.0832	42.946	44.0103	38.9565
非主营比重	36.226	16.5262	18.5361	13.0401
主营利润比重	255.5531	410.4494	432.7994	321.9204

图 7-34 新浪财经 – 九芝堂 – 财务指标

综合这一组财务指标，得出一个结论，九芝堂此时的股价只有 18 元多，是被市场严重低估了，也就是说股价未能反映出其财务指标所显示的情况。那么，我们再来看一看其日线图，如图 7-35 中所示。

从图 7-35 中可以明显看出，从 2014 年 8 月至 2015 年 1 月间，九芝堂的股价只涨了 5 元左右，但是在此期间大盘却从 2200 多点一直上涨到了 3100 点左右，这说明九芝堂的行情是远远落后大盘的涨幅的。

因此，投资者此时可以选择买入九芝堂，到了 2015 年 6 月初，九芝

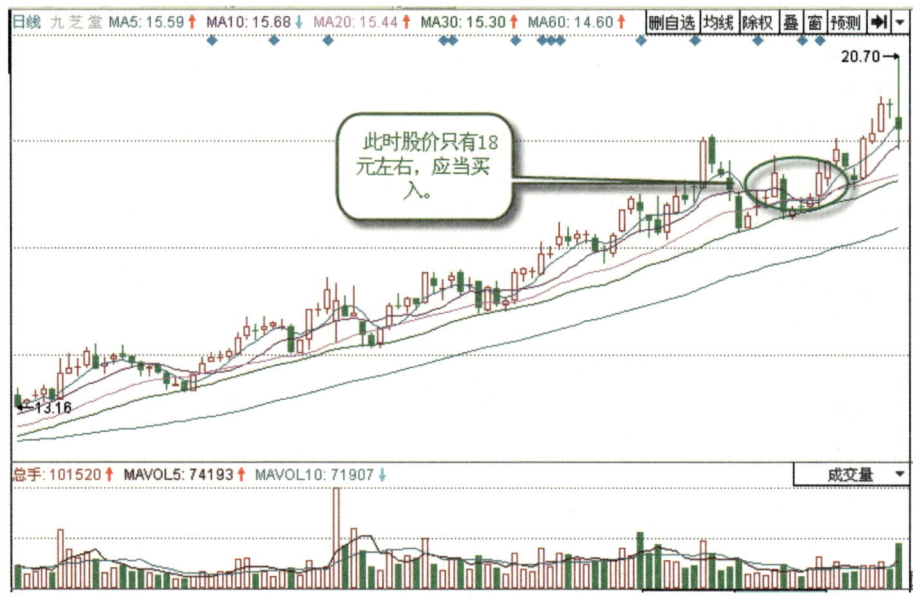

图 7-35 九芝堂日线图

堂的股价一路上涨到了 48 元多，投资者仅仅持股 5 个月，却实现了获利 160% 左右。仅仅是对九芝堂的财务指标进行了一下综合分析，投资者便因此选中了一只大牛股。

第八章

怎样根据十大流通股东来选股

　　一只股票，尽管其十大股东掌握着这只股票的绝大多数，但是其持股必须是按着一定比例持有的，尽管他们可以减持或增持一部分股票，但实际上这些对个股的价格并不会有多少影响，真正影响股价的还是那些大的流通股东，因为他们才是一只股票的真正主力，他们的进与出，更是左右着股票的价格波动，因此，投资者完全可以根据这十大流通股东的变化来选择买入或是卖出股票。

第八章
怎样根据十大流通股东来选股

8.1 十大流通股东变动中的奥妙

8.1.1 如何查看十大流通股东

在很多时候，投资者都喜欢寻找那些赚钱的大户进行跟踪，并根据这些大户进出某只股票的行为来作为自己的投资参考，比如巴菲特，再比如王亚伟、泽熙等等，因为这些人一旦入主某支股票，这支股票就会出现上涨，而一旦他们的身影在某只股票的十大流通股东中消失的话，这只股票便会结束上涨，或是涨幅不再可观。

往往在年报或半年报或是季报中，上市公司会发布十大流通股东的变化情况，但实际上我们打开炒股软件后，同样可以查阅一只股票的前十大流通股东。

比如在同花顺炒股软件中，只需打开某只股票的 K 线图或是分时图，然后点击快捷键进入个股资料后，再点击"股东研究"和下面的"十大流通股东"，然后就可以查看了。如图 8-1 中所示：

209

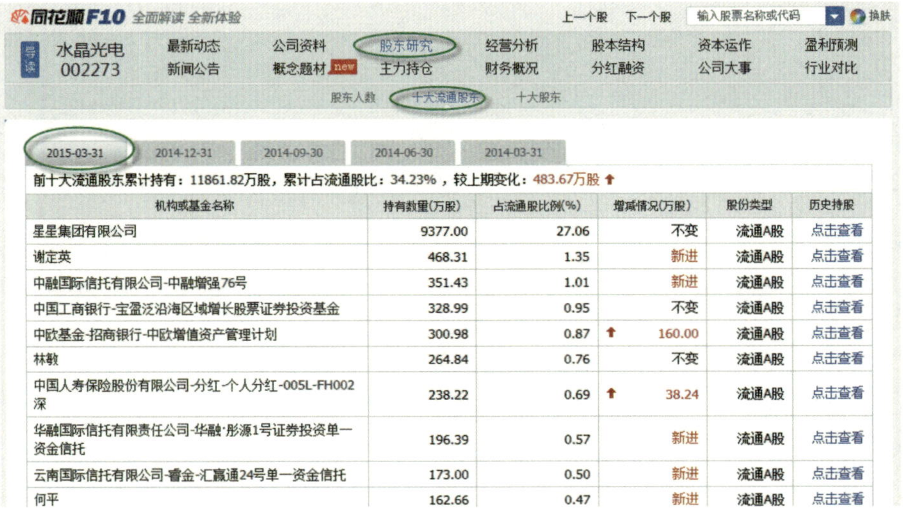

前十大流通股东累计持有：11861.82万股，累计占流通股比：34.23%，较上期变化：483.67万股 ↑

机构或基金名称	持有数量(万股)	占流通股比例(%)	增减情况(万股)	股份类型	历史持股
星星集团有限公司	9377.00	27.06	不变	流通A股	点击查看
谢定英	468.31	1.35	新进	流通A股	点击查看
中融国际信托有限公司-中融增强76号	351.43	1.01	新进	流通A股	点击查看
中国工商银行-宝盈泛沿海区域增长股票证券投资基金	328.99	0.95	不变	流通A股	点击查看
中欧基金-招商银行-中欧增值资产管理计划	300.98	0.87	↑ 160.00	流通A股	点击查看
林敏	264.84	0.76	不变	流通A股	点击查看
中国人寿保险股份有限公司-分红-个人分红-005L-FH002深	238.22	0.69	↑ 38.24	流通A股	点击查看
华融国际信托有限责任公司-华融·彤源1号证券投资单一资金信托	196.39	0.57	新进	流通A股	点击查看
云南国际信托有限公司-睿金-汇赢通24号单一资金信托	173.00	0.50	新进	流通A股	点击查看
何平	162.66	0.47	新进	流通A股	点击查看

图 8-1 水晶光电 – 个股资料 – 十大流通股东

从图 8-1 水晶光电的“股东研究”中，可以看出，其在 2015 年第一季度时的前十大股东情况，但是如果想要查看其每个季度的十大流通股东情况，可以再点击上面对应的具体时间就可以了，如我们点击了 2014-12-31，就会出现图 8-2 的页面：

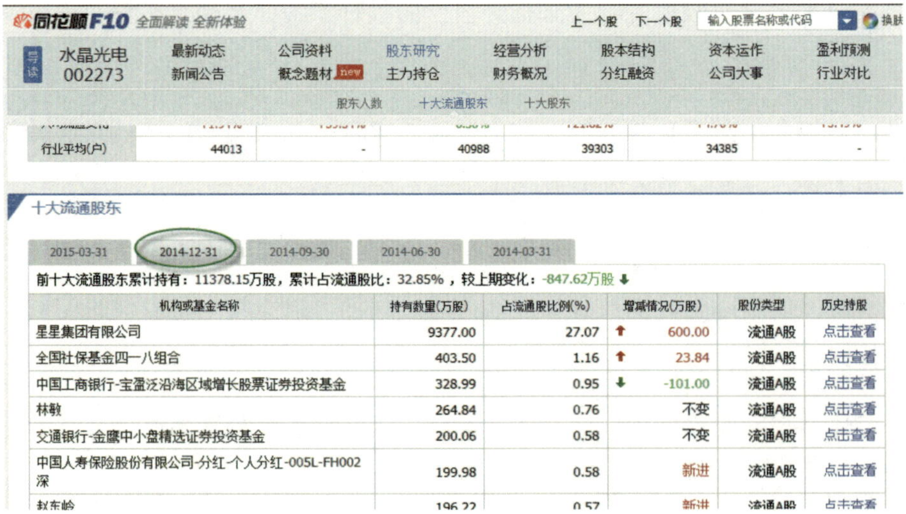

行业平均(户)	44013	-	40988	39303	34385	-

十大流通股东

前十大流通股东累计持有：11378.15万股，累计占流通股比：32.85%，较上期变化：-847.62万股 ↓

机构或基金名称	持有数量(万股)	占流通股比例(%)	增减情况(万股)	股份类型	历史持股
星星集团有限公司	9377.00	27.07	↑ 600.00	流通A股	点击查看
全国社保基金四一八组合	403.50	1.16	↑ 23.84	流通A股	点击查看
中国工商银行-宝盈泛沿海区域增长股票证券投资基金	328.99	0.95	↓ -101.00	流通A股	点击查看
林敏	264.84	0.76	不变	流通A股	点击查看
交通银行-金鹰中小盘精选证券投资基金	200.06	0.58	不变	流通A股	点击查看
中国人寿保险股份有限公司-分红-个人分红-005L-FH002深	199.98	0.58	新进	流通A股	点击查看
赵东岭	196.22	0.57	新进	流通A股	点击查看

图 8-2 水晶光电 – 个股资料 – 十大流通股东

第八章
怎样根据十大流通股东来选股

在这里，不仅可以看到当前该股的前十大流通股东的名单，还有其变动的记录，比如图 8-2 中新进的"赵东岭"，并且在下面，还有着十大流通股东中的变化情况，比如较上个报告期退出前十大股东的情况，如图 8-3 所示。

不仅如此，从中还可以查看这十大流通股东的持仓情况，只须点击该股东名字最后面一排的"点击查看"，比如我们选择了图 8-2 中的"中国人寿"，就会出现图 8-4 中所示页面。

图 8-3 水晶光电 – 个股资料 – 十大股东

图 8-4 水晶光电 – 个股资料

211

如图8-4所示，就会出现关于"中国人寿"在这个季度对水晶光电的持仓情况，何时增持了多少，何时又减持了多少，十分明了。

8.1.2 从前十大流通股东的轮换中捕捉拉升期的股票

从一只股票的前十大流通股东的变化，可看出这只股票的主力是进入或是出货。这往往会使得股票价格也随着前十大流通股东的变化而起伏着，所以，投资者应当时刻关注十大流通股东的变化情况，并从中选择买入或是卖出股票。

比如鑫科材料（600255），在2014年第二季度中，我们并没有看到泽熙的身影，可是到了第三个季度，我们却从中发现了他的身影，如图8-5中所示：

图8-5 鑫科材料－个股资料

并且，上海泽熙投资中心在十大流通股东中持股量位列第二位，事实上从2014年的第二季度开始，上海泽熙投资中心就已经开始进入这支股票了，而突然出现在十大流通股东中的第二大流通股东，说明私募已经进驻，此时就应当在数据公布的 10 月份选择买入这只股票。因为大股东突然出现，必然是来淘金的。

此时我们再来看一看鑫科材料的 K 线图，如图 8-6 中所示：

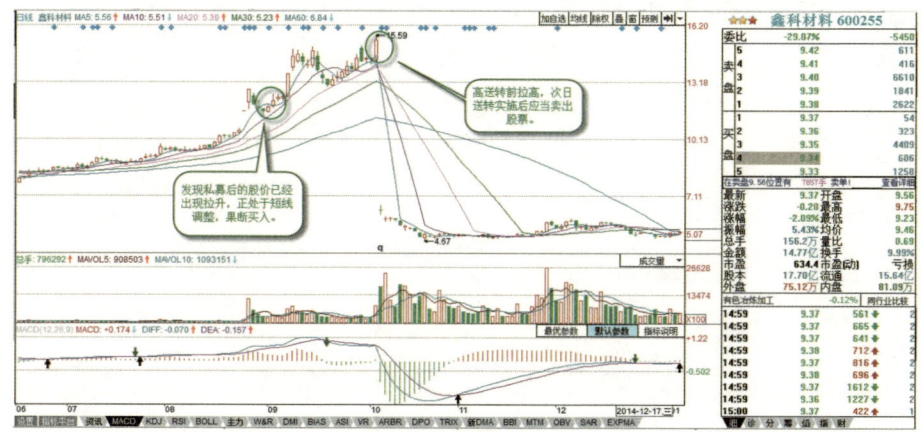

图 8-6 鑫科材料日线图

如图 8-6 所示，在发现第二大流通股东上海泽熙投资中心突然出现时，应当买入股票，可是作为私募而言，往往快进快出，并不像社保等一样拉长战线，因此应当借其实施高送转之机选择卖出。如此一进一出，短短数时，便盈利 30% 左右，可以说坐了一回私募的上山车。

事实上，如果我们在卖出股票后的 2015 年第四季度数据公布后，再来看这只股票，就会发现，上海泽熙投资中心果然从鑫科材料的前十大流通股东中突然消失了。而这一点，也正好符合私募的炒作手法，如图 8-7 所示。

由此可见，私募进入个股，往往是神龙见首不见尾，他们往往会突然出现在一只股票的前十大流通股东之中，又在下一个季度中突然消失，因此，投资者可以根据这种前十大流通股东的变化去捕捉拉升期的股票。

机构或基金名称	持有数量(万股)	占流通股比例(%)	增减情况(万股)	股份类型	历史持股
芜湖恒鑫铜业集团有限公司	32301.85	20.66	↑ 19381.11	流通A股	点击查看
合肥工大复合材料高新技术开发有限公司	375.01	0.24	新进	流通A股	点击查看
李晓峰	340.66	0.22	新进	流通A股	点击查看
张青	260.11	0.17	新进	流通A股	点击查看
滕世来	240.00	0.15	新进	流通A股	点击查看
曲慧姝	233.80	0.15	新进	流通A股	点击查看
经纬	226.75	0.15	新进	流通A股	点击查看
徐雪	217.71	0.14	新进	流通A股	点击查看
方光平	199.77	0.13	新进	流通A股	点击查看
韩尉博	177.01	0.11	新进	流通A股	点击查看
较上个报告期退出前十大流通股东有					
上海泽熙增煦投资中心(有限合伙)	4980.00	7.96	退出		
财通基金-平安银行-平安信托-平安财富·创赢一期61号集合资金信托计划	3100.00	4.96	退出		

图 8-7 鑫科材料 – 个股资料

8.1.3 从前十大流通股东的增持行为中捕捉牛股

在前十大流通股东中，如果发现其中的大股东突然在一天出现了大量的增持行为，并且此时还新增了许多新的流通股东，那么说明，在这只股票身上发生了质的变化。因为在旧的流通股东离去后，此时新的主力又再次出现了，并且其他大的流通股东此时也感觉股票的价格随着旧股东的撤离而股价被打得很低，所以才出现了增持。这种现象一旦出现，就意味着这只股票的新一轮上涨即将开始了。

比如，同样还是鑫科材料（600255）这只股票，在2014年12月31日的个股材料中显示，当上一季度突然现身的上海泽熙投资中心从前十大流通股东中突然消失后，另一位一直位于前十大流通股东之前的芜湖恒鑫铜业集团有限公司却在此时出现了大笔的增持现象，如图8-8所示：

在第一大流通股东大笔增持股票的同时，其他九位位列前十大流通股

第八章
怎样根据十大流通股东来选股

图 8-8 鑫科材料 – 个股资料

东的却均是清一色的新进股东，这说明鑫科材料这只股票在 2014 年第四个季度又换了新的庄家。此时，我们再来看一下鑫科材料的 K 线图，如图 8-9 所示：

图 8-9 鑫科材料日线图

215

第一大流通股东增持，以及入驻了九位新的大流通股东后，鑫科材料股价却随后创出了4.59元的新低，这与大流通股东的增持出现了背离，因此，此时应当果断借股价打低而买入。而如果此时买入的话，那么如果一直持有到2015年的5月底，仅仅历时4个月的时间，股价即上涨了100%。

另外，证金公司也是一个不容忽视的股市力量，为了股市维稳，常常会动用大的资金对股票进行增持，例如，在2015年7月，股市经历大跌之后，梅雁吉祥（600068）自从其披露证金公司成为其第一大股东后，其股价在9个交易日内收获了8个涨停，股价涨幅超过100%。如图8-10与图8-11中所示。

因此，投资者一定不要小看前十大流通股东增持股票的行为，尤其是那种持有时间长的大流通股东，他们之所以没有随着股价的上涨而离开，并出现了增持行为，就说明其做多的意愿更浓，其后股价上涨的幅度也就

图8-10 同花顺 – 个股资料 – 梅雁吉祥股东变更公告

图 8-11 梅雁吉祥日线图

会越大，许多翻倍的牛股和黑马股往往就是在有十大流通股东大笔增持之后出现的。同时，更不能忽视证金公司这一国家主力军，因为证金公司入市，并不是以获利为目的，而是为了维稳，但其大举地入驻某只股票，却无疑为这只股票增添了更为坚实的后盾。

8.2 如何看前十大流通股东选股

8.2.1 前十名流通股东持股均超过 100 万股的情况

在前十大流通股东中，如果持股均超过 100 万股，并且所有股东都是个人股东时，或是其中有一两个法人机构时，这种股票很容易成为黑马股，尤其是那些上市后没有经过除权的中小流通盘的股票。

比如，在深市中小板中，八菱科技是2011年11月4日登陆深市中小板的，到2015年时，其间虽然有过两次的高送转，但送配比例并不大，所以其股本也并不大，尤其是流通股本，在2013年的一年中，其表现平平，直到2014年后，股价略有上涨，但幅度也有限，但此时，如果我们查看其十大流通股东的情况，就会发现，如图8-10中所示：

图8-12 八菱科技 – 个股资料

在2014年第四季度时，我们发现，八菱科技的前十大流通股东变化的情况并不大，新进了4个大的流通股东，可是在这些股东中却只有江苏拓邦投资有限公司是法人机构，而其余的全部是个人，并且还有一个现象：所有这十大流通股东的持股量都远远超过了100万股，最高者达到了3552.39万股。因此，此时投资者应当考虑买进这只股票了。

到了2015年第一季度，数据公布后，我们发现，如图8-13中所示：

第八章
怎样根据十大流通股东来选股

八菱科技 002592

机构或基金名称	持有数量(万股)	占流通股比例(%)	增减情况(万股)	股份类型	历史持股
杨竟忠	3552.39	32.80	不变	流通A股	点击查看
任宁	669.40	6.18	428.72	流通A股	点击查看
江苏拓邦投资有限公司	355.14	3.28	-253.26	流通A股	点击查看
黄缘	303.68	2.80	不变	流通A股	点击查看
叶有松	301.99	2.79	-0.01	流通A股	点击查看
黄志强	300.42	2.77	-50.77	流通A股	点击查看
韦秋燕	274.05	2.53	不变	流通A股	点击查看
招商证券股份有限公司	219.51	2.03	新进	流通A股	点击查看
文丽辉	214.94	1.98	57.20	流通A股	点击查看
农庆丽	202.27	1.87	新进	流通A股	点击查看

图 8-13 八菱科技 – 个股资料

在图 8-13 中，2015 年第一季度，虽然八菱科技的前十大流通股东发生了一点变化，但其有八位是个人，另两位是：江苏拓邦投资有限公司与招商证券。并且，在十大流通股东中的第一大流通股东持股量没有改变，其他的流通股东此时的持股量均已超过了 200 万股，说明此时八菱科技的流通筹码已经处于高度集中状态。投资者如果在 2014 年第四季度数据发布时错过买入的话，那么此时就应当毫不犹豫地买入了。

我们再看一下八菱科技的走势就会发现，如图 8-14 中所示：

在 2014 年第四季度数据发布时，也就是 2915 年 1 月，此时八菱科技的股价还很低，只有 18 元左右，可到了 2015 年 4 月第一季度数据发布时，股价已经明显上升到了 25 元左右的价格平台，即使是投资者在此时买入该股，在 5 月 13 日时八菱科技即开始了上升行情，并且由于前十大流通股东手中的持股此时已全部大于 200 万股，筹码集中，所以上涨的力度很大，接连拉出涨停，并于 6 月 3 日创出历史新高 60.88 元，在短短不到一个月

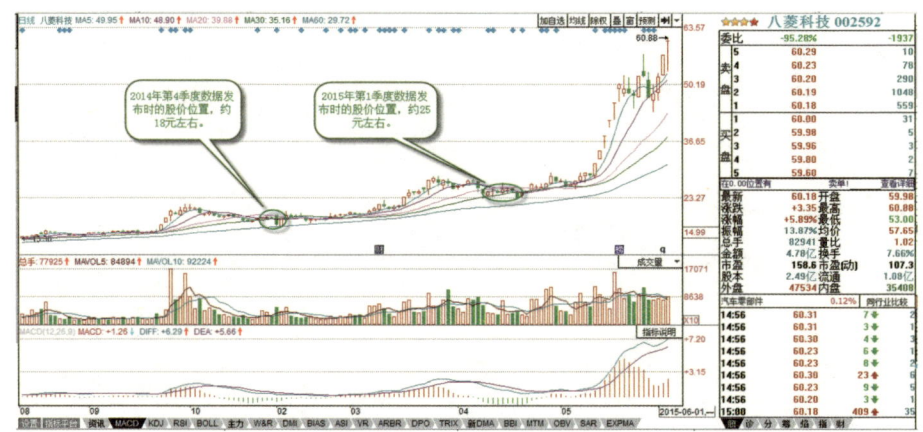

图 8-14 八菱科技日线图

的时间里,其上涨幅度超过了 130%。

投资者都喜欢捕捉黑马股,其实黑马股往往就在我们的眼皮子底下,只要在选股时多留意个股的前十大流通股东的持股情况,尤其是发现前十大股东持股均超过 100 万股并几乎均为个人时,如果有券商或者基金重仓的加入,或是有持股量在 1000 万股以上的大流通股东一直持有了两个季度时,更应当不惜一切代价介入,哪怕此时这只股票是处于次新股上市后的高位平台整理,后市也会有很大的涨幅。

8.2.2 前 10 名流通股东持股均超过 50 万股的情况

在一支股票的前 10 名流通股东中,如果持股均超过了 50 万股,并且所有持股大多是个人股东,或者其中有一些法人机构、基金或券商时,此时就应当引起投资者的注意了,尤其是这只股票是中小盘股时,其在后市会有很好的表现。

比如在 2014 年 10 月的时候,海欣食品发布了其在 2014 年第三季度的流通股东资料,如图 8-15 所示:

第八章
怎样根据十大流通股东来选股

图 8-15 海欣食品-个股资料

在这份资料中可以看出，在海欣食品2014年第三季度中，其前十大流通股东中，有六位是个人，还有三支基金和信托，并且，在这前十大流通股东中，持股量均超过了50万股，说明此时其筹码相对集中，并且这些股东大多是第三季度新进的，因此后市海欣食品看涨，此时应当考虑买入这只股。

那么，我们再来看一下2014年10月时的海欣食品的走势，如图8-16中所示：

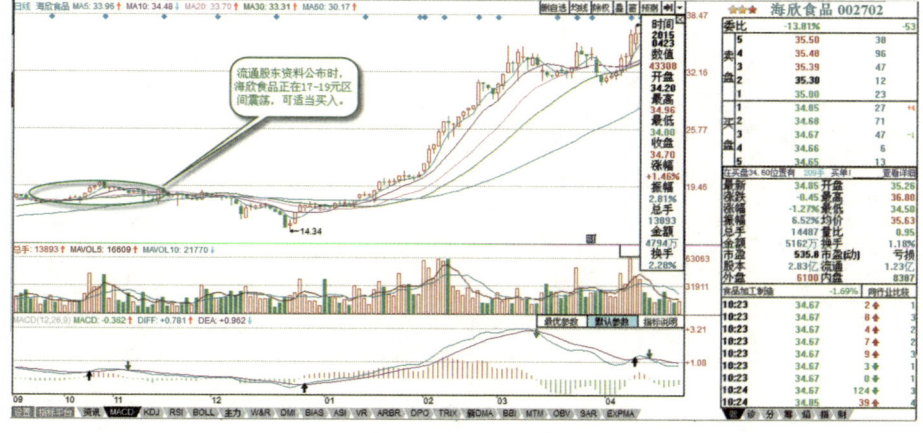

图 8-16 海欣食品日线图

221

十大流通股东名单公布的时候，海欣食品正在 17 元到 19 元左右震荡整理，此时可以介入，而其后震荡走低时应当全仓买入。即使我们无法拿到其后来的快速填权，但起码到 2015 年 3 月的时候，投资者可以在这一平台出货，获利也在 80% 左右。

值得注意的是，投资者在根据前十大流通选股的时候，一定要选那些流通盘小的个股，比如深市中小板或创业板。

8.2.3 前十名流通股东持股均超过 10 万股的情况

投资者在根据前十名流通股东选股的时候，很多时候还会遇到这些股东的持股量并没有那么大，尤其是那些新上市的次新股，本来流通股本就很小，所以，当我们遇到前十大股东的持股量都超过了 10 万股的情况时，同样也不要轻视这种股票，尤其是其中有一个或是几个持股量超过了 100 万股的那些小盘股，同样具有潜力，但是此时最为稳妥的办法是，发现了这种情况的股票后，最好是选择在其走强时介入。

图 8-17 台城制药 – 个股资料

第八章 怎样根据十大流通股东来选股

机构或基金名称	持有数量(万股)	占流通股比例(%)	增减情况(万股)	股份类型	历史持股
金光华	86.23	3.45	↓ -2.10	流通A股	点击查看
中国建设银行-工银瑞信精选平衡混合型证券投资基金	79.98	3.20	新进	流通A股	点击查看
周建国	58.00	2.32	新进	流通A股	点击查看
金婷	53.72	2.15	↑ 34.62	流通A股	点击查看
计科平	33.00	1.32	不变	流通A股	点击查看
曹志洪	32.46	1.30	新进	流通A股	点击查看
夏煜	14.45	0.58	新进	流通A股	点击查看
宋作术	13.46	0.54	新进	流通A股	点击查看
杨晓明	12.72	0.51	新进	流通A股	点击查看
周奇艳	11.53	0.46	新进	流通A股	点击查看

图 8-18 台城制药 - 个股资料

比如，在深市次新股中，有一只于 2014 年 7 月 31 日上市的股票台城制药（002728），我们先翻开其公布的前十大流通股东来看一看，如图 8-17 与图 8-18 中所示。

从 2014 年第三季度与第四季度的情况来看，其前十大流通股东中的更换较大，并且大股东金光华还减持了不少，但是依然持有公司 86.23 万股，虽然其是最大的流通股东，所占流通股也不足 100 万股，可是我们回头再看一下台城制药的流通盘，却小到只有 0.25 亿，整个盘子也不过 1 个亿，所以，可以将这支股票列入股票池，因为在这十大流通股东中，持股量已经达到了每个股东都持股 10 万股以上的要求。

那么，到了 2015 年第一季度的时候，我们再来看其具体情况，如图 8-19 所示：

机构或基金名称	持有数量(万股)	占流通股比例(%)	增减情况(万股)	股份类型	历史持股
金光华	86.23	3.45	不变	流通A股	点击查看
中国建设银行-工银瑞信精选平衡混合型证券投资基金	79.98	3.20	不变	流通A股	点击查看
周建国	58.00	2.32	不变	流通A股	点击查看
金铮	53.72	2.15	不变	流通A股	点击查看
计料平	33.00	1.32	不变	流通A股	点击查看
曹志洪	32.46	1.30	不变	流通A股	点击查看
夏煜	14.45	0.58	不变	流通A股	点击查看
宋作术	13.46	0.54	不变	流通A股	点击查看
杨晓明	12.72	0.51	不变	流通A股	点击查看
周奇艳	11.53	0.46	不变	流通A股	点击查看

图8-19 台城制药－个股资料

从图8-19中可以看出，这十大流通股东没有丝毫改变，说明2015年第一季度，所有的流通股东都没有退出或是减持持股，而此时的股价已经从最初的高位整理平台出现了向上突破，那么，此时我们应当果断买入，如图8-20所示：

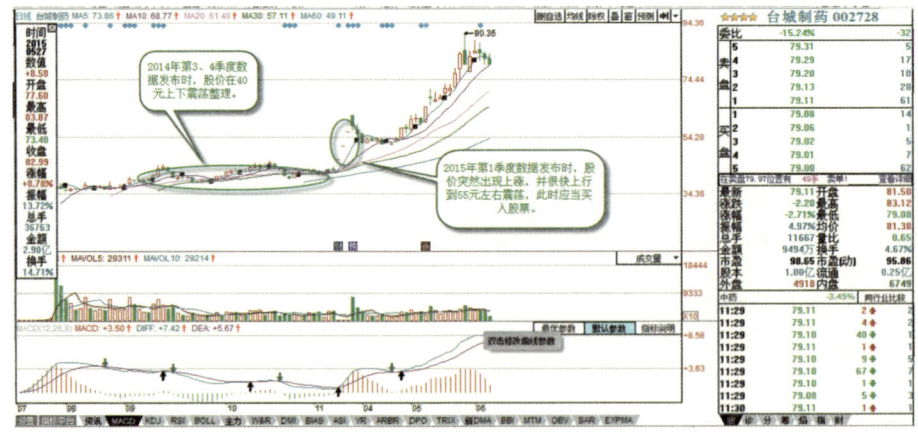

图8-20 台城制药日线图

到了 2015 年 6 月初，此时台城制药 2015 年的十大流通股东的数据即将公布，股价在出现一波上涨后，最高冲到了 90.35 元，如果在第一季度前十大流通股东数据公布的时候买入股票的话，至此已经获利近 70%，其后，开始向下调整，此时可等第二季度的流通股东数据出来后再做决定，或是直接在高位出现调整后选择卖出。

8.3 如何根据十大流通股东的减持来指导操作

8.3.1 十大流通股东的变更行为

股票在涨涨跌跌的运行过程中，经常会出现流通股东的变更，有看空淡出的，同时也有看多涌进来的，而这些大的流通股东的来来往往，也使得股票的行情出现了起起伏伏的涨跌。

投资者要想在流通股东的轮换中寻找投资的机遇，就必须时刻关注着前十大流通股东中的大股东变换的情况。因为大流通股东手中持股量较大，他们的进或出，直接影响着股价的波动。

比如荣之联（002642），在 2014 年第三季度的资料中，突然显示，之前的前十大流通股东全部不见了，如图 8-21 所示。

在新进来的众多流通股东中，可以看出，只有两个个人，其他的多为基金，并且位居前几位的持股量很大，都超过了 150 万股，其中最大的流通股东达到了 359 万股，并且这十大流通股东的持股均超过了 60 万股。投资者应当明白，这些在 2014 年第一季度进来的大流通股东不是来看戏的，而是来赚钱的，此时投资者就应当引起注意了。

图 8-21 荣之联 – 个股资料

那么，我们再来看一看当时荣之联的 K 线图，如图 8-22 所示：

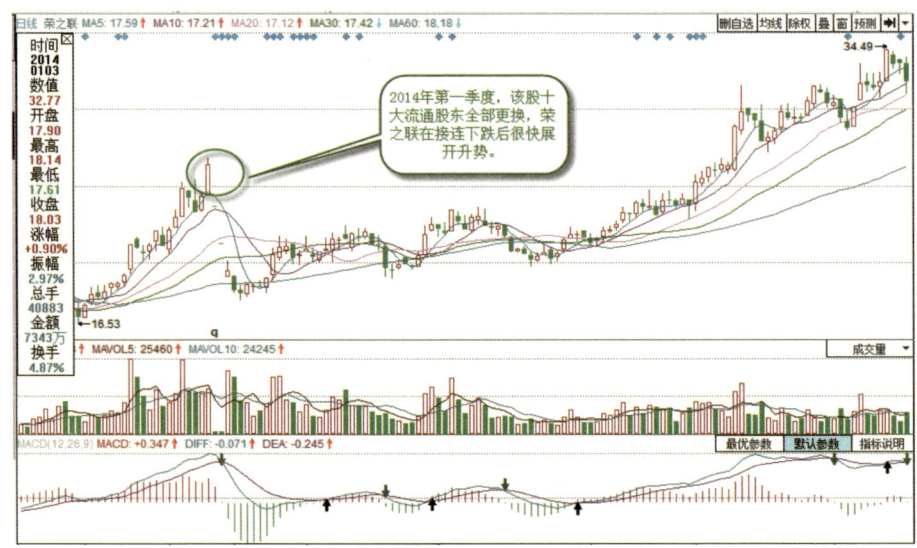

图 8-22 荣之联日线图

此时就会发现，由于这些这些新进大股东的集体进驻，使得荣之联的股价出现了上涨，在短短一个月的时间里，股价便上涨了50%，随后其股价便出现了接连的一字跌停，此时，应当选择买入，因为这些新进的大股东此时尚未离去。

果然，在这轮跌势过后，荣之联出现了震荡上行，至2014年9月底时，股价达到了30多元，此时，我们再去看其十大流通股东的情况，却发现之前位于前几名的大流通股东已经不见了踪影，如图8-23中所示：

机构或基金名称	持有数量(万股)	占流通股比例(%)	增减情况(万股)	股份类型	历史持股
郭泽迪	145.04	1.74	新进	流通A股	点击查看
刘志河	132.09	1.58	↑ 55.09	流通A股	点击查看
中国农业银行-富国天源平衡混合型证券投资基金	118.44	1.42	新进	流通A股	点击查看
陈积泽	118.31	1.42	新进	流通A股	点击查看
中国工商银行-浦银安盛价值成长股票型证券投资基金	109.99	1.32	新进	流通A股	点击查看
银丰证券投资基金	105.00	1.26	新进	流通A股	点击查看
中国光大银行股份有限公司-泰信先行策略开放式证券投资基金	101.75	1.22	新进	流通A股	点击查看
中国建设银行股份有限公司-银河行业优选股票型证券投资基金	100.00	1.20	↓ -48.00	流通A股	点击查看
中国农业银行股份有限公司-银河稳健证券投资基金	99.91	1.20	新进	流通A股	点击查看
陈贤	91.83	1.10	新进	流通A股	点击查看

图8-23 荣之联2014年第三季度前十大流通股东名单

从图8-23中可以看出，如今位于十大流通股东之首的已经变成了个人，其持股量也减少到了145.04万股，所以，这时投资者已经获利超过50%，应当选择卖出股票。

至此，不少投资者或许都会选择将这只股票束之高阁，但是对于真正的投资者来说，还是应当经常来看一看的，因为真正的黑马股就在这里。

在2014年第四季度荣之联公布的十大流通股东数据里，我们突然发现，里面的十大流通再次出现了焕然一新，全成了新面孔，如图 8-24 所示：

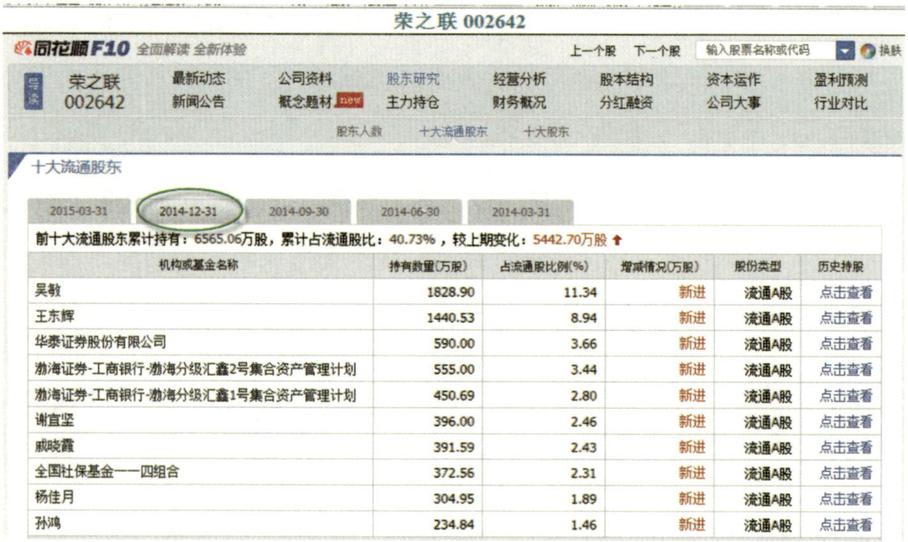

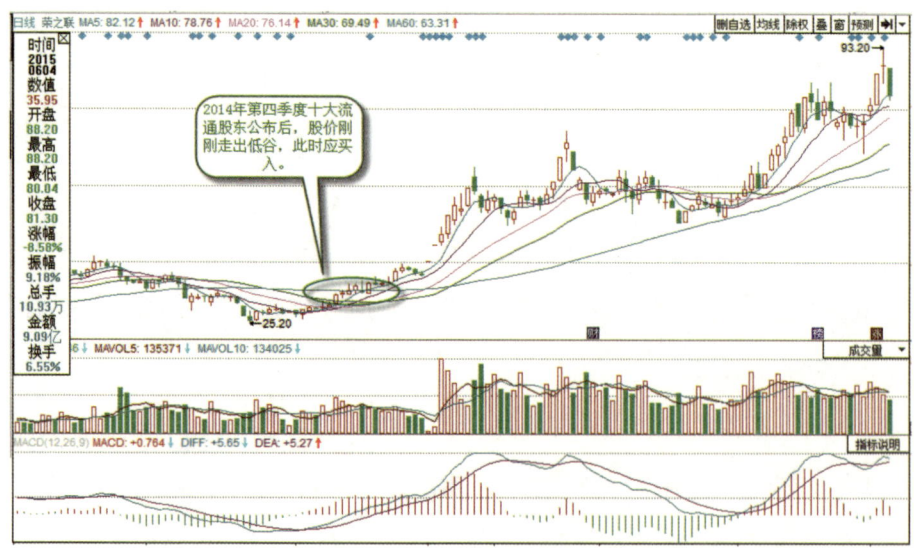

图 8-24 荣之联 2014 年第四季度前十大流通股东名单

这一次，与之前所不同的是，在位居前两位的大流通股东中，第 1 名持股 1828.90 万股，第 2 名 1440.53 万股，并且都是个人持股，并

图 8-25 荣之联日线图

且数据显示，前十大流通股东累计持有 6556.06 万股，占整个流通股的 40.75%，筹码此时出现了高度集中，而此时我们再看一看荣之联的 K 线图，如图 8-25 所示。

从图 8-25 中可以看出，如此多的大流通股东的介入，不仅没有推高荣之联的股价，还使得股价创出了新低 25.20 元，数据发布的时候，股价刚刚走出低谷，位于 33 元左右，那么，此时就应当全仓买入了。

当持有到 2015 年第一季度数据发布的时候，此时再看一看十大流通股东的情况，就会发现，如图 8-26 中所示：

机构或基金名称	持有数量(万股)	占流通股比例(%)	增减情况(万股)	股份类型	历史持股
吴敏	1828.90	11.04	不变	流通A股	点击查看
王东辉	1440.53	8.70	不变	流通A股	点击查看
中国建设银行股份有限公司-汇添富消费行业股票型证券投资基金	260.08	1.57	新进	流通A股	点击查看
中国工商银行股份有限公司-汇添富民营活力股票型证券投资基金	260.03	1.57	新进	流通A股	点击查看
兴业银行股份有限公司-中邮战略新兴产业股票型证券投资基金	256.31	1.55	新进	流通A股	点击查看
华泰证券股份有限公司	249.97	1.51	-340.03	流通A股	点击查看
渤海证券-工商银行-渤海分级汇鑫2号集合资产管理计划	227.99	1.38	-327.01	流通A股	点击查看
中国农业银行-大成景阳领先股票型证券投资基金	197.97	1.20	新进	流通A股	点击查看
全国社保基金——四组合	186.02	1.12	-186.54	流通A股	点击查看

图 8-26 荣之联 2015 年第一季度前十大流通股东名单

从图 8-26 中可见，有几家基金代替了原有的基金，但前两位持股超过 1000 万股的大股东却并未撤离或是减持，而此时的股价正徘徊在 60 元上下，那么就应当继续持有。而到了 2015 年 6 月 3 日时，股价创出了 90.20 元的高价，与当时买入的价格相比，股价此时已经提高了近两倍，十足是骑了一回大黑马。

因此，投资者在投资股票时，一定要时刻留意前十大流通股东的变化，尤其是持股比例较大的流通股东，一旦这种股东出现了，就要及时买入，而若是他们消失了，自己也应该离场了。

8.3.2 十大流通股东的增持与减持行为

很多时候，进入个股的流通股东并不都是进去了然后就出来了这么简单，他们经常持有着这只股票，并在持有期间变更着手中的持股数量，比如增持或减持，一直到全身而退从流通股东里消失为止。

作为投资者来说，尽管说我们通过网站或是炒股软件上的信息，可以得知这种变化，但相对来说掌握的信息还是比较落后于现实情况的，因此我们就要及时做出反应，从而保证从中获得投资利润。

比如说，当一只股票的十大流通股东出现增持股票时，尤其是那些持股数量较大的排名靠前的流通股东，关注他们的增持行为往往要胜过那些持股少的流通股东。

下面我们来看看百润股份（002568），如图 8-27 与图 8-28 中所示：

图 8-27 百润股份 2014 年第四季度前十大流通股东名单

第八章
怎样根据十大流通股东来选股

机构或基金名称	持有数量(万股)	占流通股比例(%)	增减情况(万股)	股份类型	历史持股
柳海彬	2113.00	19.45	不变	流通A股	点击查看
刘晓东	1552.00	14.29	不变	流通A股	点击查看
刘晓俊	988.00	9.10	不变	流通A股	点击查看
中国建设银行股份有限公司-交银施罗德稳健配置混合型证券投资基金	437.93	4.03	↑ 110.15	流通A股	点击查看
招商银行股份有限公司-富国低碳环保股票型证券投资基金	367.05	3.38	新进	流通A股	点击查看
交通银行股份有限公司-富国消费主题混合型证券投资基金	335.00	3.08	新进	流通A股	点击查看
海通资管-民生-海通海汇系列-星石1号集合资产管理计划	288.47	2.66	↑ 96.18	流通A股	点击查看
中国工商银行股份有限公司-富国新兴产业股票型证券投资基金	163.95	1.51	新进	流通A股	点击查看
中国农业银行-长信银利精选证券投资基金	136.00	1.25	↓ -119.81	流通A股	点击查看
中国农业银行-交银施罗德成长股票证券投资基金	110.21	1.01	↓ -110.17	流通A股	点击查看

图 8-28 百润股份 2015 年第一季度前十大流通股东名单

在图 8-27 与 8-28 中，可以看出，位居十大流通股东前三位的大股东始终没变动，但是建行的一支混合型基金却在 2014 年第三季度进入后，在第四季度与 2015 年第一季度期间接连出现了增持，流通股东排名也一跃紧随前三位之后，虽然期间也曾有基金退出或减持，但由于所持股份较少，所以并没有影响。

我们再来看看期间百润股份的股价走势，如图 8-29 与图 8-30 中所示。

在图 8-29 与 8-30 中，中国建设银行股份有限公司－交银施罗德稳健配置混合型证券投资基金一直在增持百润股份，而 2015 年第一季度的增持使得股价出现了一定的上涨，股价被拉升到 85 元左右，但随后，百润股份便展开了快速上涨，至 2015 年 5 月 25 日时，上涨至 180.00 元，与中国建设银行股份有限公司－交银施罗德稳健配置混合型证券投资基金在 2014 年第四季度增持时的股价相比，翻了 3 倍多，与其在 2015 年第一季度增持时的股价相比，上涨超过了 100%。涨幅之大，令人咋舌。

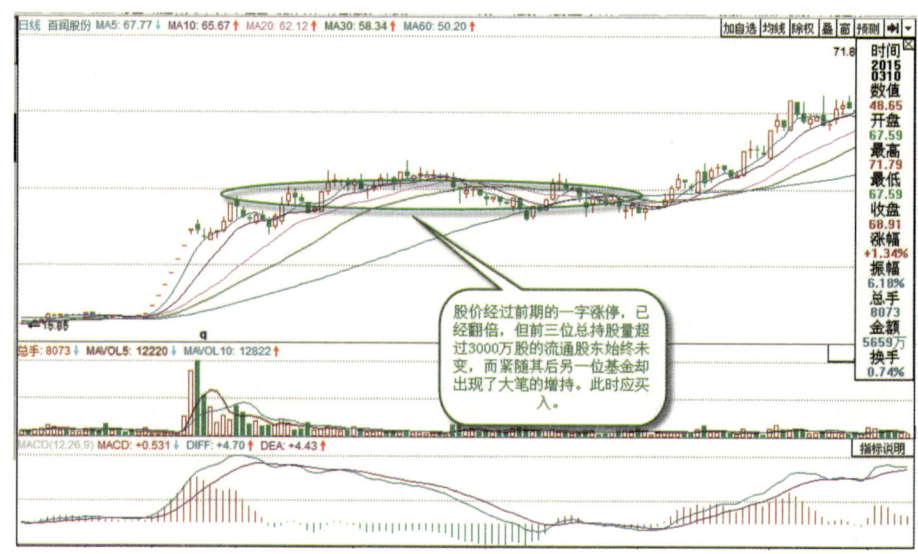

图 8-29 百润股份日线图

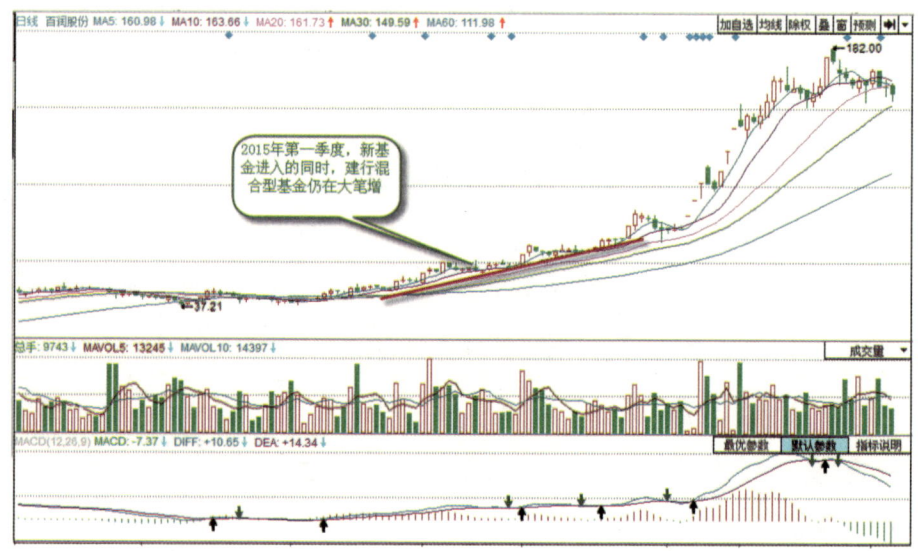

图 8-30 百润股份日线图

第八章
怎样根据十大流通股东来选股

随着进入6月，百润股份即将公布第二季度十大股东持股情况的时候，其股价开始出现缓慢回落，作为投资者而言，无论在哪个时期介入都已经获利丰厚之际，此时就应当提前做出预判，随着流通股东情况公布时间的临近，提前做出逐级卖出获利了结的策略了。

第九章

鸟瞰机构的动向

证券市场瞬息万变，多空交战，在至今仍未推出做空机制的A股市场，"高抛低吸"是唯一的赢利模式，而这四个字说说简单，操作起来并非每个人都能挥洒自如。尽管从理论上说，股票价格的变化决定于供需关系，但市场主力往往决定市场的动向，股票因何而涨，因何而跌？一切都在主力的买卖交易中决定。市场主力掌握着股票的定价权，股票的涨跌和他们的一举一动息息相关。他们被普通投资者称为"大鳄"，又被市场称之为"主力"，他们的动向被认为是市场主流资金的动向，那么这些主力有哪些，我们一同来看看。

第九章
鸟瞰机构的动向

9.1 公募基金

9.1.1 公募基金

公募基金对基金管理公司的资格有严格的规定，对基金资产的托管人也有严格的规定，基金托管人在中国实际上就是银行，公募基金定期要公布投资组合。公募基金因为在"光天化日"之下，所以还要受到监管部门的严格监管。所以，公募基金的资产安全性在一般人看来更安全，也容易接受。截至 2009 年 10 月 22 日，中国证券市场上一共有 60 家基金管理公司，而到了 2014 年 1 月底，据中国证券投资基金业协会公布的数据显示，截至 2014 年 1 月底，我国境内共有公募基金管理人 92 家，公募基金数量达到了 1574 只，截至 2015 年 5 月，公墓基金管理的资金规模已经超过了 5 万亿。由此可见，公墓基金的实力之大，也因此，公墓基金成了中国证券市场上的绝对主力。

公募基金是目前最透明、最规范的基金，如果投资者需要查询相关基

金公司或基金产品的话，可以登陆上海证券交易所的官方网站首页，然后点击上面的"交易品种"，再选择下面的"基金"，即可进入相关的页面，如图9-1所示：

图9-1 上海证券交易所官方网站首页

此时，只要点击"基金"二字即可进入，如图9-2所示：

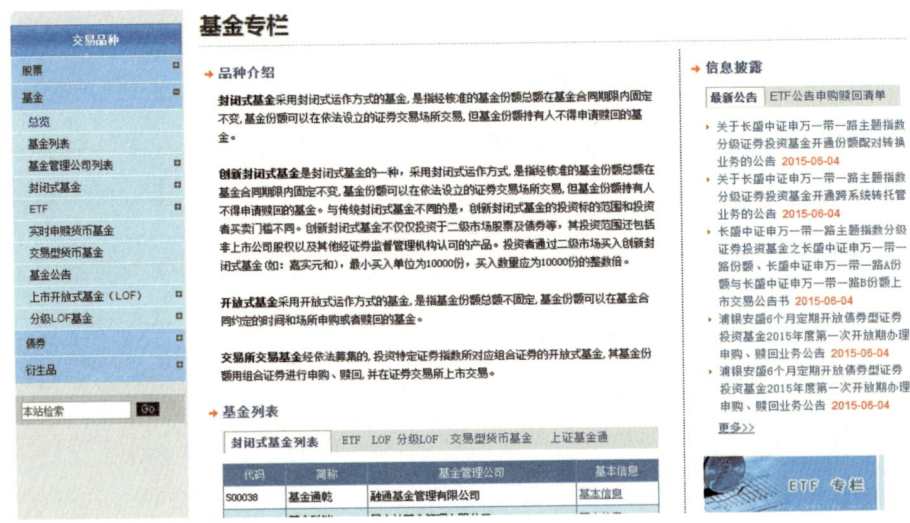

图9-2 上海证券交易所官方网站 – 基金

第九章
鸟瞰机构的动向

上面有相关的基金品种的介绍，以及基金列表，只要点击想要查询的基金名称就可以进入该页面了。

除此之外，左面还有相关类型的基金，比如封闭式基金，以及基金公告，比如我们选择了"基金管理公司"，点击，就会出现图9-3的画面：

图9-3 上海证券交易所官方网站 – 基金 – 基金管理公司列表

投资者想要查询哪家基金管理公司，用鼠标直接点击即可。比如我们选择了"富国基金管理公司"，如图9-4所示：

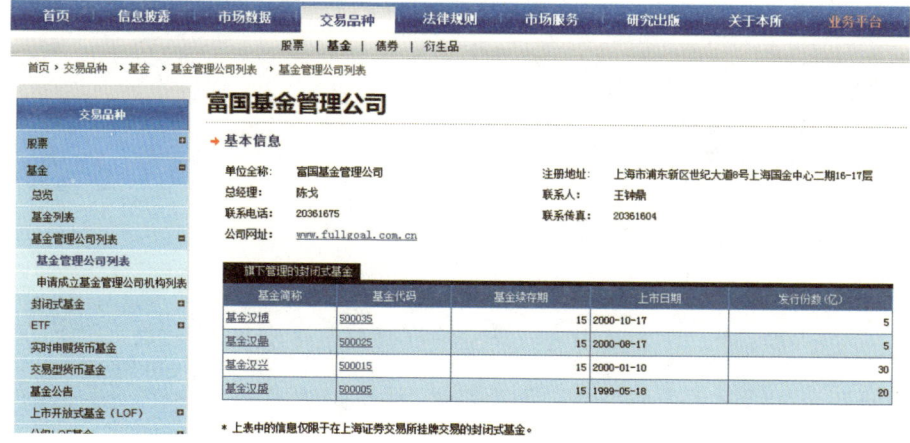

图9-4 上海证券交易所官方网站 – 基金 – 富国基金管理公司

239

上面就会出现这家基金公司的情况，包括公司旗下的相关产品，以及其公司网址。

9.1.2 如何从股市寻找公募基金的影子

既然公募基金是股市中最大的主力，那么投资者在股市里如何才能寻找到公募基金的身影呢？

这其实很简单，因为很多公募基金都偏重于那些蓝筹股，因为持仓比例的限制，有时在一只股票里会一直存在很多公募基金，其只动用少量比例的资金做波段，比如我们打开同顺炒股软件，点击F10，进入到"个股资料"，然后再点击"主力持仓"，此时就会出现图9-5中的情况：

图9-5 云南白药-个股资料-主力持仓

在图9-5中，比如其中的"嘉实中证医药卫生交易型开放式指数证券投资基金"就属于公募基金。不仅如此，我们还能够看到这些公募基金的持仓情况，以及增持与减持的情况，一目了然。

第九章
鸟瞰机构的动向

再有，很多时候，公募基金也会做一些波段型的操作，会以快进快出的形式出现在个股的十大流通股东中，比如同是云南白药这只股票，我们打开其十大流通股排名，就会发现，如图9-6中所示：

机构或基金名称	持有数量(万股)	占流通股比例(%)	增减情况(万股)	股份类型	历史持股
云南白药控股有限公司	43242.66	41.52	不变	流通A股	点击查看
云南红塔集团有限公司	12833.71	12.32	不变	流通A股	点击查看
中国平安人寿保险股份有限公司-自有资金	9750.00	9.36	不变	流通A股	点击查看
中国人寿保险股份有限公司-传统-普通保险产品-005L-CT001深	1875.77	1.80	↓ -62.43	流通A股	点击查看
南方东英资产管理有限公司-南方富时中国A50ETF	869.47	0.83	↑ 230.58	流通A股	点击查看
中国人寿保险股份有限公司-分红-个人分红-005L-FH002深	675.70	0.65	↑ 21.65	流通A股	点击查看
BILL & MELINDA GATES FOUNDATION TRUST	660.01	0.63	不变	流通A股	点击查看
交通银行-博时新兴成长股票型证券投资基金	532.91	0.51	新进	流通A股	点击查看
中国农业银行-景顺长城内需增长贰号股票型证券投资基金	510.01	0.49	↓ -374.06	流通A股	点击查看
博时价值增长证券投资基金	486.09	0.47	新进	流通A股	点击查看

图9-6 云南白药–股东研究–十大流通股东

从云南白药2014年第三季度的前十大流通股东中，就可以看到"中国农业银行–景顺长城内需增长贰号股票型证券投资基金"，其当时的持股量达到了510.01万股。

然而，由于公募基金的持仓比例不得低于60%，因此，公募基金虽然是股市中最大的主力，反而在很多时候难以大幅度地拉升股价，并且也很难全身而退，甚至在熊市来临时也会被套其中，所以投资者在投资股票时，最好不要选择那些公募基金扎堆的股票。

比如在2005年1月至5月，很多股票都在牛市中出现了至少翻一倍的行情，可是那些公募基金持股的股票，却一直表现"较差"，涨幅也相对落后，如云南白药，在2015年1月至5月间，其股价仅仅上涨了不到

30%，如图9-7中所示：

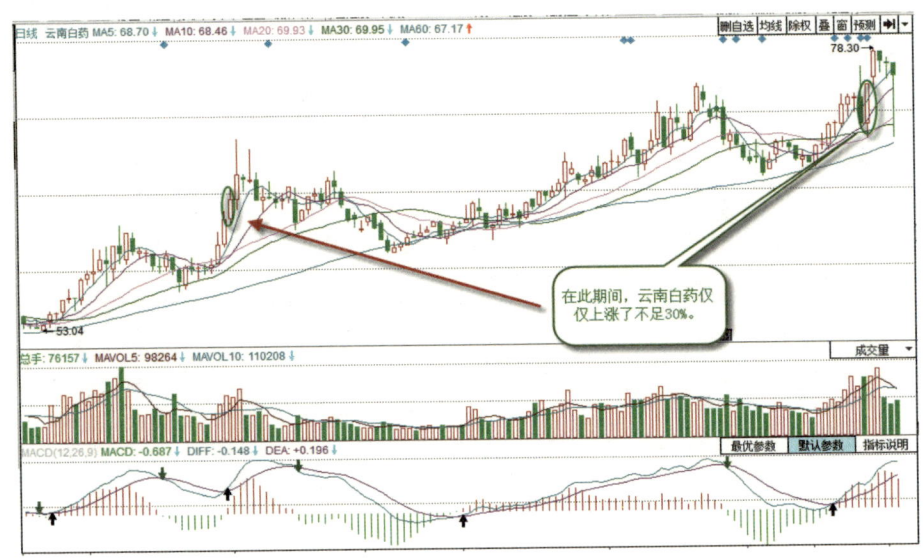

图9-7 云南白药日线图

9.2 私募基金

  这里笔者所说的是阳光私募基金，它是借助信托公司发行的，经过监管机构备案，资金实现第三方银行托管，有定期业绩报告的投资于股票市场的基金，它与一般的所谓"灰色的"私募证券基金的区别主要在于规范化、透明化，由于借助信托公司平台发行能保证私募认购者的资金安全。与阳光私募基金对应的有公募基金。

  信托私募证券基金一般存在两种形式：结构式和开放式。阳光私募基金一般仅指以开放式发行的私募基金。所谓开放式，即基金认购者需要承担所有投资风险及享受大部分的投资收益，私募基金公司不承诺收益。私募基金管理公司的盈利模式一般是收取总资金 2% 左右的管理费和投资盈利部分的 20% 作为佣金收入，这种收费模式即是俗称"2-20"收费模式（2% 管理费 +20% 盈利部分提成）。这种"2-20"收费模式是私募基金国际流行的收费模型，著名的美国索罗斯基金、老虎基金、香港惠理基金等都采用这种收费模型。

私募基金中有不少基金经理都是从公募基金中跳出来的，据报道，至 2015 年 5 月，已经有 80 多位公募基金经理跑到了私募基金，譬如吕俊、蔡明等。

投资者想要查看私募基金的信息，可以关注好买私募基金网。

好买私募基金网站地址：http://www.howbuy.com/

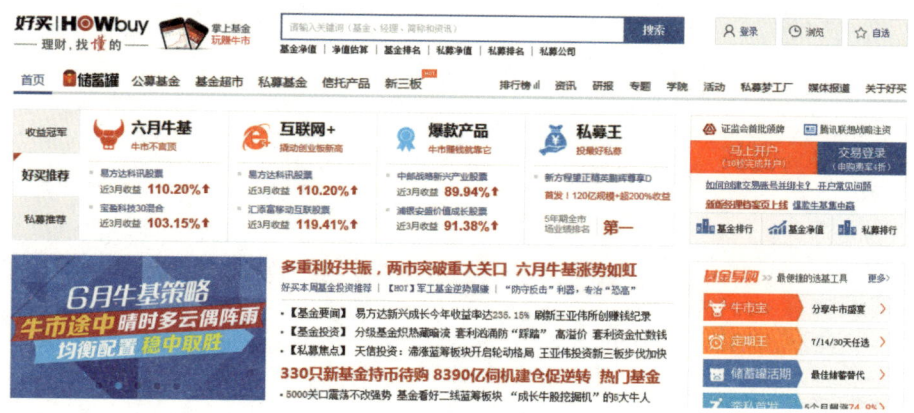

图 9-8 好买私募基金网站首页

好买私募基金的员工有三分之一来自于基金管理公司，平均基金从业年限超过 5 年。其中管理团队平均基金从业年限超过 10 年，分别来自各著名基金管理公司，并均为原公司高管或中层管理人员，均在基金行业其所从事的专业领域中名声卓著。好买基金网的最大优点就是对于阳光私募基金有排行榜，并且可以对其进行排序，另外，该网站的一对多也是不错的信息平台。具体操作或查询，可以根据自己的需求，比如我们点击私募基金后，就会进入其页面，再点击"私募排名"，就会看到当前的排名情况，如图9-9所示：

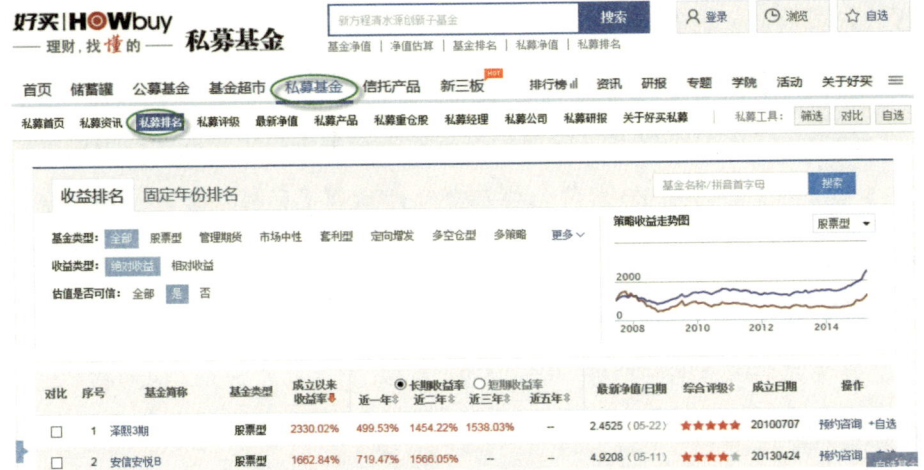

图9-9 好买私募基金网站－私募排名

9.3 券商自营和券商集合理财

9.3.1 券商自营

所谓券商自营就是每家券商自己的投资部门，这个投资部门专门用来买卖股票，目前，中信、国泰、海通、东方等都是著名的自营盘席位。

如图9-12所示，从鹏博士（600084）资料中的前十大流通股东名单就可以看出，在2015年第一季度中，招商证券股份有限公司就是通过自身的投资部门来买卖股票，从而成为鹏博士2015年第一季度的十大流通股东之一的，其一共持有了2407.52万股鹏博士，并且在第一季度中增持

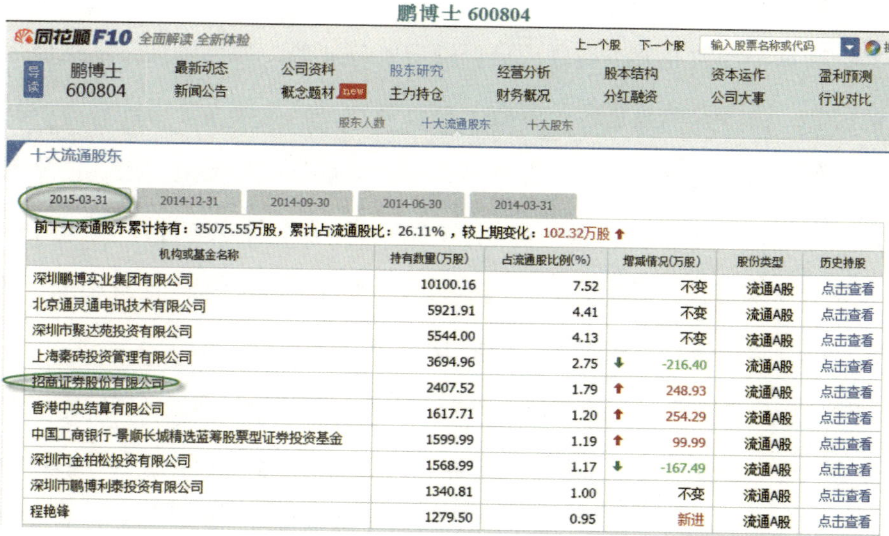

鹏博士 600804

同花顺F10 全面解读 全新体验

十大流通股东

2015-03-31 | 2014-12-31 | 2014-09-30 | 2014-06-30 | 2014-03-31

前十大流通股东累计持有：35075.55万股，累计占流通股比：26.11%，较上期变化：102.32万股

机构或基金名称	持有数量(万股)	占流通股比例(%)	增减情况(万股)	股份类型	历史持股
深圳鹏博实业集团有限公司	10100.16	7.52	不变	流通A股	点击查看
北京通灵通电讯技术有限公司	5921.91	4.41	不变	流通A股	点击查看
深圳市聚达苑投资有限公司	5544.00	4.13	不变	流通A股	点击查看
上海秦砖投资管理有限公司	3694.96	2.75	-216.40	流通A股	点击查看
招商证券股份有限公司	2407.52	1.79	248.93	流通A股	点击查看
香港中央结算有限公司	1617.71	1.20	254.29	流通A股	点击查看
中国工商银行-景顺长城精选蓝筹股票型证券投资基金	1599.99	1.19	99.99	流通A股	点击查看
深圳市金柏松投资有限公司	1568.99	1.17	-167.49	流通A股	点击查看
深圳市鹏博利泰投资有限公司	1340.81	1.00	不变	流通A股	点击查看
程艳锋	1279.50	0.95	新进	流通A股	点击查看

图 9-12 鹏博士 2015 年 3 月 31 日十大流通股东

了鹏博士 248.93 万股。这一行为，也直接导致了鹏博士在 2015 年第一季度的上涨行情，如图 9-13 所示：

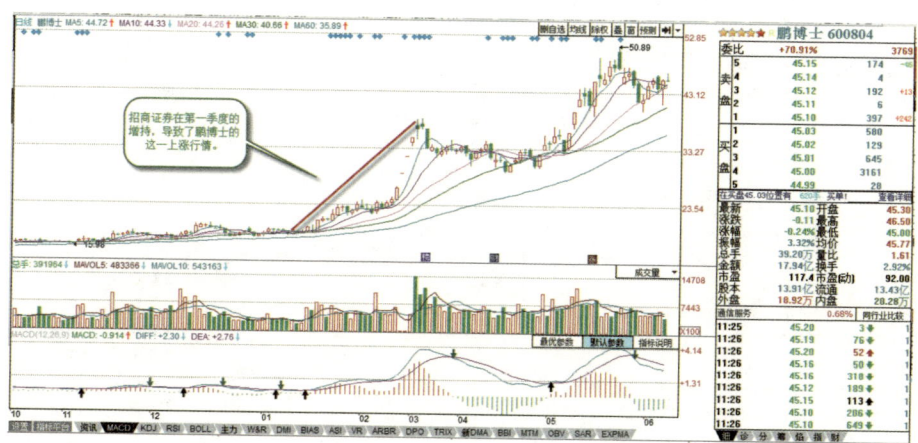

图 9-13 鹏博士日线图

9.3.2 券商集合理财

券商集合理财业务也被称为集合资产管理业务。顾名思义，是集合客户的资产，由专业的投资者（券商）进行管理。它是证券公司针对高端客户开发的理财服务创新产品，在产品运作上与证券投资基金相近，主要差异体现在两点：其一是不能够通过电视、广播、报刊等媒体进行广告宣传，建立它的私募属性；其二是介入门槛较高，限定性资产管理起点不低于5万元，非限定性资产管理起点不低于10万元。

注：限定性集合资产管理计划资产应当主要用于投资国债、国家重点建设债券、债券型证券投资基金、在证券交易所上市的企业债券、其他信用度高且流动性强的固定收益类金融产品；投资于业绩优良、成长性高、流动性强的股票等权益类证券以及股票型证券投资基金的资产，不得超过该计划资产净值的百分之二十，并应当遵循分散投资风险的原则。非限定性集合资产管理计划的投资范围由集合资产管理合同约定，不受前款规定限制。

由于保密措施，券商集合理财是不能对外公布其仓位的，我们只能通

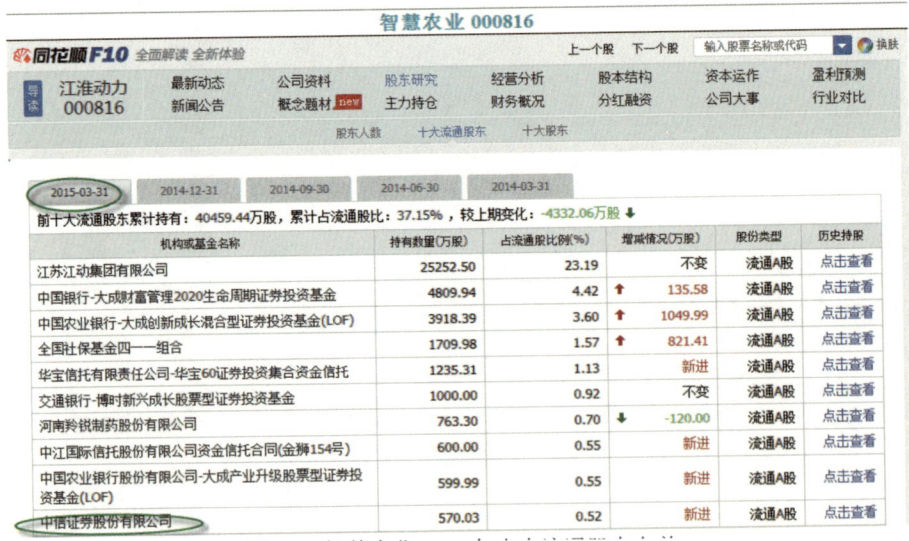

图 9-14 智慧农业 2015 年十大流通股东名单

过上市公司报表中的十大流通股东中来寻找这些主力的身影。比如智慧农业（000816），如图9-14所示。

正是由于中信证券这支券商集合理财在2015年的大举加入，使得智慧农业在第一季度出现了30%左右的上涨，如图9-15所示：

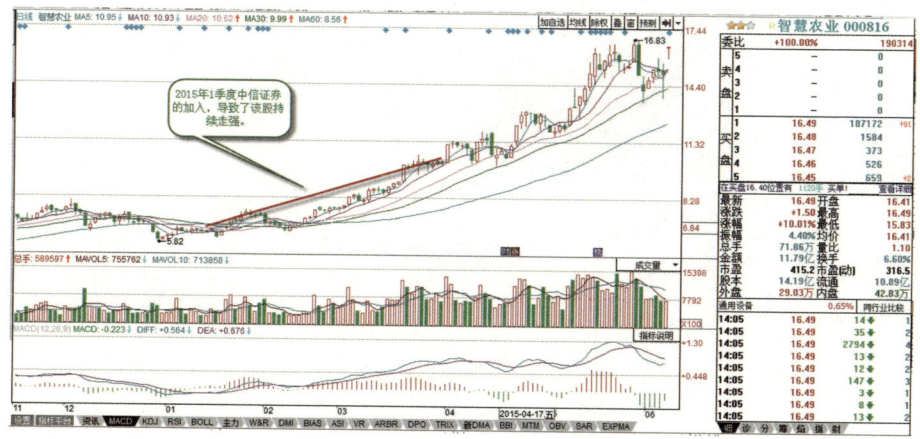

图9-15 智慧农业日线图

9.4 社保基金及保险公司

9.4.1 社保基金

社保基金是指全国社会保障基金理事会负责管理的由国有股转持划入资金及股权资产、中央财政拨入资金、经国务院批准以其他方式筹集的资金及其投资收益形成的由中央政府集中的社会保障基金，俗称养命钱。

在股市里，作为主力军，社保基金也是不容忽视的，因为它在很多股票中都有着自己的影子，对推动股票价格的上涨起到了一定的积极作用，同时也会对股票的下跌起到推波助澜的效果。

社保基金的唯一官方网站：http://www.ssf.gov.cn/

图 9-16 社保基金官方网站首页

从社保基金的官方网站上，可以查到很多政策导向，以及相关的报告，有时间的话，投资者可以经常上去看一看。

由于社保基金是养命钱，其投资的标的一般都是质地比较好的上市公

图 9-17 三全食品 2015 年第一季度十大流通股东名单

司，不仅稳妥，并且还很容易就骑上了黑马，投资者可以根据一只股票中社保基金的身影来选择投资标的。比如在 2015 年第一季度，在三全食品的十大流通股东中，忽然出现了社保基金，如图 9-17 所示。

从图 9-17 的十大流通股东中可以看出，社保基金进去的时候，这只股票的前三大股东都没有变化，并且其中个人股东陈泽民还增持了 150 万股，所以当时社保基金才选择了这只股票。我们再看一下当时三全食品的 K 线图，如图 9-18：

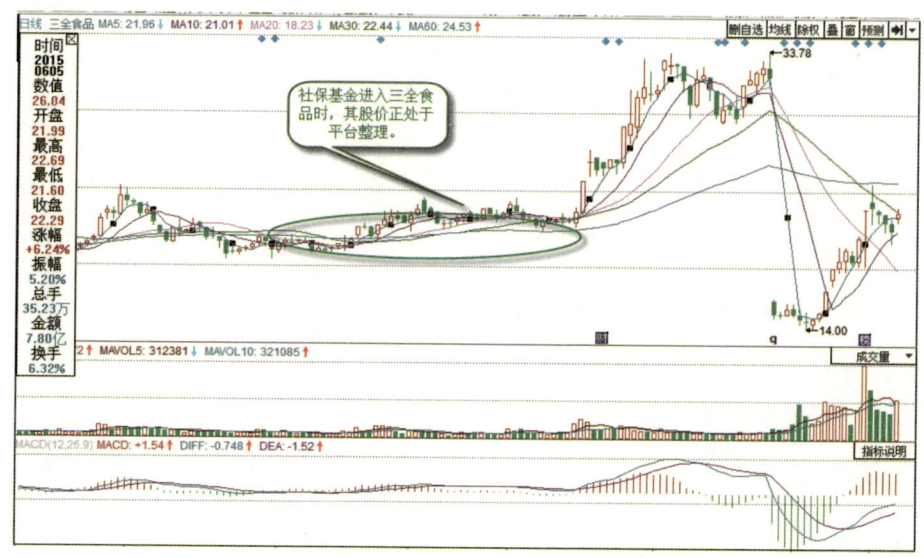

图 9-18 三全食品日线图

从图 9-18 中可以看出，在 2015 年 1—3 月的时候，这只股票正在 19—23 元之间的平台上震荡整理，而社保基金进去的 3 月份，三全食品便展开了上涨的行情，在短时间内便快速上涨到了 33 元左右，可见，社保基金进驻这支股票的尾声有点急了，引发股票上涨，并且在随后震荡整理之后，三全食品实施了 10 送 10 的高送转，股价再次略有走低后便再次展开了升势，很快便再次上涨到了 23 元左右。我们先抛开它是否能够短期填权,如果我们在发现社保进驻时买入这只股票,那么此时的收益也是很可观的。

所以说,对于那些保守型的投资者来说,还是选择社保基金介入的股为好,因为但凡社保进驻的股票,都会上涨,只要我们随时留意个股的十大流通股东中社保基金的身影,一旦发现社保基金不见了,还是赶紧撤离的好。或是持股涨到了一定幅度后,见好就收。这样,才不会因主力的离去而遭受下跌带来的损失。

9.4.2 保险公司

保险公司也是机构投资者的生力军。一般情况下,这些主力出现的股票都是业绩比较稳定,有高成长性及稳定性。这些主力的身影都可以在上市公司的十大流通股中寻找到。

保险资金是指保险公司通过提供人寿、财产、疾病等保障向被保险人所收得的保险费。保险资金投资对象主要包括五个类别:一是流动性管理资产,包括货币型基金等;二是固定收益类资产,包括存款、债券、债券型基金、资产证券化产品、优先股等;三是权益类资产,包括股票、股票型基金、可转换债券、直接股权投资等;四是不动产投资,基础设施投资等;五是包括衍生工具在内的其他投资。当然,保险资金也是来无影去无踪,我们只能从个股的十大流通股东中发现他们的身影。

比如,在 2014 年第四季度洽洽食品(002557)的前十大流通股东中,突然出现了保险公司的身影——泰康人寿保险股份有限公司,持股量超过了 200 万股,如图 9-19 所示:

洽洽食品 002557

十大流通股东

2015-03-31 | 2014-12-31 | 2014-09-30 | 2014-06-30 | 2014-03-31

前十大流通股东累计持有：25437.16万股，累计占流通股比：75.27%，较上期变化：-588.56万股

机构或基金名称	持有数量(万股)	占流通股比例(%)	增减情况(万股)	股份类型	历史持股
合肥华泰集团股份有限公司	16533.77	48.92	不变	流通A股	点击查看
万和投资有限公司	4056.00	12.00	不变	流通A股	点击查看
新疆华元股权投资合伙企业(有限合伙)	1320.00	3.91	不变	流通A股	点击查看
中国消费品投资公司	1262.50	3.74	-384.00	流通A股	点击查看
海通证券股份有限公司约定购回专用账户	1215.00	3.59	不变	流通A股	点击查看
高瓴资本管理有限公司-HCM中国基金	246.69	0.73	不变	流通A股	点击查看
胡杰望	218.96	0.65	-15.78	流通A股	点击查看
泰康人寿保险股份有限公司-分红-个人分红-019L-FH002深	209.72	0.62	新进	流通A股	点击查看
嘉华成美(天津)股权投资基金合伙企业(有限合伙)	205.00	0.61	不变	流通A股	点击查看
五道口创新(天津)股权投资基金合伙企业(有限合伙)	169.52	0.50	新进	流通A股	点击查看

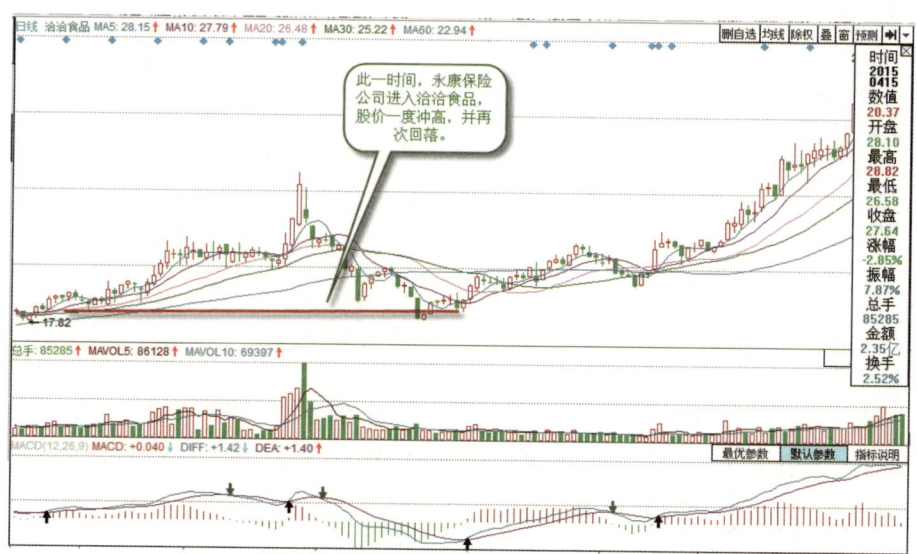

图 9-19 洽洽食品 2014 年第四季度十大流通股东名单

此时，我们再来看一看洽洽食品的 K 线图，如图 9-20 所示：

图 9-20 洽洽食品日线图

从K线图上,更为清晰地看到,保险公司的进驻,曾一度引起洽洽食品股价的上涨,但很快回落下去。那么,在2014年数据公布的时候,就应当逢低买入洽洽食品了,而此时的价格只有19元左右。

接下来,在洽洽食品公布了其2015年第一季度的十大流通股东后,我们可以看出,很明显,泰康人寿保险不仅没有从其中撤离,反而增持了51.56万股,如图9-21所示:

图9-21 洽洽食品2015年第一季度十大流通股东名单

那么,此时我们再来看一看洽洽食品的K线图,就会发现,如图9-22所示:

由于泰康人寿的增持,使得洽洽食品的股价爬出低谷后,开始了一路的小幅上涨,股价很快从18.02元的新低上涨到了25元多。在2015年4月,当洽洽食品的十大流通股东名单公布的时候,共股价已经上涨到了28元多。作为投资者而言,此时就应当全仓买入了。而其后,洽洽食品再次出现上涨,

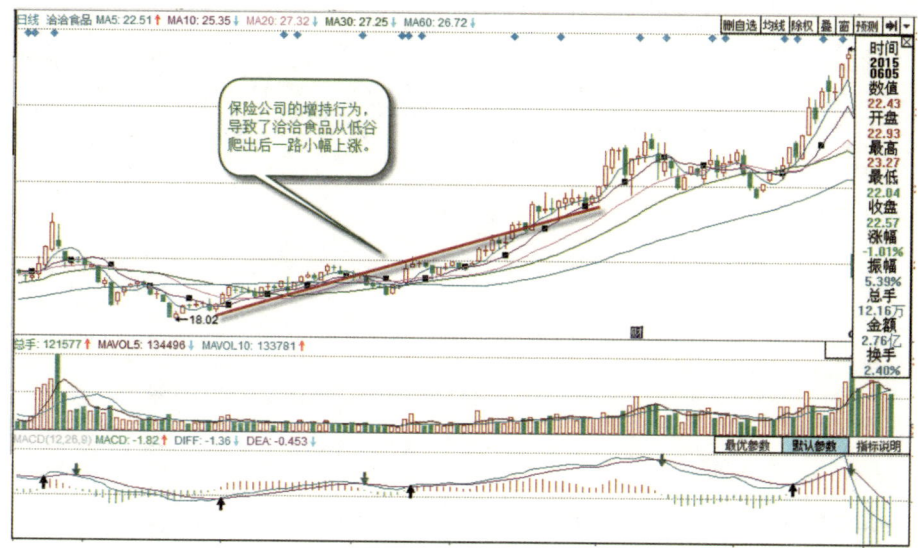

图 9-22 洽洽食品日线图

股价至 2015 年 5 月底时已经高达 35 元多，如果投资者从发现保险公司进入洽洽食品时买入的话，此时收益已经达到了 90% 多，接近了翻番。如果是在发现保险公司增持的 4 月初买入的话，持有一个多月后，收益也达到了 40%。

当然，与社保基金不同的是，保险资金介入的个股不一定就会有良好的表现，比如同是洽洽食品，在泰康人寿保险公司介入之前，还有一家保险公司也曾介入过，如图 9-23。

从图 9-23 来看，当时中国人寿在 2014 年第三季度进入了洽洽食品的十大流通股东之列，持股量达到了 180.49 万股，也不小，但是从洽洽食品在这一时间及其后的中国人寿退出的时间来看，这次中国人寿只不过是来洽洽食品打了个酱油串了个门而已，根本没吃到肉，这从图 9-24 当时洽洽食品的股价表现中就可以看到：

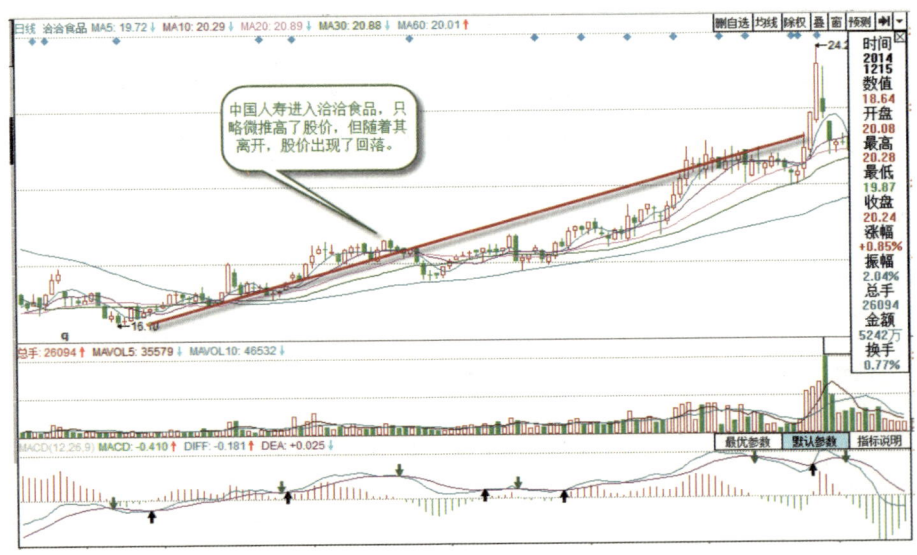

图 9-23 洽洽食品 2014 年第三季度十大流通股东名单

图 9-24 洽洽食品日线图

由此可见，只有出现在十大流通股东中的保险公司不断增持，并且其他持股更大的流通股东持股不变的情况下，股票的价格才会出现上升。所以说，不是所有的主力都有能力让一只股票"平步青云"的。

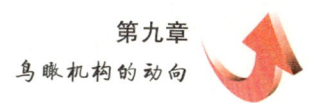

9.5 游资大户

　　游资大户也就是热钱。是指为追逐高额利润而在各金融市场之间流动的短期资金，他们具有投机性强，流动性快，倾向性明显的特征。这些游资大户分别藏身于各大营业部，在交易所的每日活跃股的公开信息中都能见到他们的身影，这些营业部都是哪些呢？笔者罗列了以下十大最著名的营业部，仅供参考。

国信证券深圳泰然九路营业部
　　该营业部是国信证券所有营业部中交易量最大的，有市场人士将它称为超级游资。

国信证券上海北京东路
　　该营业部被市场人士称为上海地区证券营业部的"四大天王"之首。

华泰证券江阴虹桥北路
　　该营业部在市场中较为低调，不受人瞩目，但在全国的十强营业部中综合指标排名第七。

招商益田路免税商务大厦营业部
　　这也是一家不太引人瞩目的营业部，但是它的实力却相当惊人。

东吴证券杭州文晖路
　　该营业部的名称原为东吴证券杭州湖墅南路，后因为媒体报道过多，

迁至文晖路。

招商证券广州天河北路营业部

该营业部荣获第一届"广东省优秀营业部称号",客户数、托管资产、交易量等指标在广州券商营业部中历年都名列前茅。

国泰君安上海江苏路营业部

该营业部为老牌劲旅,营业部的前身是"老君安"的常德路营业部,多年来成交量一直排名前几位,坊间传闻该营业部的总资产超过400亿元,被称为"制造亿万富豪的基地"。

银河证券宁波解放南路营业部

熟悉私募的业内人士透露,银河证券宁波解放南路是"敢死队"的发源地,一个又一个涨停板背后都有着它的身影。

国信证券深圳红岭中路营业部

该营业部也为老牌劲旅,虽然从近年的市场操作来看,其影响力已经逐渐降低,但顶着"深圳最老的营业部"的头衔,依然在市场有着相当广的人气,市场上盛传的红岭私募也只是利用该营业部的人气来包装自己。实际操作者可能并不是营业部。

东方证券上海肇家浜路证券营业部

这个原先是上海宝庆路营业部,该营业部素有短炒专家的称号,而且有消息显示该营业部的触角不仅仅是股票,还热衷于炒作权证。

除了以上提到的十家营业部外,还有QFII云集中金公司淮海中路营业部、申银万国新昌路营业部及瑞银证券,有以券商自营为主的中信证券营业部、广发证券营业部、海通证券及东方证券营业部,有老牌劲旅光大证券上海张杨路,靠着低佣金的策略来吸引客户,更有以打新资金出名的中信建投证券北京三里河路营业部。综观全局，私募游资席位处于群雄割据状态，新一代活跃游资在不断出现，而老一代游资正在退潮。正所谓"铁打的营盘流水的兵"。

最后需要补充的是，2009年以来，成都有三家营业部值得关注，他们分别是金元证券成都二环路、国泰君安成都北一环路、联合证券成都浣花北路。另外，广发证券辽阳民主路营业部和银河证券厦门美湖路营业部都是新的藏龙卧虎之地。

9.6 QFII

9.6.1 QFII

QFII 是 Qualified Foreign Institutional Investors《合格的境外机构投资者》的简称，QFII 机制是指外国专业投资机构到境内投资的资格认定制度。QFII 的举动不能代表全部外资投行的行为，因为有部分的境外投资者是通过 QFII 进入中国股市的，他们的买卖只代表个人，不能代表机构行为，作为投资者，权当一个参考。

图 9-25 是来自同花顺官网的消息，并且很多财经网站上都零星有一些关于 QFII 的资料，投资者如果感兴趣的话，可以关注一下上面的相关信息，因为国家也在不断放开对 QFII 准入的限制，而 QFII 毕竟也是股市中的一个主力机构。只是其数量目前并不大，据同花顺报道，2015 年 2 月，QFII 在国内新开立了 20 个 A 股账户，沪深两市各 10 个，为 QFII 连续第 38 个月新开立的 A 股账户。

代码	名称	持股占流通股本比例(%)	今年以来涨幅(%)	行业
600009	上海机场	13.72	28.59	交通运输
002563	森马服饰	6.76	30.20	纺织服装
300131	英唐智控	5.27	-7.90	电子
601908	京运通	4.77	35.64	电气设备
000550	江铃汽车	3.82	30.73	汽车
600183	生益科技	3.51	7.64	电子
002014	永新股份	3.41	30.49	轻工制造
300298	三诺生物	2.84	57.18	医药生物
600660	福耀玻璃	2.42	29.57	汽车
600315	上海家化	2.18	22.49	化工

表3 目前QFII重仓前10名个股

图9-25 截至2015年2月底 上市公司QFII持有股票的数量（来源：同花顺官方网站）

9.6.2 从哪里寻找QFII的踪迹

QFII可以说是来自海外的一支"劲旅"，作为投资者而言，也应当引起注意，因为只要是QFII进入的股票，都会有不错的行情。

作为普通投资者而言，要想探明QFII的持仓状况很难，在一些财经网站也有一些零星的资料，但都不够全面，不过，投资者可以经常观察个股的十大流通股东名单，就会发现，在这些流通股东中，经常会出现一个或两个英文字母的流通大股东，这其实就是QFII。而投资者一旦发现，就要引起关注了，因为这些QFII的持仓量往往都很大。

比如，在福耀玻璃（600660）的"个股资料"中的"十大流通股东"里，在2015年第一季度的报表中，突然出现了这样一位大的流通股东，如图9-25所示。

在图9-25中，这个流通股东名为"HKSCC NOMINEES LIMITED"，事实上就是我们常说的QFII，其位居十大流通股东之首，持股量达到了

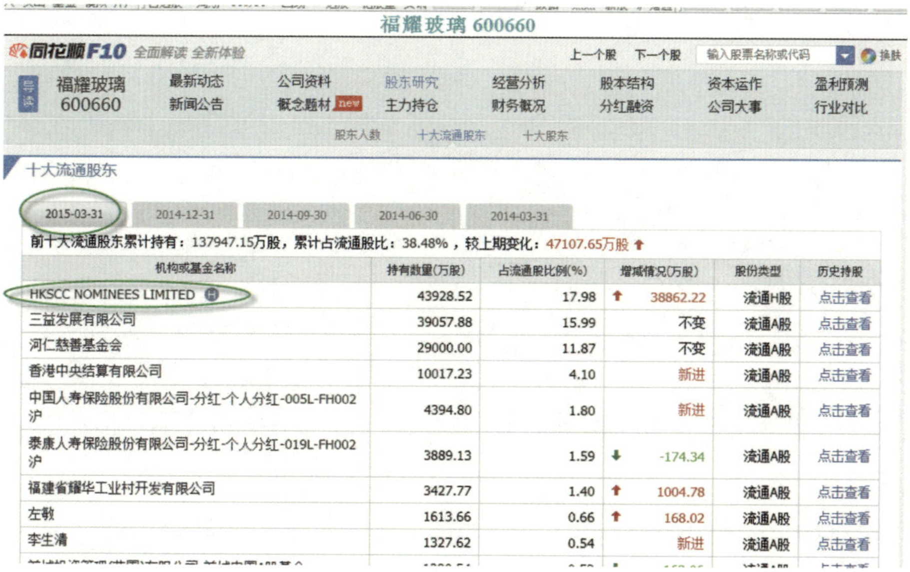

机构或基金名称	持有数量(万股)	占流通股比例(%)	增减情况(万股)	股份类型	历史持股
HKSCC NOMINEES LIMITED	43928.52	17.98	38862.22	流通H股	点击查看
三益发展有限公司	39057.88	15.99	不变	流通A股	点击查看
河仁慈善基金会	29000.00	11.87	不变	流通A股	点击查看
香港中央结算有限公司	10017.23	4.10	新进	流通A股	点击查看
中国人寿保险股份有限公司-分红-个人分红-005L-FH002沪	4394.80	1.80	新进	流通A股	点击查看
泰康人寿保险股份有限公司-分红-个人分红-019L-FH002沪	3889.13	1.59	-174.34	流通A股	点击查看
福建省耀华工业村开发有限公司	3427.77	1.40	1004.78	流通A股	点击查看
左敦	1613.66	0.66	168.02	流通A股	点击查看
李生清	1327.62	0.54	新进	流通A股	点击查看

图 9-25 福耀玻璃 2015 年第一季度十大流通股东名单

43928.52 万股，远远高出其他几位大流通股东，并且在 2015 年第一季度增持了 38862.22 万股，这是什么意思呢？说明早在 2014 年的时候，QFII 就已经进驻到福耀玻璃中了，只不过当时其持股量并不大，所以才没能位列于福耀玻璃的十大股东之中。

此时，我们再来看一下福耀玻璃的 K 线图，就会发现，如图 9-26 所示：

由于 QFII 的介入，使得福耀玻璃的股价出现了震荡向上，但作为主力而言，不可能以如此的涨停收手，后市肯定会有拉升，只是这种震荡上行的方式有点边拉边对敲降低成本的意思，因此，投资者可以以少量的资金，逢低价买入。

由于 QFII 对于大陆投资者来说比较陌生，尤其是其占据着流通股东的首位，对国外机构的操盘手法，我们还不熟悉，因此，一旦发现 QFII 从十

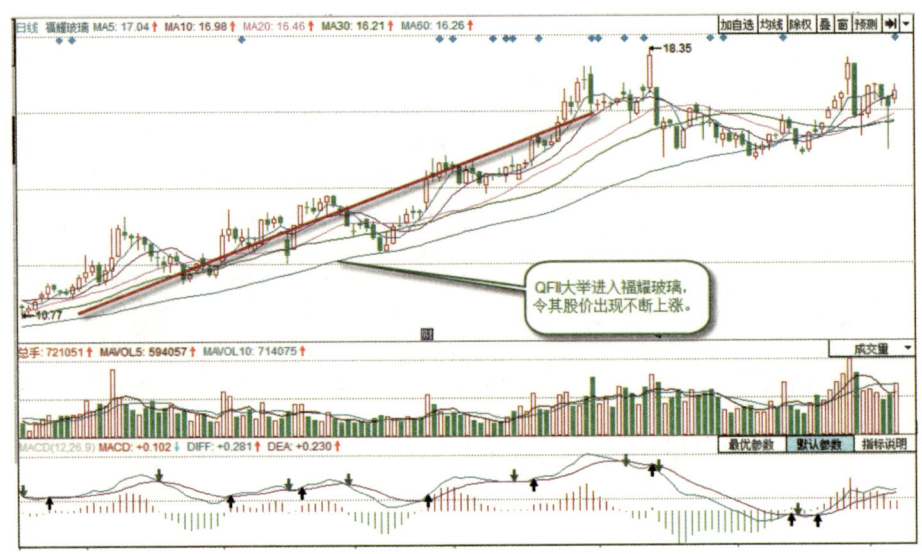

图 9-26 福耀玻璃日线图

大流通股东中消失,或是股价在上升过程中出现了下跌,就要及时卖出股票,以免遭受损失。

9.7 如何根据机构动向选择牛股

9.7.1 根据机构持仓比例的变化选股

我们都知道,股价在市场上发生变化,很多时候是由于机构在做怪,比如机构在增仓的时候,必然使得股价出现一定程度的上涨,而机构在出货的时候,又会引发股价的下跌,所以说,投资者在选股的时候,只要盯紧机构的动向就可以了。

当然，机构不会让投资者掌握自己的动向，可是尽管机构做得很隐蔽，但是有一点却是机构们无法回避的事实，手中如果持有的某只股票的筹码不够多，那么就很难实现拉升股价，因为对倒作价是需要足够的筹码的。而这一点，只需要投资者时时关注着一只股票的十大流通股东中，那些持股比例较大的机构流通股东的持仓变化就可以明白其动向了。

比如，如果投资者是在 2015 年 4 月初时选股，此时不妨看一下昆仑万维（300418）的情况，如图 9–27 中所示：

昆仑万维 300418 | 最新动态 新闻公告 | 公司资料 概念题材 new | 股东研究 主力持仓 | 经营分析 财务概况 | 股本结构 分红融资 | 资本运作 公司大事 | 盈利预测 行业对比

股东人数 十大流通股东 十大股东

2015-03-31

前十大流通股东累计持有：1001.9万股，累计占流通股比：14.31%，较上期变化：1001.90万股 ↑

机构或基金名称	持有数量(万股)	占流通股比例(%)	增减情况(万股)	股份类型	历史持股
中国工商银行-广发聚丰股票型证券投资基金	247.99	3.54	新进	流通A股	点击查看
中国农业银行-中邮核心成长股票型证券投资基金	221.84	3.17	新进	流通A股	点击查看
上海浦东发展银行-广发小盘成长股票型证券投资基金	150.09	2.14	新进	流通A股	点击查看
中国工商银行-广发稳健增长证券投资基金	90.00	1.29	新进	流通A股	点击查看
深圳市易同投资有限公司-易同精选证券投资基金	80.00	1.14	新进	流通A股	点击查看
中国农业银行-中邮核心优选股票型证券投资基金	50.00	0.71	新进	流通A股	点击查看
北京千石创富-广发证券-千石资本-国圣1号资产管理计划	47.00	0.67	新进	流通A股	点击查看
华夏成长证券投资基金	41.15	0.59	新进	流通A股	点击查看
中国建设银行股份有限公司-广发内需增长灵活配置混合型证券投资基金	37.00	0.53	新进	流通A股	点击查看
中国农业银行股份有限公司-中邮核心优势灵活配置混合	36.83	0.53	新进	流通A股	点击查看

图 9–27 昆仑万维 – 十大流通股东

从图 9–27 中可以看到，在昆仑万维的前十大流通股东中，在 2015 年第一季度中，全部是新进的机构，这意味着什么呢，意味着昆仑万维经过了上市后的一轮上涨后，尽管股价在横盘震荡期间，那些巨大的获利筹码实现了抛售获利，仍有很多机构是看好这只股票的，所以在此期间又有许多机构涌入了这只股票，也就是说，这只股票很快便会再次出现上涨，那么，我们再来看一看这只股票的主力持仓就会发现，如图 9–28 中所示：

其主力共有 12 家，均是新进的机构，持有 1006.25 万股昆仑万维，持

图 9-28 昆仑万维 – 个股资料

股比例达到了 14.37%，而昆仑万维的流通股此时只有 0.7 亿，因此，投资者可以选择在此时买入昆仑万维，实现与庄共舞。

那么，此时我们再来看一看昆仑万维的 K 线图，如 9-29 中所示：

图 9-29 昆仑万维日线图

从图 9-29 中可以看到，在 2015 年 4 月初的时候，昆仑万维的股价只有 80—90 元，可是此时买入并持有到 5 月初后，股价最高已达 160 元，上涨了 90%—100%。可以说短期内涨幅巨大。

因此，只要投资者能够及时掌握了一支股票的主力动向，完全可以看住大牛股。

9.7.2 选择机构常驻的白马股

许多时候，投资者都喜欢去抓住那些黑马股，但事实上，黑马股往往由于其隐蔽性较高，捕捉相当困难，可是白马股则不同了，因为白马几乎是众人皆知的，并且许多白马股机构都是以常驻的形式出现的，因此，投资者只要通过公开的信息，查找到一只有机构常驻的白马股，然后按照机构的持仓变化，实现买入或是卖出即可。

比如，新华医疗（600587）就是这样一只股票，在此，我们不妨看一下其在 2014 年时的机构持仓情况，如图 9-30 中所示：

机构或基金名称	持有数量(万股)	持股市值(亿元)	占流通股比例(%)	增减情况(万股)
淄博矿业集团有限公司	10133.31	31.75	28.23	不变
全国社保基金112组合	1488.64	4.66	4.15	↑ 588.64
新华人寿保险股份有限公司	1056.23	3.31	2.94	新进
国泰金牛创新成长股票型证券投资基金	849.76	2.66	2.37	↓ -0.24
国泰马稳健回报证券投资基金	624.60	1.96	1.74	↑ 165.54
淄博市财政局	575.14	1.80	1.60	不变
国泰金鑫股票型证券投资基金	531.57	1.67	1.48	↓ -188.43
融通医疗保健行业股票型证券投资基金	454.00	1.42	1.26	↑ 74.00
国泰国证医药卫生行业指数分级证券投资基金	448.21	1.40	1.25	新进
中国人寿保险股份有限公司	427.93	1.34	1.19	↓ -74.25
汇添富医药保健股票型证券投资基金	336.91	1.06	0.94	新进
兴全全球视野股票型证券投资基金	265.64	0.83	0.74	新进
华夏优势增长股票型证券投资基金	180.00	0.56	0.50	↓ -311.87
宝盈资源优选股票型证券投资基金	155.37	0.49	0.43	不变
工银瑞信核心价值股票型证券投资基金	129.99	0.41	0.36	新进

图 9-30 新华医疗 – 个股资料

从图 9-30 中可以看到，在 2014 年第四季度中，第一大机构一直是持股不变的，而第二大持股机构全国社保基金 112 组合更是新增了 588.64 万股，虽然其他机构此时出现了分歧，出现了大笔卖出，但是进驻的主要大机构却在增持，尤其是图 9-30 中的前两位机构一直持有着新华医疗这只股票，并且有不少机构进来了。

因此，投资者可以在此时买入新华医疗，此时的股价只有 32 元左右。而到了 4 月初，股价已经上涨到了 48 元左右，可是再来看一看机构的情况，如图 9-31：

新华医疗 600587	最新动态 新闻公告	公司资料 概念题材 new	股东研究 主力持仓	经营分析 财务概况	股本结构 分红融资	资本运作 公司大事	盈利预测 行业对比
			机构持股汇总	机构持仓明细			
淄博矿业集团有限公司			10133.31	45.65	28.23		不变
全国社保基金112组合			1488.64	6.71	4.15		不变
新华人寿保险股份有限公司			1056.23	4.76	2.94		不变
国泰金马稳健回报证券投资基金			583.13	2.63	1.62	↓	-41.47
淄博市财政局			575.14	2.59	1.60		不变
中国人寿保险股份有限公司			473.91	2.13	1.32	↑	45.98
国信证券股份有限公司客户信用交易担保证券账户			422.15	1.90	1.18		新进
国泰国证医药卫生行业指数分级证券投资基金			353.20	1.59	0.98	↓	-95.01
招商证券股份有限公司客户信用交易担保证券账户			347.28	1.56	0.97		新进
景顺长城资源垄断股票型证券投资基金			323.79	1.46	0.90		新进
兴全绿色投资股票型证券投资基金(LOF)			313.98	1.41	0.87		新进
融通医疗保健行业股票型证券投资基金			280.00	1.26	0.78	↓	-174.00
国泰金鑫股票型证券投资基金			171.30	0.77	0.48	↓	-360.27
融通动力先锋股票型证券投资基金			170.00	0.77	0.47		新进

图 9-31 新华医疗 – 个股资料

那么，我们再来看一看机构在仓位上的具体变化：

此时可以明了地看出，在 2014 年的后三个季度中，主力一直是以增仓为主的，可是到了 2015 年的第一季度时，主力却变为了减仓的情况，并且减持比例较大，但是从图 9-31 中却发现，前两大持股机构的持仓并未发生变化，因此，此时的投资者可以采取随着股价的上涨而逐级减仓锁

第九章
鸟瞰机构的动向

主力进出\报告期	2015-03-31	2014-12-31	2014-09-30	2014-06-30	2014-03-31
机构数量(家)	21	100	32	162	74
累计持有数量(万股)	17048.72	19055.87	18239.27	13997.92	11212.87
累计市值(亿元)	76.79	59.67	68.24	104.28	102.21
持仓比例(%)	47.49%	53.06%	52.39%	80.47%	64.45%
较上期变化(万股)	-2007.31	816.60	4241.35	2785.05	-2573.43

图 9-32 新华医疗 - 个股资料

定利润落袋为安的策略，如图 9-33 中所示，因为 2015 年第二季度的数据出来要到 7 月了。

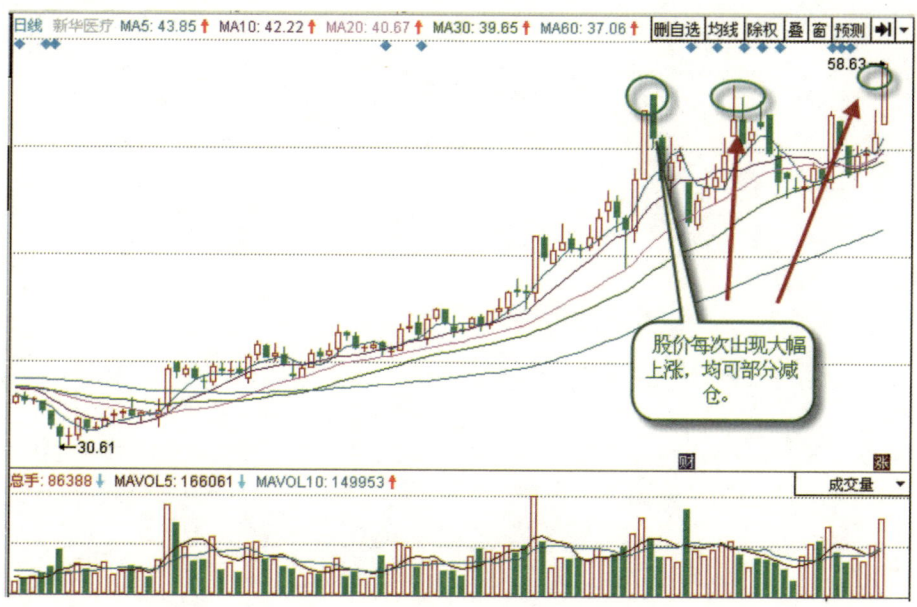

图 9-33 新华医疗日线图

对于新华医疗或是云南白药等这类白马股，投资者可以根据其常驻机构的仓位变化反复进行波段操作，发现机构在增仓时买入，发现机构大量减持时就卖出，只要不要过贪，学会锁定利润，就可以轻松实现与庄共舞。

第十章

从期货信息解读股市

期货与股市往往是一种唇齿相依的关系，因为期货价格的变动，直接影响着那些相关的上市公司，比如大豆等商品期货对相关农业股的影响，比如金、银等贵金属期货对中国黄金、山东黄金等股的影响，比如股指期货对大盘的影响，因此才有了期指的大跌使得大盘出现跳水的现象，才有了商品期货的上涨带来的相关农业股的大涨，所以，投资者在投资股市的同时，一定要时刻关注着期货的变动，从而才能做到更好地去解读股市里的涨跌。

10.1 期货信息哪里看

10.1.1 期货日报

《期货日报》是以国内外商品和金融期货市场为核心，辐射现货市场，对与投资者关系密切的财经政策和市场动向进行权威、系统、深入的报道。其发展目标是成为一份客观、全面、准确，集前瞻性、实用性、理论性于一体的全国财经类主流媒体，覆盖以个人投资者、企业投资者、机构投资者为代表的财富阶层和以国内经济学者、财经类高校师生为代表的知识阶层。《期货日报》每周五期，目前在北京、上海、深圳、大连、郑州、成都、长沙、太原等市场核心城市同版印刷，发行面覆盖全国省会城市、区域中心城市和部分地县级市场。

期货日报网官方网站：http://www.qhrb.com.cn/

期货日报网上有许多相关的来自政策面的信息，以及期货信息，尤其是大宗商品的价格趋势，都值得一读。

图 10-1 期货日报网官方网站首页

10.1.2 和讯期货

作为专业的财经网站，和讯随着自身的崛起，其期货栏目也引起了很多期货投资者的关注，和讯期货除了传统的期货焦点透视、期货研究报告等老牌栏目外，借鉴国内外期货类网站先进的设计理念，开设内盘播报、

图 10-2 和讯期货官方网站

外盘速递、行情报价、数据中心、培训课堂等栏目。同时结合国内市场自身特点推出机构专家专栏、名家沙龙、期货大家谈等特色栏目。笔者认为，这是个不错的网站。

和讯期货网站：http://futures.hexun.com/

事实上很多财经网站里都有相关的期货信息，但相对来说，和讯期货最大的优势在于其栏目上的多样性，但作为股市投资者而言，只要能够了解到相关期货的信息就可以了，选择哪个财经网站都可以，可以视自己的浏览习惯而定。

10.1.3 炒股软件里的期货行情

投资者如果想要了解期货的实时行情，炒股软件里就可以查到，很方便。在这里笔者以同花顺炒股软件为例，其实很简单，只要点击上面栏目中的"期货"二字，即可进入到相关的页面。如图10-3所示：

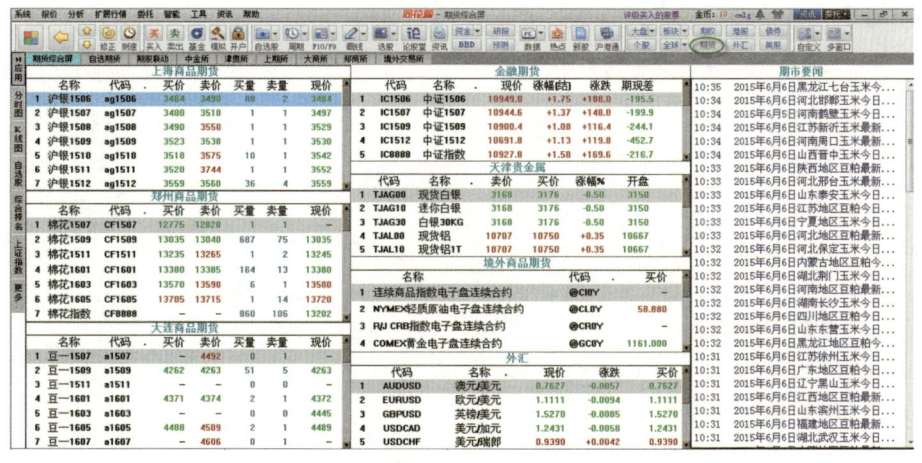

图10-3 同花顺"期货"行情

上面有上海商品期货、郑州商品期货、大连商品期货等实时行情，比如我们点击郑州商品期货里面的"棉花指数"就会出现其分时图，如图10-4所示：

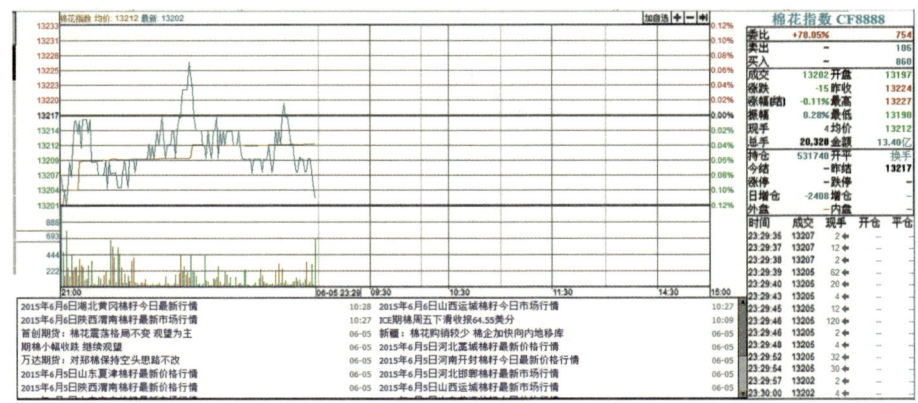

图10-4 郑州商品期货棉花指数2015年6月5日分时图

再双击，就会出现其趋势图，事实上和查看个股的行情是一样的，操作起来十分便捷，如图10-5：

图10-5 郑州商品期货棉花指数趋势图

第十章
从期货信息解读股市

10.2 如何从股指期货看股市趋势

10.2.1 如何查看股指期货合约

股指期货的全称是股票价格指数期货，也称为股价指数期货、期指，是指以股价指数为标的物的标准化期货合约，双方约定在未来的某个特定日期，可以按照事先确定的股价指数的大小，进行标的指数的买卖，到期后通过现金结算差价来进行交割。作为期货交易的一种类型，股指期货交易与普通商品期货交易具有基本相同的特征和流程。

很多股民对期货较为陌生，而要了解期市对股市的影响，最主要的还是看股指期货，由于股指期货是事先制定的合约，因此也就有了交割日，也就是最后履行合约的日子，一般是合约月份的第三个周五，遇国家法定假日顺延。也就是说，当约定的最后履约时间到了，买卖双方必须平仓（解除合约）或交割（现金结算）。

股指期货合约包括沪深300指数合约、中证100指数合约、上证50指数和深证100指数合约。那么，如何查看呢？投资者只需打开炒股软件，在期货页面"金融期货"一栏中就可以点击查看。比如，我们选择了中证1506，或是像查询股票一样直接输入其代码IC1506之后，就可以查看了，如图10-6。

从图10-6中可以清晰地看到，在2015年6月5日中证1506IC1506全天的走势，收盘和开始相差无几，但盘中出现了震荡，并且幅度很大。

而中证1506IC1506又是什么意思呢？此时，我们只要打开和讯网的行

图 10-6 中证 1506IC1506 2015 年 6 月 5 日分时图

情中心之期货行情，便可以明白这份期货合约的具体时间和相关情况，如图 10–7。

基本资料

交易品种	中证500指数	交易代码	IC
起始日期	2015-04-16	终止日期	2015-06-19
交易单位	每点200元	报价单位	
最低交易保证金	8%	交易手续费	0.25%%
上市交易所	中国金融期货交易所	交割日期	合约到期月份的第三个周五
品种概况			
性能用途			
相关品种	中证500指数，沪深300指数，上证50指数		
影响因素			

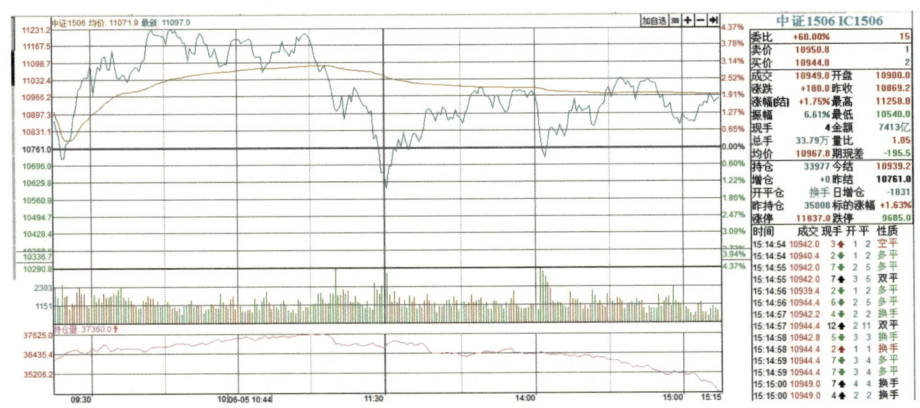

图 10–7 和讯网 – 行情中心 – 期货行情

与此同时，在这里，还可以看到关于中证 1506IC1506 的具体持仓情况，如图 10–8 所示：

如果投资者还想查询具体的情况，可点击页面所示即可进入，如“持

第十章 从期货信息解读股市

仓结构"等。另外，也可以去一些财经网站去查看一些股指期货的相关信息，比如和讯网或是新浪财经，如图10-9所示：

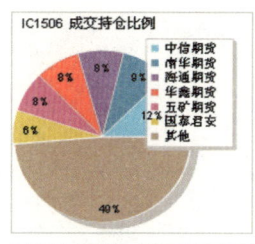

图 10-8 和讯网 – 行情中心 – 期货行情

图 10-9 新浪财经 – 股指期货

10.2.2 如何从股指期货看股市涨跌

在通常情况下，股指期货与沪深 300 指数是按照同一价位来波动的，这也就是股指期货与股市指数之间的一种联动效应。这一点，只要看看它们的分时图就会明白的，如图 10-10 与图 10-11 所示：

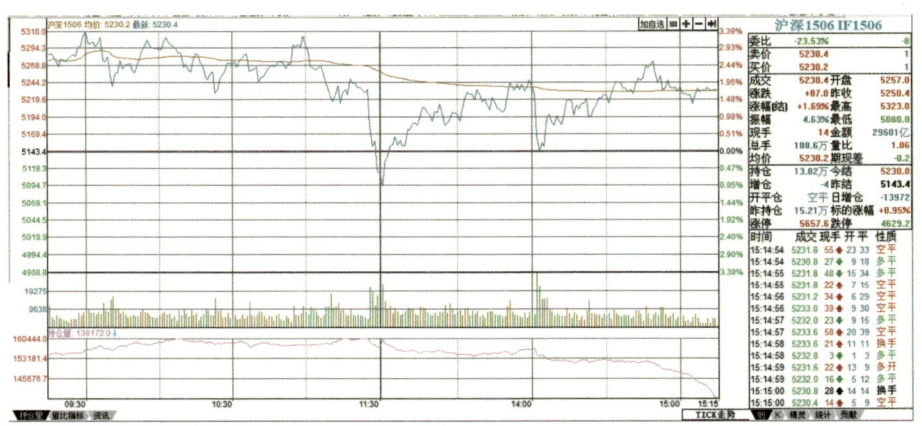

图 10-10 沪深 1506 IF1506 2015 年 6 月 5 日分时图

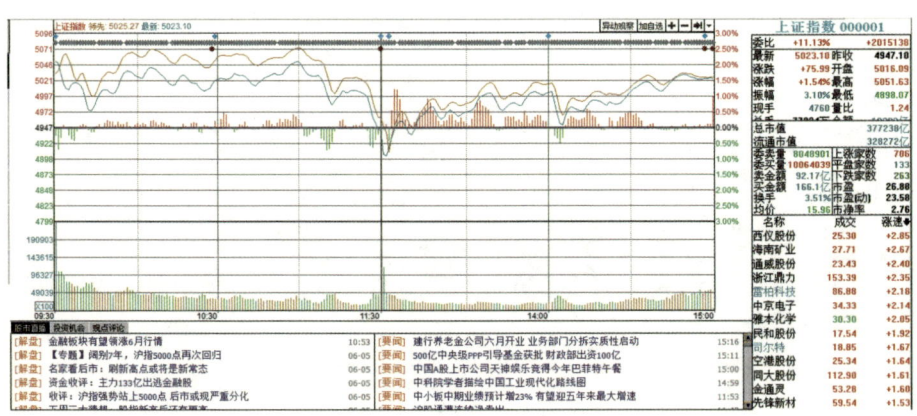

图 10-11 上证指数 2015 年 6 月 5 日分时图

从图 10-9 与图 10-10 中可以看出来，期指与上证指数在同一天里的走势图基本相似，尤其是盘中出现的波动。

如果在这种波动中，股指期货的价格高于沪深300指数的，这就叫升水波动，也就是说，期货的价格高于现货的价格，这说明股指期货看多未来的股市，股市的行情就会上涨；反过来，如果股指期货的价格低于了沪深300指数，这说明股指期货看空未来的股市，那么股市的行情就会下跌。

然而这仅仅是限于股指期货与大盘指数上的同步，并不能说明盘中个股也一定会随着股指期货的升水波动而上涨，随着股指期货的贴水波动而下跌。但是，投资者却可以根据股指期货的变化来判断股市大盘的走势，直接会影响到具体的操作。

比如，如果股指期货在交割日看空，那么就说明未来的股市会出现下跌，此时投资者应当卖出手中的股票；而如果股指期货在交割日看多，则说明未来股市会出现上涨行情，此时投资者就应当积极买入股票。

10.3 如何从商品期货的行情寻找金股

10.3.1 如何查看商品期货信息

商品期货指的是标的物为实物商品的期货合约。比如棉花、大豆、橡胶等，其种类比较多，主要包括金属产品、农副产品、能源产品等几大类。是关于买卖双方在未来某个约定的日期以签约时约定的价格买卖某一数量的实物商品的标准化协议。商品期货交易，是在期货交易所内买卖特定商品的标准化合同的交易方式。

如果是选择商品期货交易，可以选择查看上海商品期货、郑州商品期货或是大连商品期货。除此之外，还有天津贵金属，其主要产品为白银、铝、铜、铂金等。这些都是国内的商品期货，其次还有境外商品期货。

要想查阅这些期货的行情，可以直接登陆炒股软件，在上面点击"期货"即可进入该页面，如图10-12：

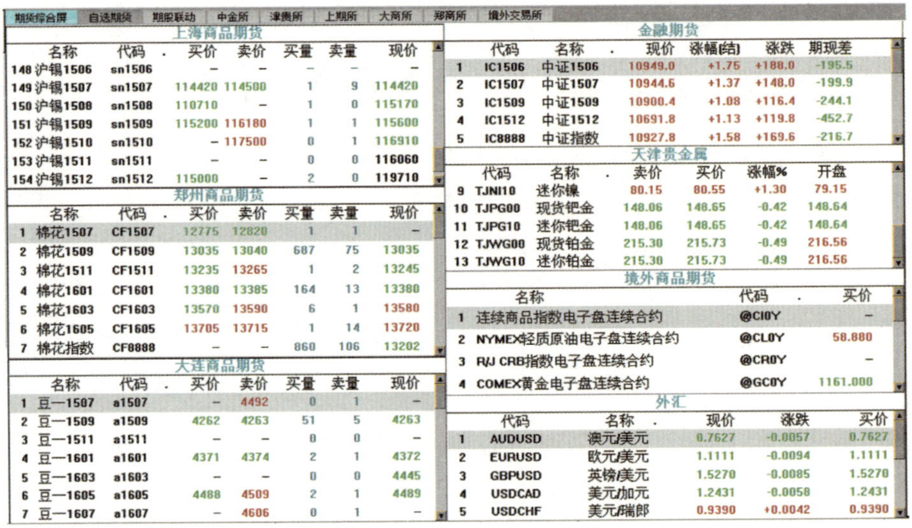

图10-12 同花顺 – 期货

如果需要查询具体的商品期货，可以直接点击相关板块中的期货名称即可，或者直接点击图10-11中最上方的相关期货交易所也可以，比如，我们点击"津贵所"（天津贵金属的简称）之后，就会出现，如图10-13所示：

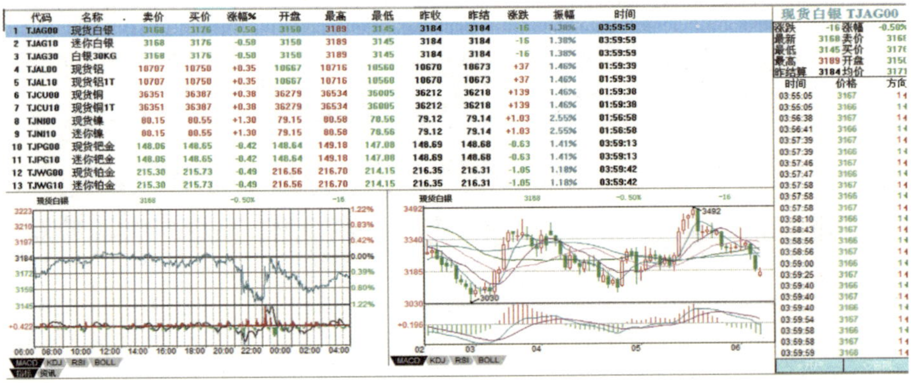

图10-13 同花顺期货 – 津贵所

第十章
从期货信息解读股市

此时，我们只要点击图 10-12 中上方的商品期货就可以进行查询了，这和股票的查询是一样的。但是，如果我们想要查询更多的资料，仅仅看商品期货的行情是远远不够的，还必须经常看一些财经网站上关于商品期货的相关信息，如图 10-14：

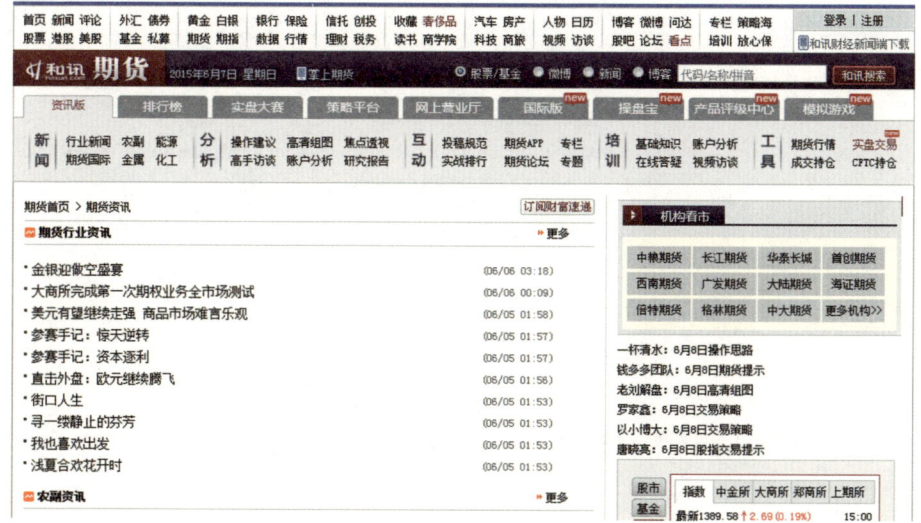

图 10-14 和讯网 – 期货

笔者认为，和讯期货里面的信息较多，而除了相关的信息，上面还有很多期货操盘高手的经验之谈，以及对未来行情的判断。而在这方面，新浪财经 – 商品期货上同样值得投资者关注，其中有各个机构对相关商品期货的观点与认识，如图 10-15 所示。

比如图 10-15 中"机构评论"，对各个商品期货，机构都有独到的见解，值得投资者关注。

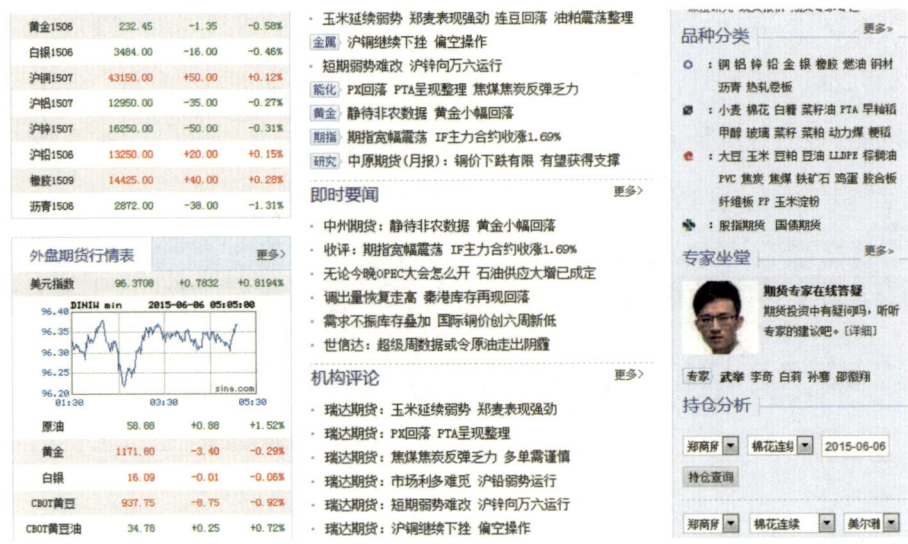

图 10-15 新浪财经 – 商品期货

10.3.2 如何从商品期货的变化中寻找牛股

我们都知道，股指期货是与股指有着一种联动效应的，事实上商品期货同样与股市大盘中的个股有着一种联动效应，比如津贵所的现货白银收高，那么就说明现货白银在期货中被看多，未来的现货白银肯定会看涨，但是作为贵金属，是与国际上的价格挂钩的，不能单纯地只看国内的贵金属行情，尤其是金银，受国际因素影响较大。

然而在通常情况之下，投资者还是可以根据商品期货的行情去寻找投资标的。在这方面，同花顺炒股软件给投资者提供了很大的便利，在同花顺行情中，点击进入"期货"的首页，就会在上方看到"期指联动"，点击进入后，如图 10-16 所示：

我们只需要点击左上方的相关商品的期指，就可以看其走势了，比如我们单击"豆一指数"，此时就会出现，如图 10-17：

第十章
从期货信息解读股市

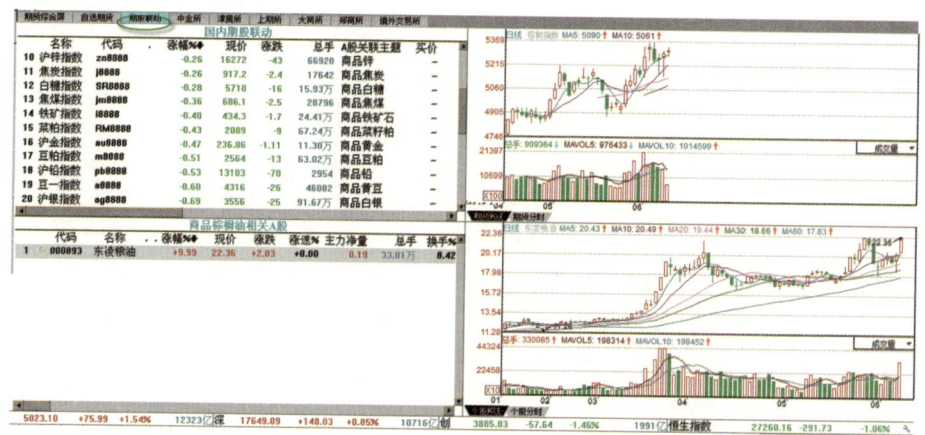

图 10-16 同花顺－期货－期指联动

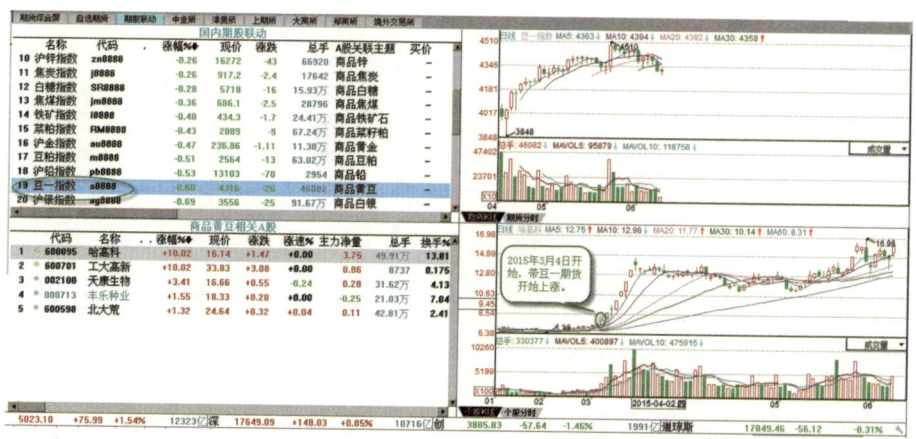

图 10-17 同花顺－期货－豆一指数

从图 10-17 中可以看出，豆一期货开始放量上涨，说明期货对未来大豆这一商品看涨，期货投资者做多热情明显高涨，而此时在图 10-17 左下方的板块中列出了哈高科、天康生物、古乐种业、北大荒四只股票，这是什么意思呢？

这四只股票都是与商品黄豆相关的上市公司，省去了我们再去查找个股。那么，此时我们再双击其中的哈高科（600095）就会出现其 K 线图，这时就会发现，如图 10-18：

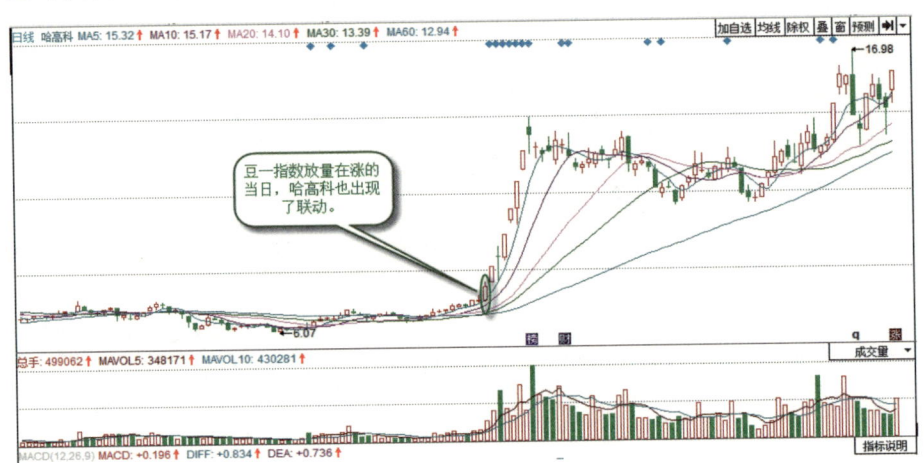

图 10-18 哈高科日线图

在 2015 年 3 月 4 日豆一期货出现放量上涨的同时，相关商品黄豆的上市公司哈高科也出现了同样的放量上涨。此时时商品黄豆的期货在做多，那么，作为股市投资者而言，就要买入与商品黄豆相关的股票了，比如哈高科。而短期内，豆一期货迅速上涨，哈高科也紧随其步伐，出现了接连的上涨，于 2015 年 3 月 17 日以 13.15 的涨停价收盘，与启动当天的最高价 7.99 元相比，7 个交易日上涨幅度超过了 50%。

因此，作为股市投资者来说，应当及时关注商品期货的信息与行情，一旦发现期指做多的意愿比较深厚了，就要及时买入相关商品的股票；相反，一旦发现相关商品的期货开始下跌出现跳水，就要及时卖出手中的股票了。

第十一章

俯瞰全球股市信息

作为新兴发展中的市场，A股的兴衰固然与国家经济的强弱有着很大关系，但是随着全球经济一体化的逐渐加深，投资者却不能忽视那些来自国际市场的消息，尤其是以美元为主导世界货币流通的美股，更是很大程度上影响着A股的走向，比如美元的大跌给以出口型为主的上市公司带来压力，比如国际原油的大跌所带给国内航空业的机会……还有，全球股市的联动效应……A股市场作为全球股市的一分子，更是无法做到独善其身，因此，我们在盯紧国内经济发展的趋势的同时，还要时时把脉全球股市的动向。

第十一章
俯瞰全球股市信息

11.1 全球股市信息哪里看

11.1.1 和讯股票 – 全球行情

在众多财经网站中，和讯无疑也是很突出的，其网站上的栏目更是让人耳目一新，并且有财经专业人士的很多解读文章，值得一读。因此，投资者如果想要查询全球股市信息，和讯网也是一个很不错的财经网站。

和讯 – 股票 – 全球行情网址：http://stock.hexun.com/2014/globalmarkets/

投资者在打开和讯网首页之后，点击"股票"栏目里面的"全球行情"，就可到如图 11-1 所示的页面进行查询了。

在和讯股票 – 全球行情里，可以看到全球股市的最新动态，以及国际大宗商品及外汇的相关信息和动态，同时还有与国内行情的对比，还是比较全面的。其中，其"全球股市停牌日志"更是其一大特色，从中，投资者可以看到全球股市的停牌信息，如图 11-2 所示。

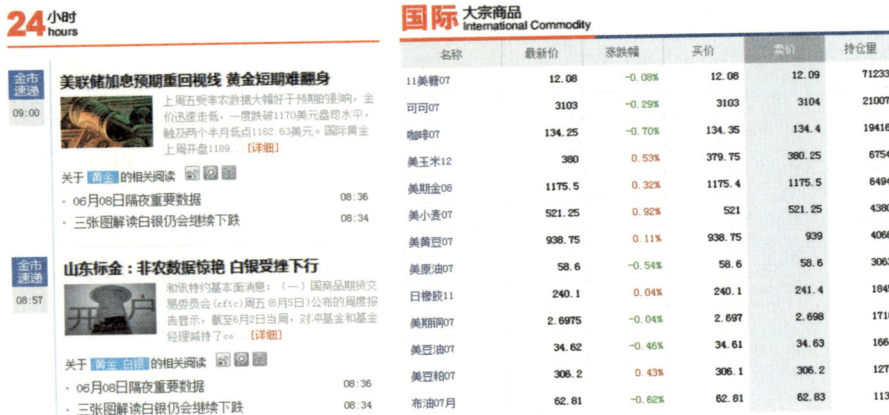

图 11-1 和讯网 – 股票 – 全球行情

日期	国家	证券交易所名称	节日
2015年06月08日	澳大利亚	澳大利亚证券交易所	澳大利亚-女王诞辰日
2015年06月08日	澳大利亚	悉尼证券交易所	澳大利亚-女王诞辰日
2015年06月08日	哥伦比亚	哥伦比亚证券交易所	哥伦比亚-基督圣体圣血节
2015年06月08日	委内瑞拉	加拉加斯证券交易所	委内瑞拉-基督圣体圣血节
2015年06月08日	委内瑞拉	委瑞内拉加拉加斯证券交易所	委内瑞拉-基督圣体圣血节
2015年06月09日	乌干达	乌干达证券交易所	乌干达-HeroesDay
2015年06月12日	俄罗斯	俄罗斯证券交易所	俄罗斯-俄罗斯日
2015年06月12日	俄罗斯	莫斯科证券交易所	俄罗斯-俄罗斯日
2015年06月12日	菲律宾	菲律宾证券交易所	菲律宾-独立日
2015年06月22日	中国	上海证券交易所	端午节
2015年06月22日	中国	深圳证券交易所	端午节
2015年06月22日	中国	深圳證券交易所	端午节
2015年08月05日	捷克	布拉格证券交易所	捷克-LiberationfromFascism

图 11-2 和讯网 – 股票 – 全球行情 – 全球股市停牌日志

同时,在和讯股票-全球行情里,其"中国概念股"也是一个不错的板块,投资者可以从中了解到那些国外上市公司,哪些股票是具有中国概念的,投资者在投资相关国内的股票时,可以参考这些相关概念股在国外市场上的表现,如图 11-3 所示:

中国概念股 Chinese concept stocks

名称	最新价	涨跌幅	52周最高价	52周最低价	成交量
胜达包装	5.41	25.23%	5.41	4.55	17476
英利新能源	1.30	22.64%	1.45	1.08	14182696
酷6传媒	1.31	16.96%	1.32	1.12	540304
中国信息技术	3.59	15.81%	4.25	3.01	1931239
奇虎360	62.84	14.25%	63.22	54.60	9930797
Bellicum制药	28.88	12.55%	28.92	25.53	578333
晶澳太阳能	9.07	12.25%	9.36	9.01	6207609
Boot Barn Holdings Inc	28.77	11.17%	29.00	25.91	881684
欢聚时代	71.49	9.33%	72.48	65.47	4546934
中电光伏	1.78	7.23%	1.79	1.66	77661
世纪佳缘	7.82	7.12%	8.00	6.94	455591
新浪	56.08	7.00%	56.99	52.51	5137064
昱辉阳光	1.39	6.92%	1.45	1.30	1213321
九洲大药房	3.40	6.58%	3.49	3.17	145144
奥星制药	1.25	5.93%	1.26	1.14	136059

图 11-3 和讯网 – 股票 – 全球行情 – 中国概念股

11.1.2 新浪财经

新浪财经创建于 1999 年 8 月,经过 10 余年的发展壮大,如今已经成为全球华人的首选财经门户。新浪财经在财经类网站中占有超过三分之一的市场份额，始终保持绝对领先优势，市场占有率为第二名的三倍。

如果投资者想查询全球股市信息的话，在进入新浪财经首页之后，如图 11-4 所示，只需点击左面的“全球股市”即可进入其页面，在这里，全球股市的行情一览无余，如图 11-5 所示。

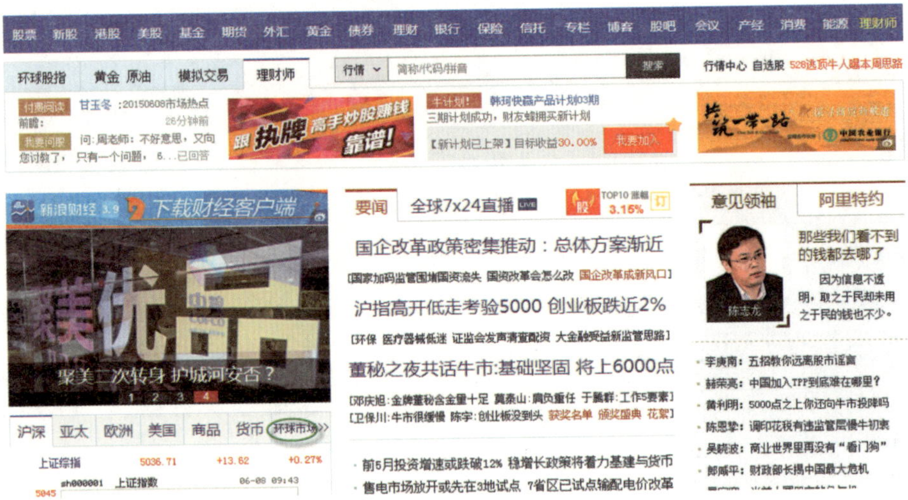

图 11-4 新浪财经首页

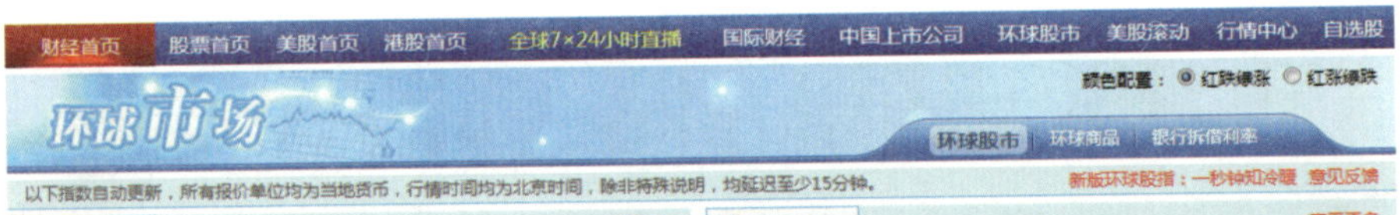

欧洲股市 查看更多

指数名称	最新价	涨跌额	涨跌幅	行情时间
英国富时100指数	6928.27	-25.31	-0.36%	23:35:29
德国DAX 30种股价指数	11328.80	-107.25	-0.94%	0:30:17
俄罗斯MICEX指数	1643.41	+26.47	+1.64%	23:50:11
法CAC40指数	5004.46	-20.84	-0.41%	0:05:01
瑞士股票指数	9204.38	-63.06	-0.68%	23:31:05
富时意大利MIB指数	23576.16	+140.49	+0.60%	23:30:59
西班牙马德里综合指数	1142.35	+3.78	+0.33%	23:38:02
OMX斯德哥尔摩30指数	1638.65	-10.94	-0.66%	23:35:00
丹麦OMXPHI指数	8658.54	+15.99	+0.18%	23:35:13
挪威OSEAX指数	699.49	+6.32	+0.91%	22:48:54
爱尔兰总指数	6170.29	-104.31	-1.66%	3:00:16
荷兰AEX综合指数	486.50	-5.75	-1.17%	0:05:01
西班牙IBEX指数	11271.40	+33.30	+0.30%	23:38:01
欧洲Stoxx50指数	3561.89	-13.15	-0.37%	5:03:04
冰岛15指数	1107.39	+12.52	+1.14%	23:35:14

亚洲股市 查看更多

指数名称	最新价	涨跌额	涨跌幅	行情时间
中国上证指数	5034.720	+11.62	+0.23%	10:13
中国香港恒生指数	27600.10	+133.38	+0.49%	9:36
中国台湾加权指数	9619.63	+5.37	+0.06%	9:19:15
日经225指数	20448.07	-95.12	-0.46%	9:14:15
富时新加坡海峡时报指数	3348.18	+7.43	+0.22%	9:19:38
韩国成份指数	2085.00	+6.36	+0.31%	9:34:50
富时马来西亚KLCI综合指数	1745.73	+4.36	+0.25%	9:19:30
泰国SET指数	1476.87	-19.18	-1.28%	18:08:00
印度尼西亚雅加达综合指数	5213.82	-2.56	-0.05%	17:10:54
菲律宾PSE综合股价指数	7525.04	-26.92	-0.36%	9:35:00
巴基斯坦 Karachi 100指数	33895.34	+331.96	+0.99%	20:07:30
印度孟买SENSEX指数	27188.38	-660.61	-2.37%	20:30:02
越南胡志明股票指数	570.31	-4.67	-0.81%	16:01:49
斯里兰卡股票指数	7195.19	-25.10	-0.35%	17:28:03
沙特阿拉伯综合指数	9716.71	+23.13	+0.24%	21:00:00

图 11-5 新浪财经 – 全球股市

图 11-5 仅仅是全球股市的实时行情，投资者如果想要查看全球股市信息，需返回页面进行查看相关的信息。

11.2 美股

11.2.1 美股如何看？

由于美元属于世界上流通最大最广泛的货币，因此，美股的行情变化往往也影响着各国股市的行情，中国的 A 股市场也不例外。所以，股市的投资者在关注全球股市动态的同时，应当偏重于关注美股的相关信息。

在这方面，很多财经网站都可以查询，新浪财经里的信息还是比较全面的，既可以查询相关信息，同时还能够查询相关美国股市中个股的信息，如图 11-6 所示。

图 11-6 新浪财经 – 美股

在这方面,和讯财经中关于美股的信息量显然不如新浪财经,而更多的是关于美股的波动与其他国际市场上的相关信息,但是这对于投资者的具体投资是有帮助的,如图11-7所示:

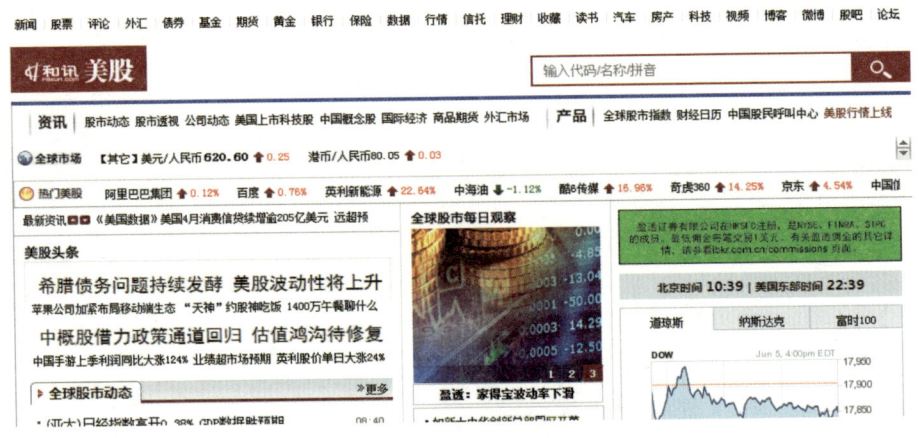

图 11-7 和讯股票 – 美股

同时,在和讯股票 – 美股里,同样可以查询美国股市个股的情况,可以直接输入其股票代码,或是直接点击热门美股,比如我们点击"阿里巴巴集团",就会出现个股界面,这一点和查看A股市场的个股一样,如图11-8所示:

第十一章
俯瞰全球股市信息

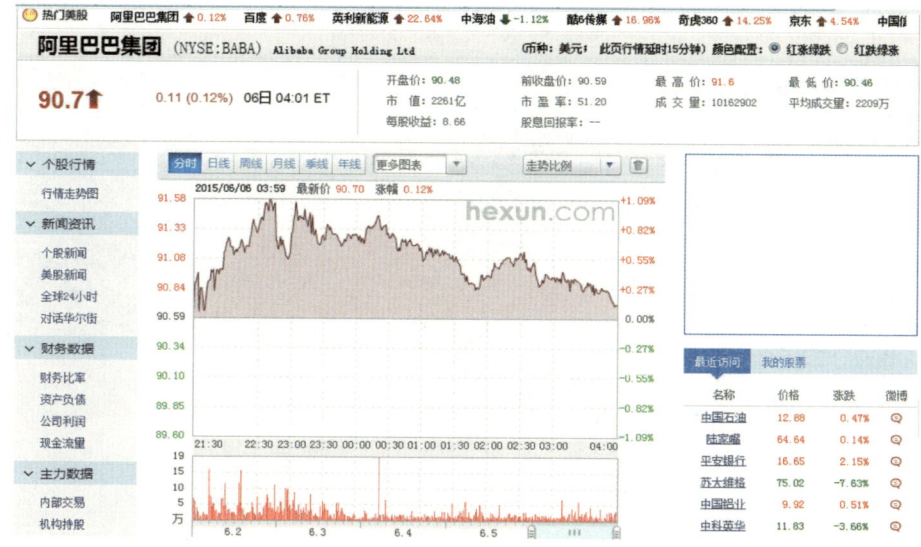

图 11-8 和讯股票 – 美股 – 阿里巴巴集团

11.2.2 美股看什么？

从广义上讲，美股代表了全球股市，因为一直以来，美元在国际上起着其他货币所无法替代的作用。

美股的开盘时间是：美国从每年 4 月到 11 月初采用夏令时，其交易时间为北京时间 21:30 至次日凌晨 4:00。而在 11 月初到 4 月初，采用冬令时，则交易时间为北京时间 22:30 至次日凌晨 5:00。

那么，投资者看美股，究竟要看什么呢？主要是以下三个指数：

道·琼斯指数

也就是道·琼斯股票价格平均指数，目前是世界上最有影响、使用最广的股价指数。它以在纽约证券交易所挂牌上市的一部分有代表性的公司股票作为编制对象，由四种股价平均指数构成。

在这方面，和讯网上比较方便，只需打开其首页，然后输入"道琼斯指数"几个字就会出现寻找的结果，然后再点击进入即可，或是陆续点击"和

讯网 – 行情中心 – 全球股指 – 道琼斯指数"同样可以，如图 11-9：

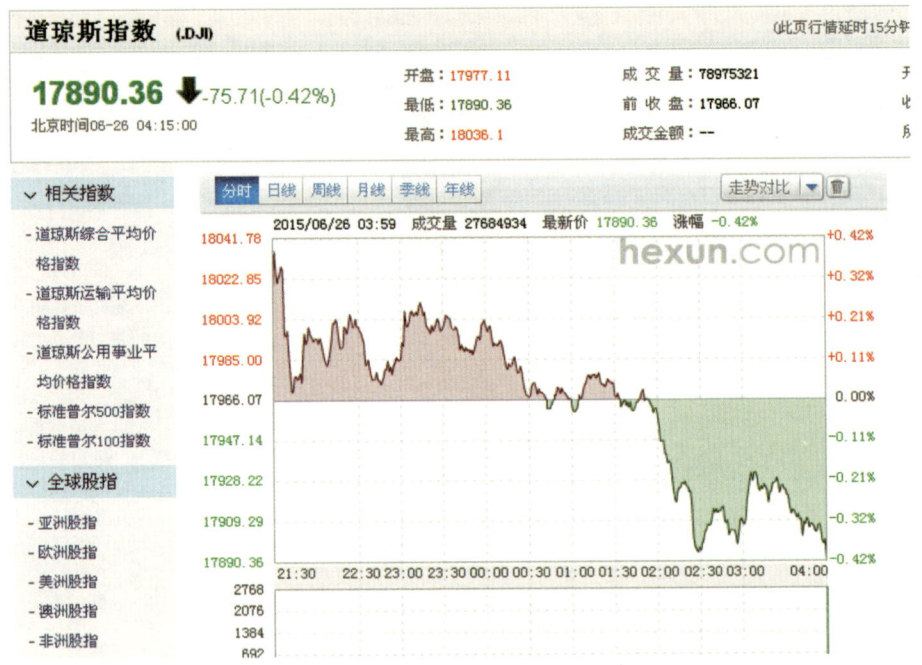

图 11-9 和讯网 – 行情中心 – 全球股指 – 道琼斯指数

纳斯达克（NASDAQ）

是全美证券商协会自动报价系统（National Association of Securities Dealers Automated Quotations）的英文缩写，目前已经成为纳斯达克股票市场的代名词。纳斯达克始建于 1971 年，是一个完全采用电子交易、为新兴产业提供竞争舞台、自我监管、面向全球的股票市场，是信息和服务业的兴起催生了纳斯达克。纳斯达克是全美也是世界最大的股票电子交易市场。

我们想要查看纳斯达克的行情和资讯，同样在和讯网 – 行情中心——全球股指 – 纳斯达克指数，就可以查看了，或是直接在和讯搜索栏内输入"纳斯达克指数"同样可以，如图 11-10：

第十一章
俯瞰全球股市信息

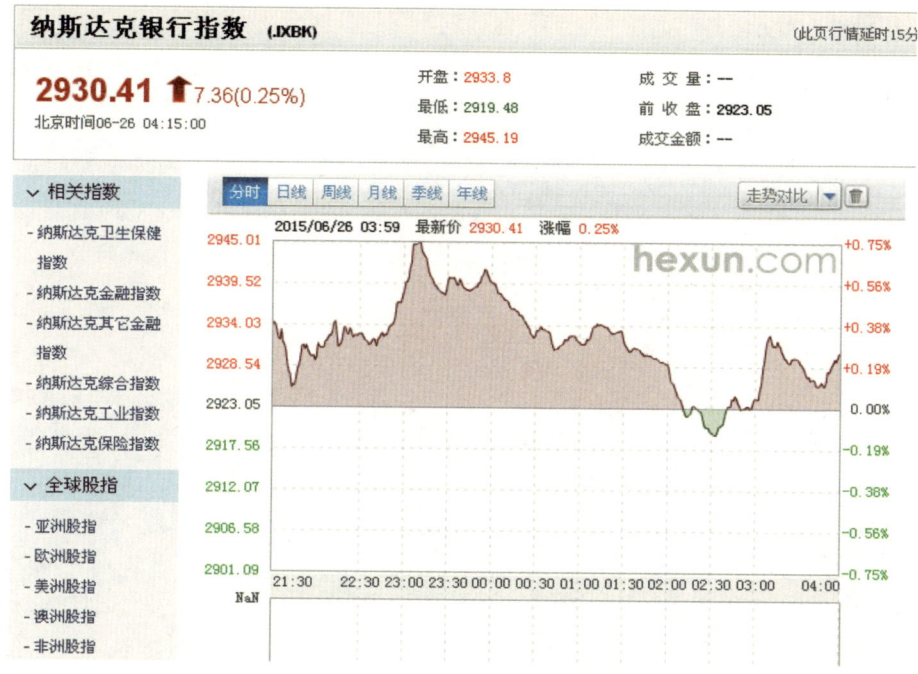

图 11-10 和讯网 – 行情中心 – 全球股指 – 纳斯达克指数

标准普尔 500 指数

是由美国 McGraw Hill 公司，自纽约证交所、美国证交所及上柜等股票中选出的 500 只股票，其中包含 400 家工业类股、40 家金融类股、40 家公用事业和 20 家运输类股，经由股本加权后所得到的指数，以 1941 至 1943 期间的股价平均为基数 10，并在 1957 年由 S&P 公司加以推广提倡。因为 S&P 指数几乎占纽约证交所股票总值的 80% 以上，并且在选股上考量了市值、流动性及产业代表性等因素，所以此指数一经推出，就极受各个机构法人与基金经理人的青睐，成了评量操作绩效的重要参考指标。

投资者如想查看，同样可以从和讯网上的查询栏内输入"标准普尔 500 指数"即可进入页面查看了，如图 11-11：

图 11-11 和讯网 – 行情中心 – 全球股指 – 标准普尔 500 指数

投资者如果在查阅美股信息的时候,一定要关注这三个重要的指数,并根据它们的行情变化来看 A 股的行情。

11.3 从全球股市信息里看什么

11.3.1 从美股相关概念股的涨跌选择买卖点

前面我们已经讲过,全球股市有一种联动效应,尤其是美股,因此,投资者在投资中国的 A 股时,应当时刻关注着美国的动态,比如,若是美股出现暴跌了,A 股市场也肯定会出现调整,此时投资者就应当卖出股票了。

第十一章
俯瞰全球股市信息

　　同样，A股市场上的变动，也会引发全球股市的动荡，比如，在北京时间2015年4月18日凌晨，中国证监会再对两融业务提出了七项要求，同时证券业协会鼓励机构参与融券交易。这一消息传出后，不仅令新加坡交易的A股期货暴跌近6%、美国市场上的A股ETF全线重挫逾4%，夜盘恒指期货也大跌了2.6%，美股道指下挫1.54%，欧股指数大跌1.8%，德国股指收低2.6%。

　　这就是股市的联动效应。因此，投资者可以关注美股中相关概念股的行情走势来具体操作手中的股票。比如，在2015年2月初的时候，我们会发现，美股中的苹果公司于2月10日出现了放量上涨，并在此后的数个交易日里都出现了上涨，如图11-15所示：

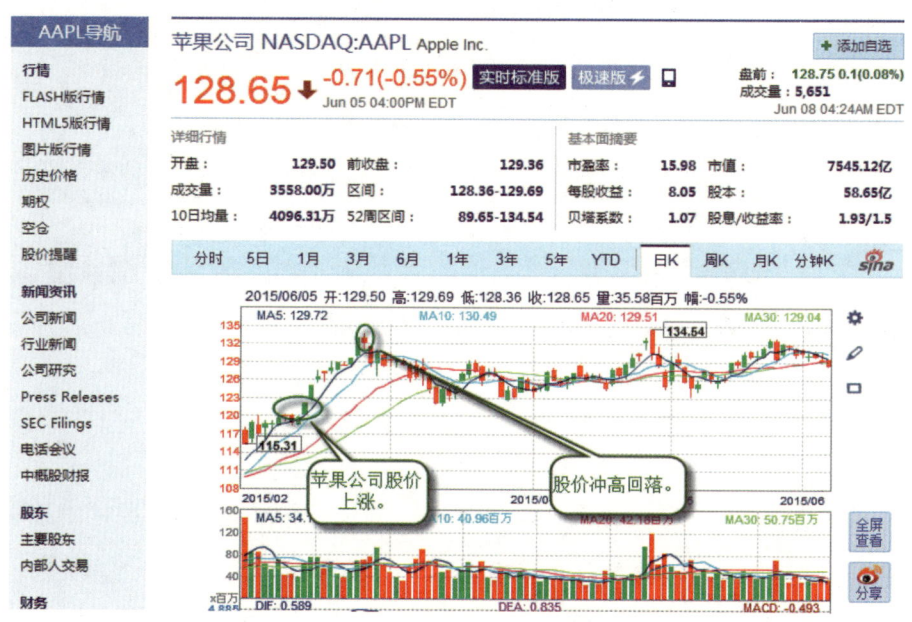

图11-15 新浪财经 - 美股 - 行情中心 - 苹果公司日线图

　　自2014年发布新品苹果5S后，苹果6此时正在加紧生产中，此时苹果公司股价突然出现上涨，与其即将发布新品苹果6不无关系，那么，如

295

果有心的投资者此时就应当将目光落在国内的 A 股市场了。

从 A 股市场上去看，相关苹果概念的个股并不在少数，但涨幅很多已经不小，此时不妨看一看安洁科技（002635）：公司专业为笔记本电脑和手机等消费电子产品品牌终端厂商提供功能性器件生产及相关服务。公司与领先的国际品牌消费电子产品制造商建立了稳固的客户关系，苹果公司就是较大的公司，如内地的苹果公司加工厂富士康。那么，我们再看一看安洁科技的 K 线图，如图 11-16：

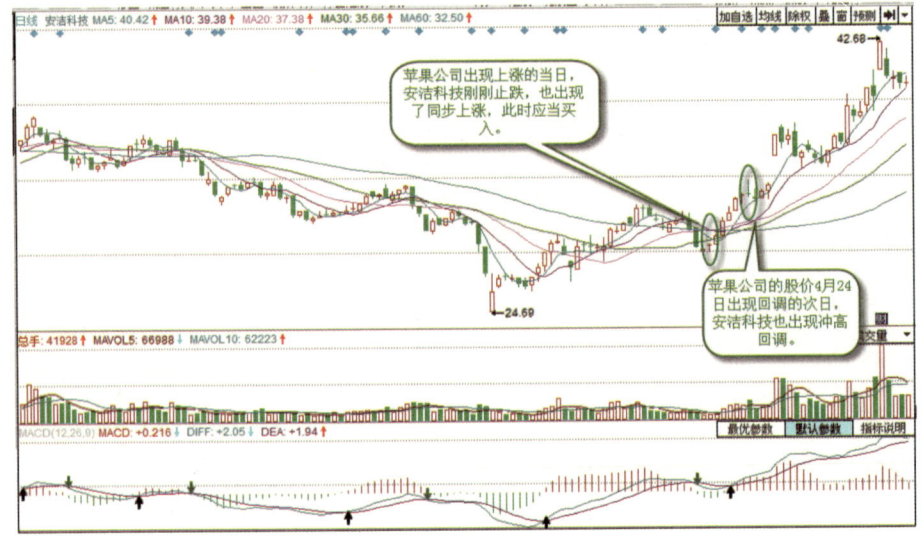

图 11-16 安洁科技日线图

从图 11-16 中可以看出，在 2015 年 2 月 10 日苹果公司的股价出现明显的上涨行情时，安洁科技当日也出现了止跌回升，此时应当选择买入，因为全球股市的联动，苹果公司的股价上涨，必然会带动国内苹果概念的上市公司的股价上涨。

买入后，即使是投资者没有看到关于安洁科技即将高送转的信息，只是捕捉到了美国苹果公司的行情，那么持有到 2 月 25 日苹果公司出现冲

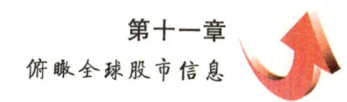

第十一章 俯瞰全球股市信息

高回落，安洁科技也出现同步的冲高回落的时候选择卖出，那么短期内投资者也已经获利达 10%。

因此，投资者在投资股市的时候，一定要时刻关注美股的行情，并根据美股与 A 股行情的联动效应，从中获得收益。

11.3.2 从美股信息寻找 A 股市场里的牛股

投资 A 股的朋友，一定要在投资的过程中时刻关注着美股的有关信息，尤其是美国经济政策的动向，以便指导自己的投资方向。比如在 2014 年开始，美联储就一直在喊着加息，以应对美元的大肆贬值。

本来，美联储加息，对于美国股市来说是一大利空，意味着美国的银根收紧，所以，美股走势一直不太好。尽管美股的走向对各国股市有着很大的影响，但是对于中国来说，要应对美国加息所导致的贸易逆差，这也就是说，美国加息的呼声越高，中国降息的可能就会越大，那么，对 A 股的利好越大。

果然，在 2014 年 4 月 19 日时，中国央行宣布了降息，如图 11-17 所示：

sina 新浪财经

央行年内第二次降准

时间：2015年　　地点：北京

专题摘要　央行决定，自2015年4月20日起下调各类存款类金融机构人民币存款准备金率1个百分点。其中，对农村金融机构额外再降低1个百分点。机构分析称，此次降准可能释放1.5万亿流动性。

图 11-17 新浪财经

降息对于银行业、地产业等资金敏感型品种来说是最大的利空,再有就是大宗商品里的有色金属,尤其是背靠新兴产业的稀有金属的脉冲性机会增加,因此,此时投资者可以选取相关类的个股,比如有代表性的江西铜业(600362)。

此时,我们不妨来看一下江西铜业的K线趋势,如图11-18:

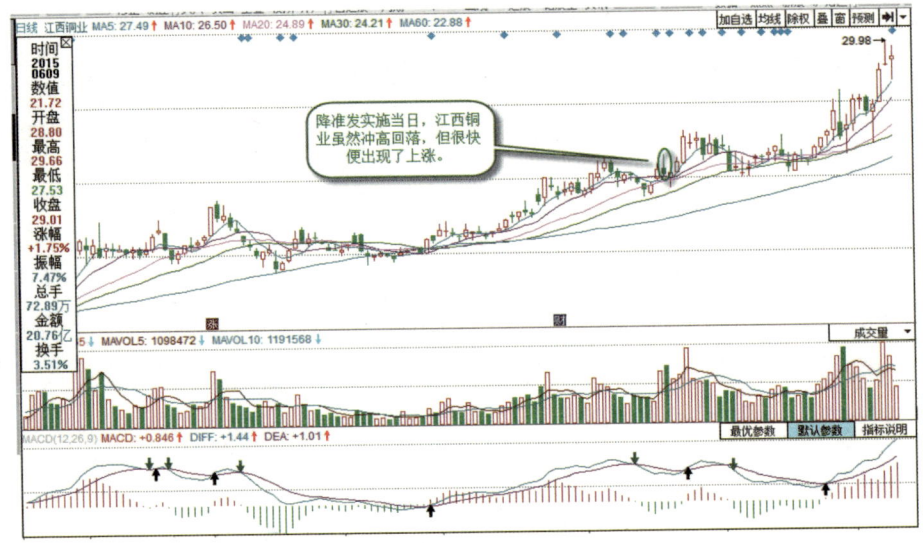

图11-18 江西铜业日线图

如图11-18所示,在降准实施的当日,江西铜业尽管出现了冲高回落,但很快便出现了接连的上涨,在短短短四五个交易日,股价即上涨了10%。

因此,投资者在投资A股的同时,一定要时刻关注着美股的动向,以及美国相关经济政策的变动,因为美国经济政策的改变,必定会使得中国的经济产生相应的对策,而这些,都会深深影响到中国的A股市场。

第十二章

如何利用各种信息实战

投资者在实际的操盘中，会有很多来自盘内或是盘外的消息，间接或直接影响着股票的正常价格运行，比如盘口所透露出来的消息，各种利好与利空的消息……这些消息不仅有真有假，并且，在不同行情里出现的不同消息，又起到了不同的作用，这就要求投资者能够正确地解读这些来自盘内与盘外的各种消息，以指导自己的投资行为。

第十二章
如何利用各种信息实战

12.1 盘口语言透露出来的重要信息

12.1.1 新股破发透露出来的重要信号

在 2010 年 5 月 22 日时一共 8 只新股上市，其中有 5 只开盘即跌破发行价，1 只个股在上市的第二个交易日跌破发行价，只有两只新股在上市首日让打新的朋友们赚了点薄利。

截至 2010 年 5 月 28 日收盘，这 8 只新股中依然有 4 只股的收盘价在发行价以下。表现最好的要属四维图新和多氟多，劲胜股份（现为劲胜精密）和奥克股份成为创业板首批跌破发行价的新股。如图 12-1 与图 12-2 中所示。

面对如此高的破发率，管理层终于坐不住了，2010 年 5 月 27 日，深交所口头下令，允许基金可买入上市首日的创业板股票。这给我们传递了一个重要的信号，说明管理层绝不允许新股上市首日破发。很明显，如果类似的当日破发个案再多来几个，那么谁还会安心申购新股？

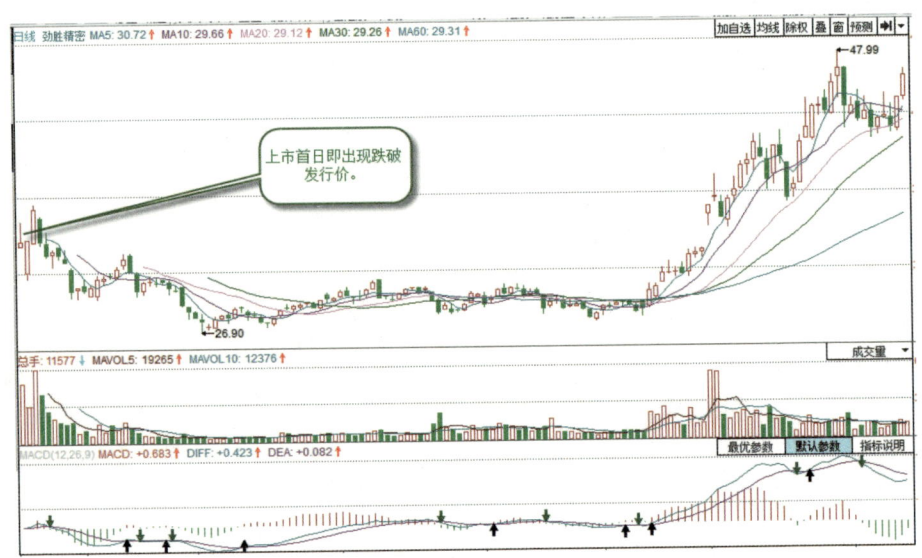

图 12-1 劲胜精密日线图

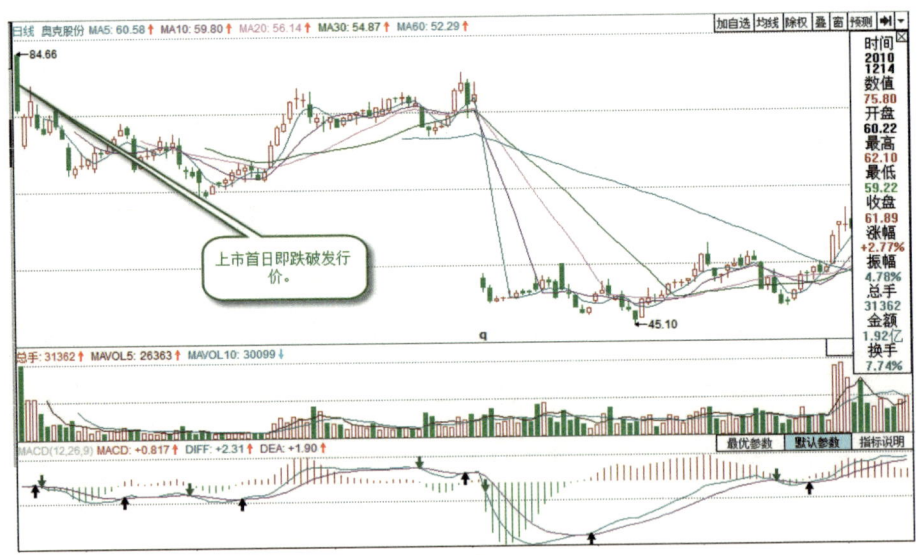

图 12-2 奥克股份日线图

目前的管理层应该比谁都急。试想，股市最重要的功能就是融资，如果今后再出现频繁破发，新股没人买了，那么企业如何完成融资？所以笔者以为，新股破发可能会带来一定的交易性机会。

根据笔者观察，目前在跌破发行价的次新股中，大多数都属于传统成熟行业，其成长性有限，未来增长幅度也小。而一些属于新兴行业的高成长性个股蕴涵着机会。大家看看汉王科技，虽然中小板指数连续下跌近15%，但汉王科技依然创出历史新高。这表明市场资金十分爱追捧此类个股。如图12-3中所示：

图12-3 汉王科技日线图

一个值得关注的现象是，一些上市之初不被看好，甚至是破发的新股，只要业绩保持高速增长，自然会走出一波大牛行情。譬如2010年初上市的海宁皮城（002344），在上市一周后即跌破20元的发行价，之后整理了一个月，在3月中旬，该股突然发力，最高涨至近40元，从底部算起，已经翻倍。如图12-4中所示：

这周在国际股市暴跌的影响下，我国A股出现了5%以上的跌幅，从市场各方面的判断来看，大家都对后市依然不乐观，恐怕在目前的点位还有反

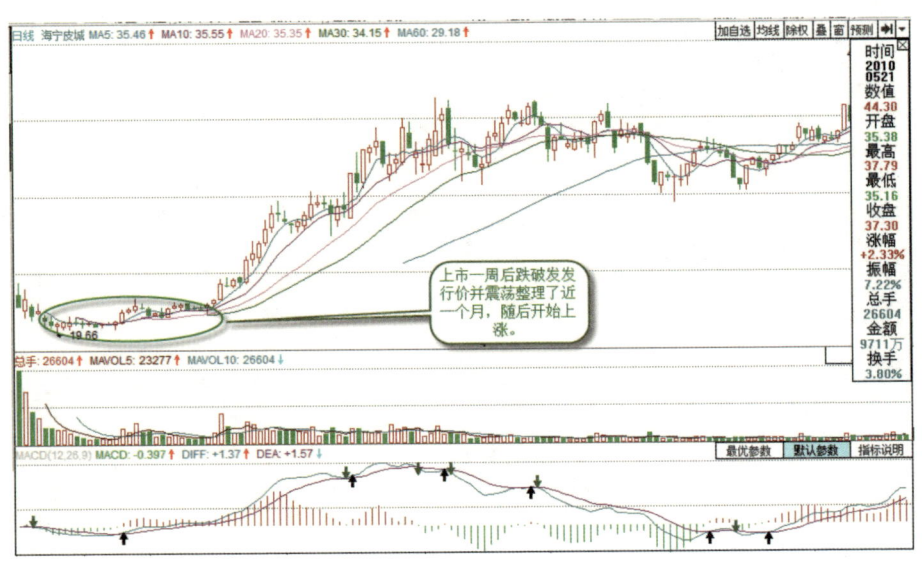

图 12-4 海宁皮城日线图

复。但笔者坚信，一批具有高成长性的新兴产业次新股一定存在机会。比如机器人（300024），如图 12-5 中所示，其在上市后出现了横盘震荡的走势，随后出现下跌，但很快便开始上涨，短短两个月，股价出现了翻倍的行情。

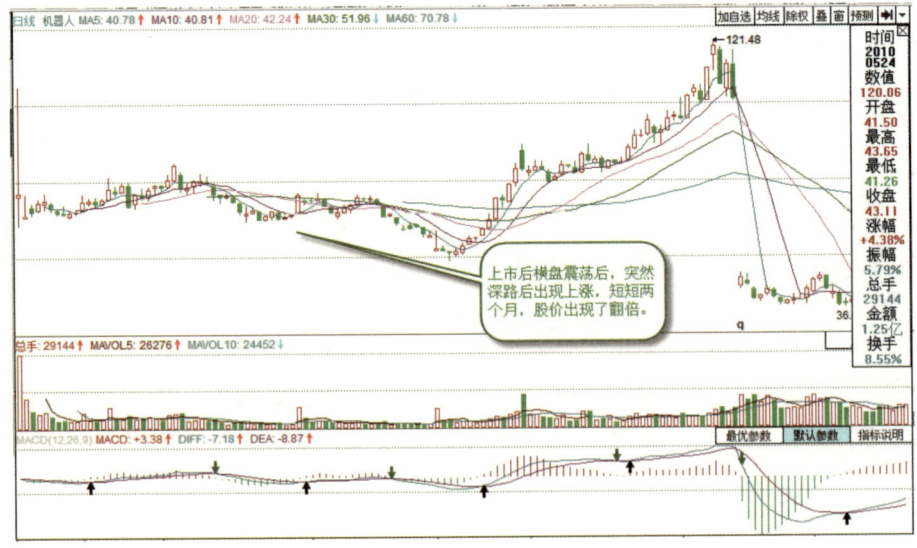

图 12-5 机器人日线图

12.1.2 捕捉热点股的先兆

2015年5月14日，大盘早上开盘有一个瞬间翻绿，显然还不是疯狂的高开高走，但大格局下上涨不变，只要别随便任性买股，当前行情很好把握。

投资者其实只要规避开一些杀跌行为过分的股票，风险就不会很大。就像ZZJ会议召开之后，提到加强重点基础建设，所以股市里像宏润建设、中国建筑等这样的股票都是显著上涨，如图12-6中所示：

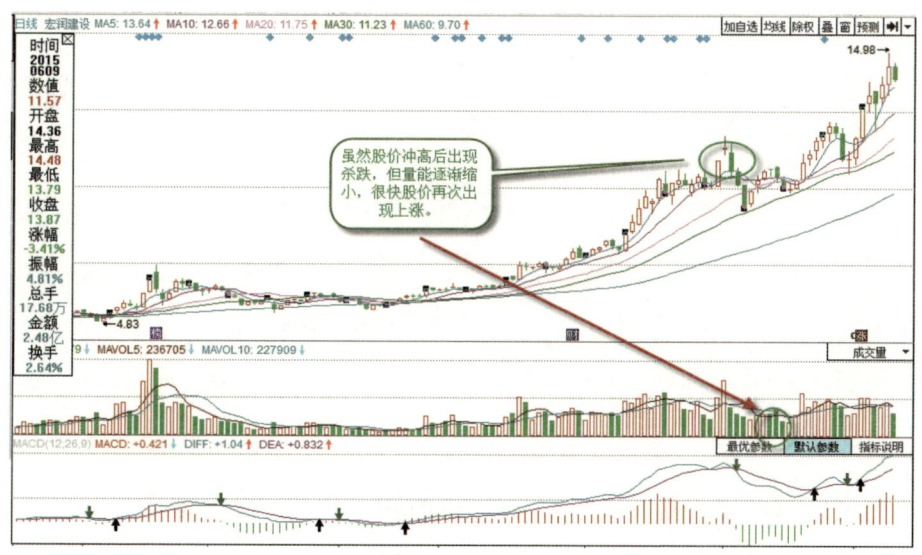

图12-6 宏润建设日线图

但北新路桥的表现就不行，它们之间的对比是非常明显的，前者此前已经是增量资金优势明显了，并且在前两周的震荡中代表杀跌行为主导交易的绿柱是微弱的。而北新路桥就不同了，杀跌行为主导交易的绿柱明显很多，有点失控，结果就是有好消息也没有好动作。如图12-7中所示：

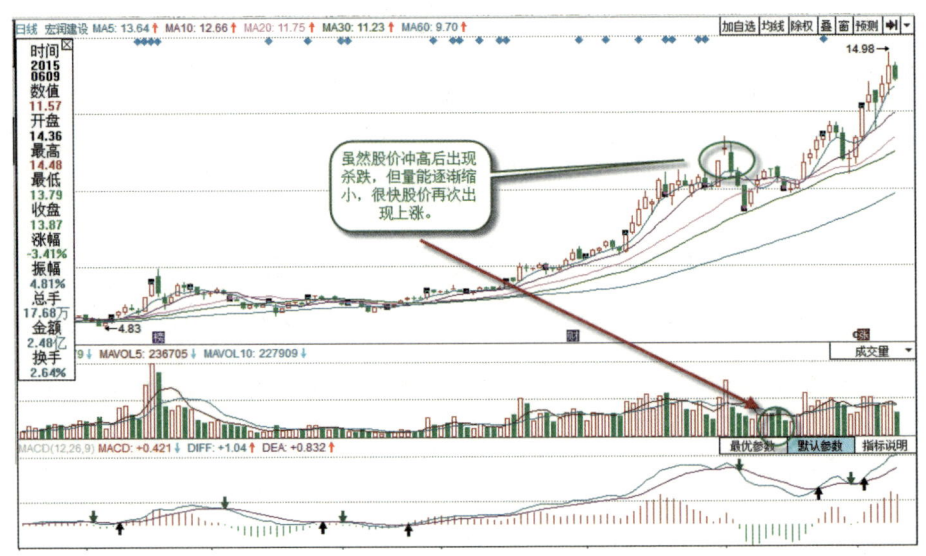

图 12-7 北新路桥日线图

这点对于投资者自己关心的股票也是需要注意的,当时股票基本都在高位,但有的股票在高位震荡没杀跌行为,那基本没事,多半还有新高,但如果杀跌行为太多,至少说明存量的筹码现在不稳定,那动不动就是会回落的,参与的风险就大了,遇到这样的品种,耐心点很容易有更好的价格参与。

另外,对于5月打新资金离场造成的短期冲击,虽然5月新股发行提速,上升到了50家,但和几个券商朋友聊下来,他们反而觉得资金分流的压力小了,因为这次是分两批实施,第一批是25家,所以实际锁定的资金规模反而是减少的,这样一来要说给股市有什么很大的冲击,基本是不会的。愿意有动作的股票,现在的环境可以想动就动。

实际看来,眼下交易上只要增量资金的水平在不断提高的板块,也很容易成为市场热点。比如电改股的炒作在3月时已经很热了,还是在5月4日突然蹦出来了,少说也断断续续持续了两个多月,而在这段时间里,

第十二章
如何利用各种信息实战

其增量资金主导交易的水平就是不断的提升，这说明参与者越来越积极，也直接导致了炒作热度也是越来越高。而板块里面表现最活跃的就是启动时增量资金主导交易直接迸发的品种，比如华电能源（600726）就是如此，4月14日那天增量资金主导交易的红柱大幅增加，之后就是一段加速的开始。如图12-8中所示：

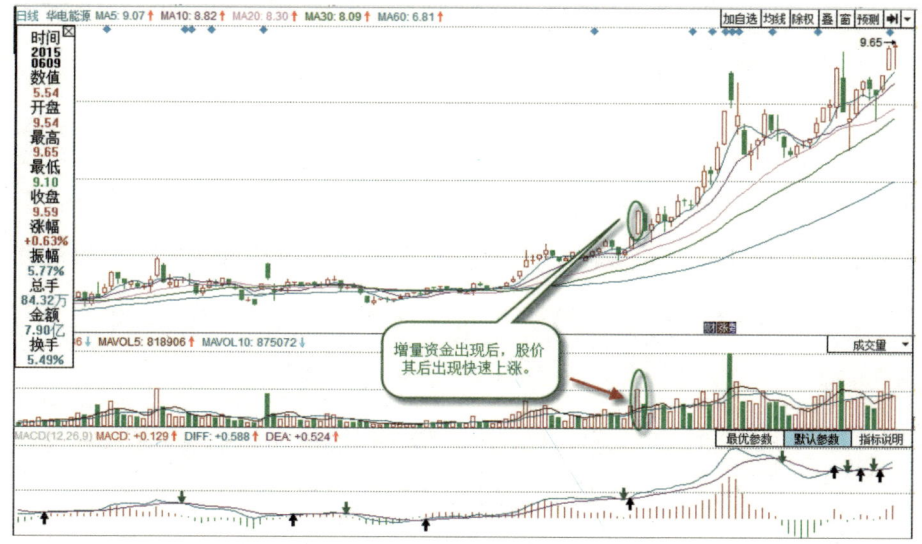

图 12-8 华电能源日线图

所以投资者可以看看自己手中的股票是不是热点，也用不着等到整个板块都大涨了才确定，可以先去量化清楚自己的股票所属板块的增量资金主导交易的情况，只要代表增量资金的红柱是越来越强的，即便有个几天的回落，那依旧还是热点，如图12-8中华电能源在5月5日冲高后出现回落一样，其后依然是上涨的。

在电力板块之前上涨的高铁、互联网金融等板块都差不多。而个股是不是板块里表现强的，就得看增量资金的爆发力了，有爆发力的自然更好，反之则差。

12.1.3 捕捉局部热点的先兆

动笔前刚和一券商朋友通完电话，他是找我帮忙，问问我对期权的看法。心想大过年的研究啥期权，一问才知原来他一直上当地的电视节目，周一又要去，原来总是提前3天他要和主持人商量节目话题，但这次临近过年，就想着话题简单，年年都是持股持币，也就没去商量，不想前面主持人找到要话题，他说持股持币，人家主持人死活不同意，说这个今年没看点。

当时我就说那朋友，连人家财经主持人都知道该年行情是局部行情，2014年12月大盘涨得那么猛，但实际也就蓝筹在蹦。2015年1月开始上证一直在调整，但创业板、中小板还不是蹦得超级欢乐？这种时候简单讨论持股持币，别说财经节目的资深主持，就算是新股民，也不会有兴趣啊。

写到这时我自己也在想，很明显，羊年的行情也是局部型的，大家手头的股票只要不赶在一个风口浪尖上，真就早点放自己一个假轻松轻松，老实说像我这样天天盯股票，挖消息也挺累的。当然有些大家自己关注的目标品种如果正好赶上了节骨眼，那该盯还是得盯。就像最近如果拿我用的博尔系统去量化交易，那么类似于拓尔思（300229）这样的股票，手头有的话一定是要注意的，因为博尔系统量化交易的结果显示得很清楚，增量资金主导交易优势越来越大，力量也越来越大。这样的股票可能只需要两三天时间，股价可能就已经上了一个水平。而果不其然，至2015年5月底时，拓尔思的股价冲到了80多元，上涨幅度已经超过了百分百，如图12-9所示。

第十二章
如何利用各种信息实战

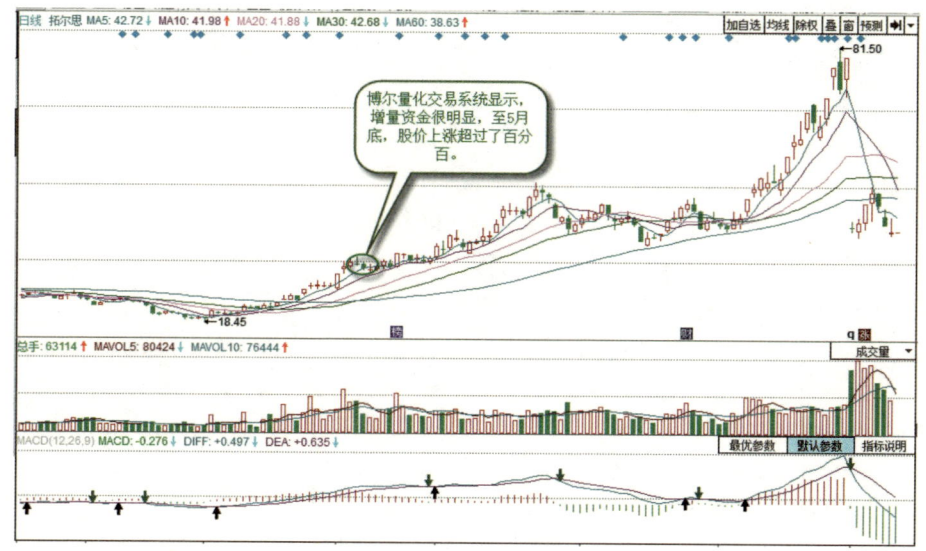

图 12-9 拓尔思日线图

大家最后两天自己关心的股需不需要密切关注，也可以用博尔系统去把交易量化清楚，如果确实是增量资金主导交易越来越多的，那即便节前还有两天时间，依旧是能提前下手的不拖到后面，因为这样的品种极有可能现在就是加速阶段，股价可是一天一个样啊。如图12-10 中所示，如果此时买入的话，在其后持有 2 个多月的话，涨幅已经远超百分之百。

另外，也别觉得增量资金主导交易越来越大的股票就一定会一飞冲天，这是未必的，因为增量资金量化的是一种交易行为，不是交易价格，很多股票价格在积极变化之前，交易行为上早就已经有积极变化了，这才是量化交易行为最有价值的地方，就像运盛实业（600767）最近 3 天涨得极快，但 3 天之前增量资金主导交易的优势早就有了，并且红柱也是越来越大。这种迹象显然比股价的表现提前好多。如图12-11 中所示：

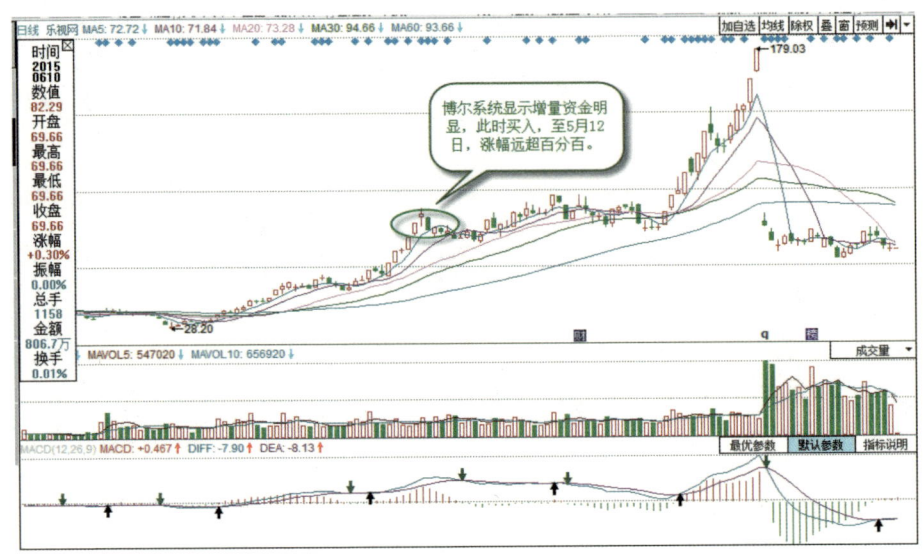

图 12-10 乐视网日线图

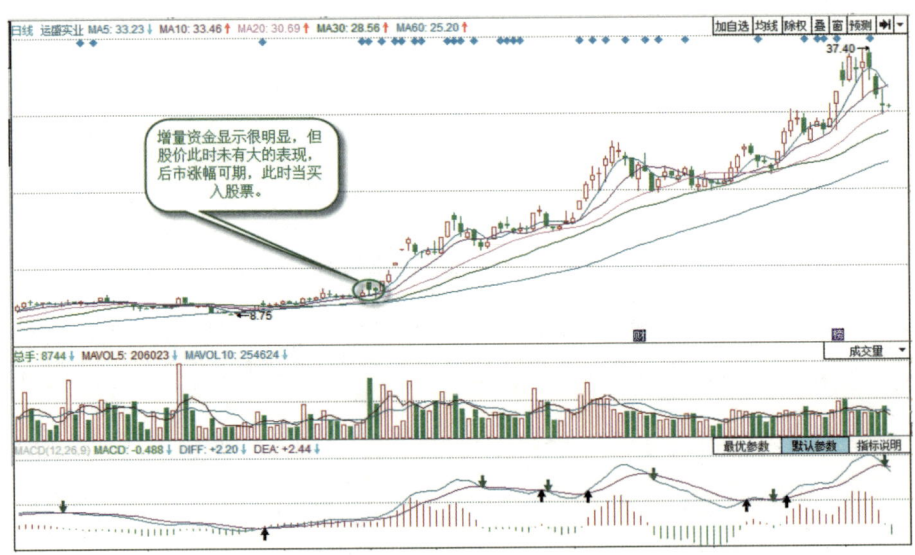

图 12-11 运盛实业日线图

所以，选股重点就是爆发力，否则就不如等等了。而没有爆发力，肯定是涨幅不大，但增量资金主导交易力量不断增加的股票最有潜力了，大家手头的股票如果有涨幅不大的,也一样可以用博尔系统去量化清楚当前的交易额,只要量化出来代表增量资金主导交易的红柱越来越强,那么就可以放心持股,后市涨幅一定会很可观的。

12.2 如何解读利好消息

12.2.1 解读利好看位置

股市历来不乏消息,尤其是在牛市里,各种利好的消息更是满天飞,但作为投资者来说,一定要在确保消息来源可靠的情况下,做到正确地解读消息,分清什么消息才是真正的利多,什么消息是利空,同时还要注意解读消息的时候是做多概率高还是做空概率高。比如,同样的消息,做多概率高的时候投资者更容易解读为利好,但如果是做空概率高的话,就更容易解读为利空。

比如在2015年1月26日,抚顺特钢(600399)原本定增的方案出台,抚顺特钢拟以21.71元每股定增1.1亿股,募资24亿元,其中8亿元用于特冶二期,偿债14亿元,剩余补充流动资金。参与定增的和鑫投资、向日葵1号资管计划均为公司高管以及员工设立。股票也因此复牌。

按理说,这对于一只股票来说不是坏事,但结果抚顺特钢在复牌当日大幅高开后一路低走,如图12-12中所示。

这就让很多投资者感觉到有些不解,其实如果要找原因,量化一下概率就会很清楚,上周五的时候,这只股票就已经触及了周级别上做空概率95%的蓝线位置,这种情况就意味着很多人是非常愿意抛出股票的,那即便是个利好消息容易被当做利好出尽来解读。如图12-13中所示:

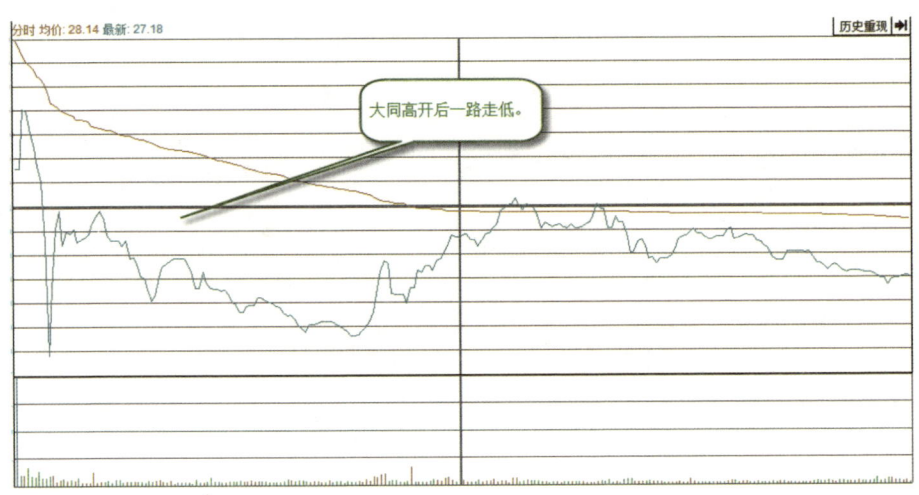

图 12-12 抚顺特钢 2015 年 1 月 26 日分时图

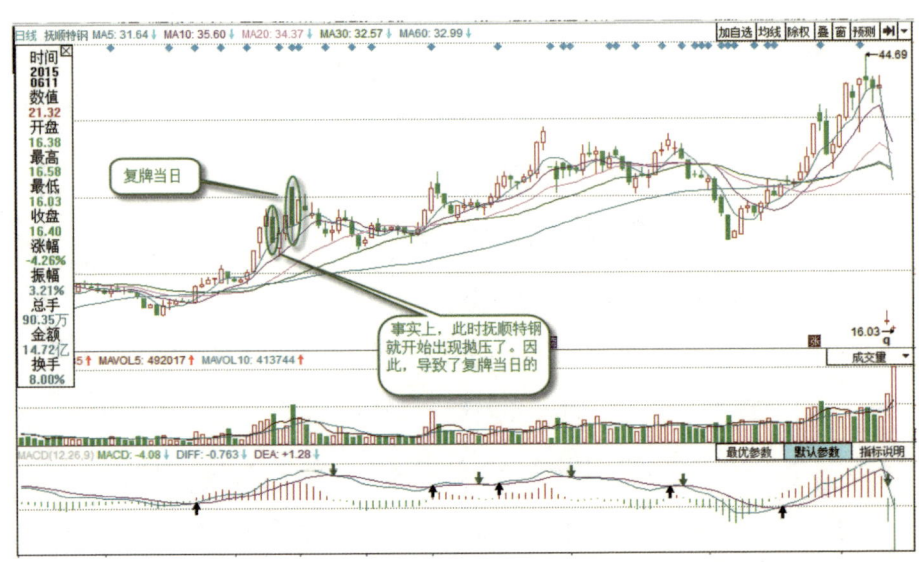

图 12-13 抚顺特钢日线图

这样的例子并不在少数，比如同在 2015 年 1 月 26 日放出消息涨停的腾邦国际也很有意思，最近这个股票的消息是一个接着一个，此前基本都是收购方面的消息，2014 年 12 月 16 日出消息说收购一家香港的保健品公司，

第十二章
如何利用各种信息实战

结果股价连续下跌，之后1月6日收购一家旅行社，然后股价就连着上涨。真看不出来旅行社比保健品公司的资产有什么天翻地覆的好，但同样拿博尔系统量化一下概率，12月16日腾邦国际股价在做空概率68%的绿线位置上方的高做空区域，1月6日的时候股价是在做多概率68%下方的高做多区域。结果就造成了同样性质的消息，被不同的解读。投资者一定要引起注意。

12.2.2 当利好叠加概率

由于2014年底与2015年初这一段时间市场折腾得很厉害，所以有很多股票是高做多概率的时候出明显利好，那么概率和利好叠加在一起时，威力就特别大，这一点投资者一定要注意，因为这等于是多重利好。

比如像翰宇药业（300199），在2015年1月中旬的时候连出利好，又是预增，又是增发投项目，当时股价正好在做多概率68%的绿线位置之下的高做多区域，结果就是稳稳地往上涨。如图12-14中所示，股价虽然之后有所震荡调整，但却无法冲淡其众多利好，股价随后再次发动主攻势，一路上涨到了58元多，并且在高送转实施后，股价依然涨劲十足，几近填权，涨幅超过了百分百。

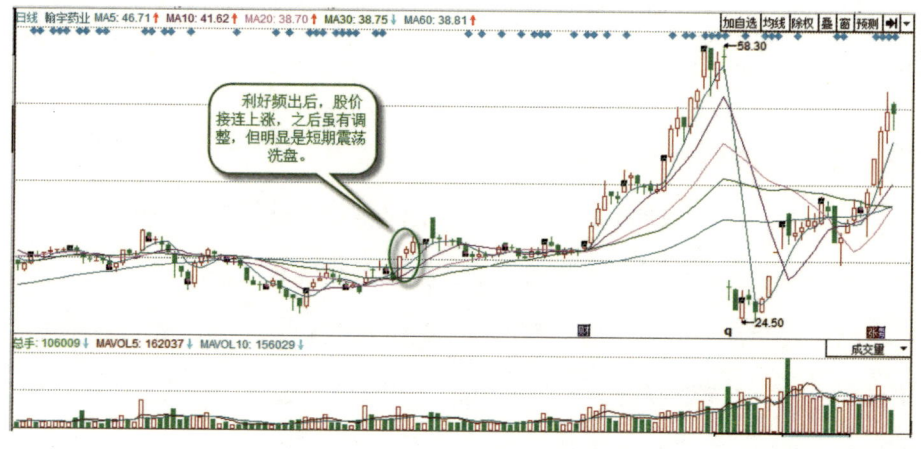

图12-14 翰宇药业日线图

其实不仅是翰宇药业,还有龙元建设(600491)也是利好频出,中标大订单,恰好赶上 2015 年 1 月 19 日大跌 260 点,当天也是低开下探,但那时候周级别上做多概率很高了,所以 20 日开始就不对劲了,攻击得非常猛烈了。如图 12-15 中所示,股价出现接连上涨,很快实现了翻番行情。

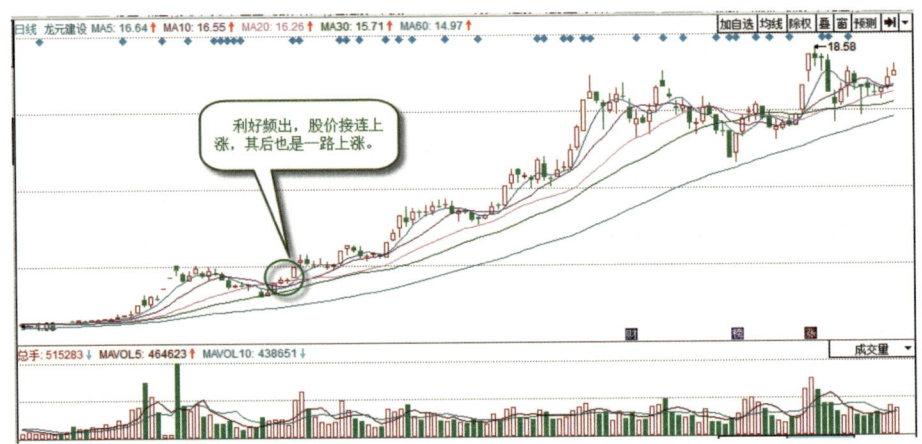

图 12-15 龙元建设日线图

想来投资者也会天天关心一些股票的消息,但如果能在看消息的同时,再看看当前股票的概率那就更好了,这方面可以用博尔系统去量化,毕竟概率很科学,消息往往都是行情的催化器,要是这个股票做多概率很高,那就是干柴遇烈火,还是火上浇油的那种。

12.2.3 消息股的操作时机

在 2015 年 2 月 27 日的时候,我一个同事就"竹篮打水一场空"了一次。下午两点的时候,原本我做东给办公室的同事买果汁,碰上过年刚回来,那家我们常吃的果汁店人手不足,没法送外卖,于是派两同事去买,结果其中一个不肯,说还要盯盘一小时,刚有消息过来,说某某股票要涨,他一冲动买进了,所以要看看到底拉不拉。

第十二章
如何利用各种信息实战

其实下午的时候我就不怎么看好午后的盘中走势了，道理很简单，拿我用的博尔系统去量化交易，无论是主导交易的行为上，还是概率上，都不支持短期再拉升。这点在上证指数分时图的交易上体现得格外清楚，如图 12-16 中所示：

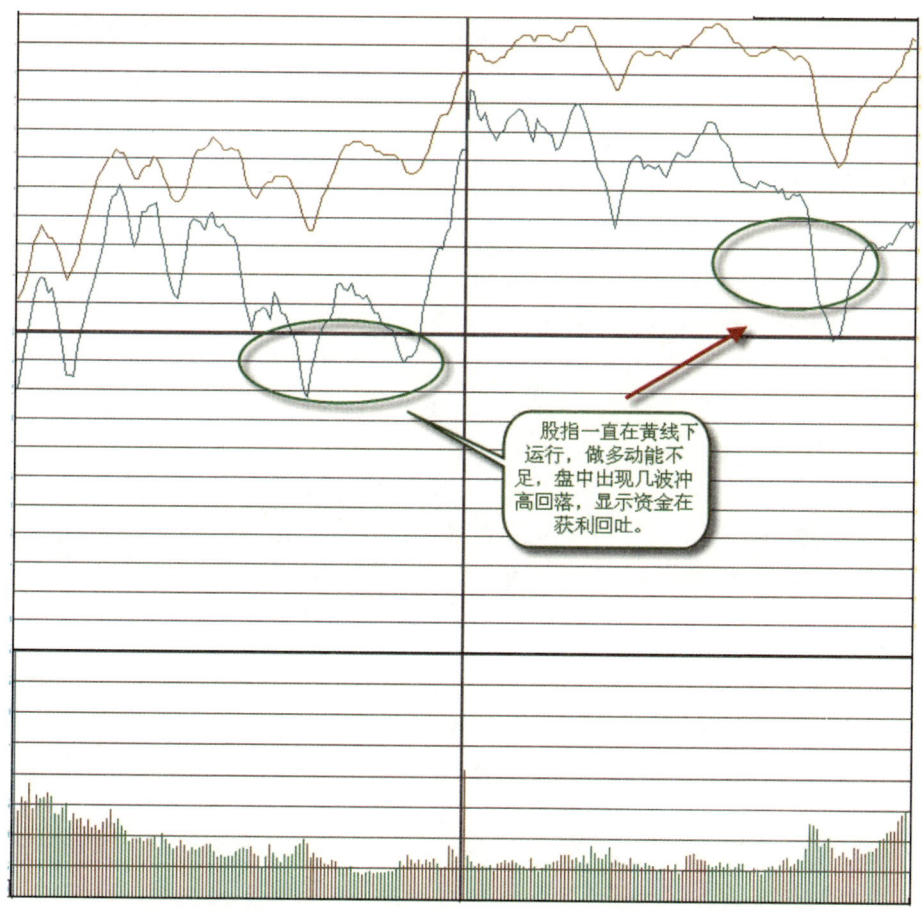

图 12-16 上证指数 2015 年 2 月 27 日分时图

首先指数当时尽管在涨，但最近 4 个小时里 3 个小时是获利回吐行为主导交易，并且指数已经进入做空概率 68% 的红线位置上方的高做空区域。想想交易行为上获利回吐，做空概率还高，要让市场猛蹿，今天那是不容

315

易的。结果那同事也确实苦等了一个小时,他做的那个消息股,真就没动作。我当时就安慰他,不怪给你消息的朋友,一般市场不做大动作、机构无势可借的时候,强发力的股票还是很少的,搞不好下周就有机会了。而果不其然,下周,股指便出现了回落,如图12-17中所示:

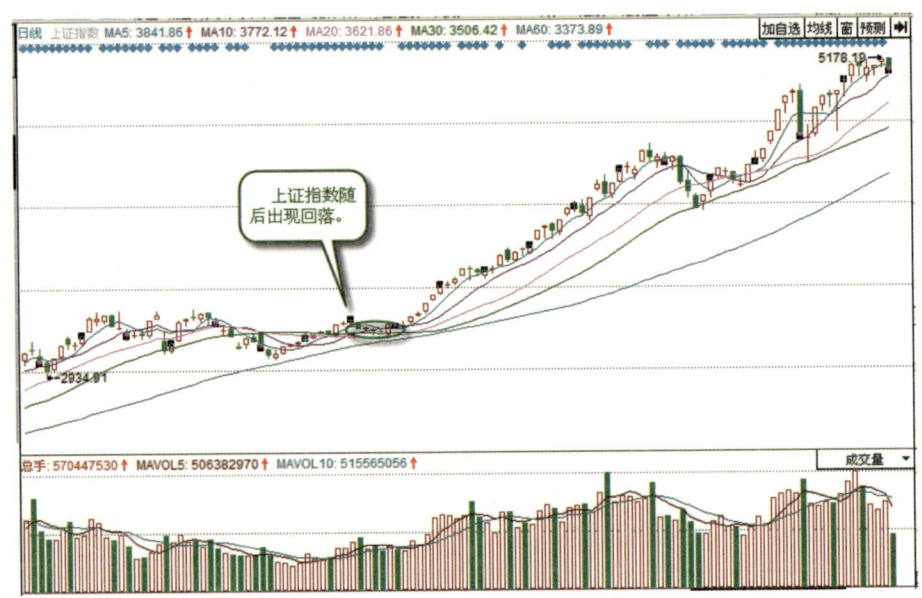

图 12-17 上证指数日线图

其实对于消息股,我自己更喜欢在交易行为显示为不断空头回补的时候去参与,就像本轮上涨一开始的时候,分时图上的交易是正好反过来的,当时量化交易的结果是,连续的代表空头回补行为主导交易的蓝柱,说明尽管当时还在跌,但却是不断有人在回补的。所以触及做多概率68%的绿线位置就引发了更多的资金参与,扭转了交易格局。因此,各位朋友们如果最近也常收到一些消息的话,不妨多去量化一下,对消息股的操作时机也是有帮助的。

12.3 谨防主力利用消息出货

12.3.1 利用报告出货

该法普遍存在于牛市的末端，由于此时股市经过了大涨，很多股票都实现了超过100%的上涨，并且大盘还在不断震荡走高中，一路看好的券商不在少数，而这些券商此刻给出的观点是，大盘会持续震荡走高，但获得盘较多，有震荡整理的需求。而这一震荡整理就往往成了主力借机出货的好时机。

并且，此时的券商报告对个股的"买入"评级会一时比一时高，目标价更是好像信手拈来，而这却恰恰遂了主力的愿，借机而出货。

比如在 2007 年 10 月初国庆节刚刚过去后，中国神华（601088）在上市后接连拉出了三个涨停，股价一下子接近了百元，如图 12-18 中所示：

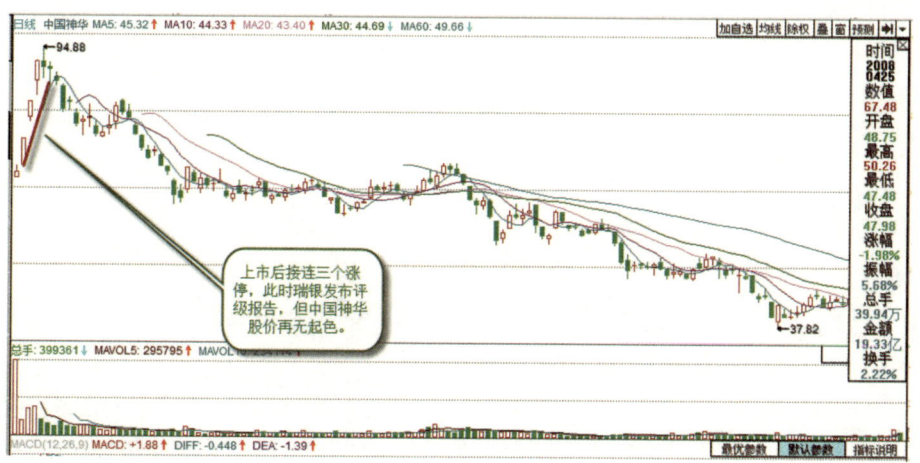

图 12-18 中国神华日线图

随后，瑞银便发表了一篇极为看好神华的调研报告，该报告指出，刚在A股市场上市的中国神华的股价已充分反映2008年度预测利润以及公司在长期煤价每吨70美元水平下的营运和收购情况。该行以内地煤炭股最高的74倍市盈率为基准，给予神华15%的溢价，因而将目标价由每股35.15港元调高至101港元。在很短的时间内，在中国神华基本面不可能发生太大变化的情况下，这种预测非常惊人。101港元的估值，相当于其他国际顶级投行花旗集团、里昂证券、中银国际等估值的2—3倍。而针对H股和A股普遍存在的至少50%的折价计算，如果中国神华H股股价达到101港元，那么意味着A股可能高达150元。

这使得市场大部分人士看好该股，众多资金在高位杀入，但令人不可思议的是，在创出94.7元的历史高点以后，中国神华便开始一路走低，至今再无上到此价位，一直在20多元附近徘徊。同样，中石油在上市前，机构便给出"让利于民"的评级，结果使得很多投资者在其上市当日便果断杀入，成为有史以来最悲惨的散户。

在2015年6月初，随着上证指数站上5000点，很多公司再次调高了

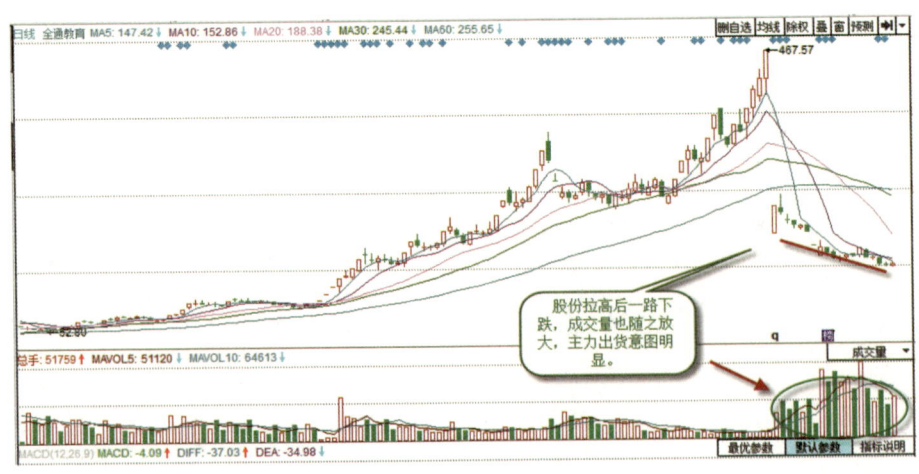

图12-19 全通教育日线图

对很多股票的评级,即使是已经出现了很多百元股、两百元的股票,但机构却依然在一路高歌猛进,更有甚者将股市看高到了7000点8000点,所以,投资者此时一定要擦亮自己的眼睛,因为,此时很多机构都在借这些券商报告在拉高出货了。比如,曾冲至最高467.57元一股的第一高价股全通教育(300356),如图12-19所示。

12.3.2 利用利好公告出货

这种方法为游资预先埋伏在个股之中,出公告当天会出现拉高或涨停,但第二天就冲高回落随后走低,从而套牢一大批追高的散户,主力因此实现顺利出货。

比如计算机应用中的龙头领涨股中科金财(002657),在2014年及2015年上半年中,一直带领计算机板块上涨,并顺利实现完美填权,但是在2015年5月18日的时候,突然发布了增资的利好公告,如图12-20中所示:

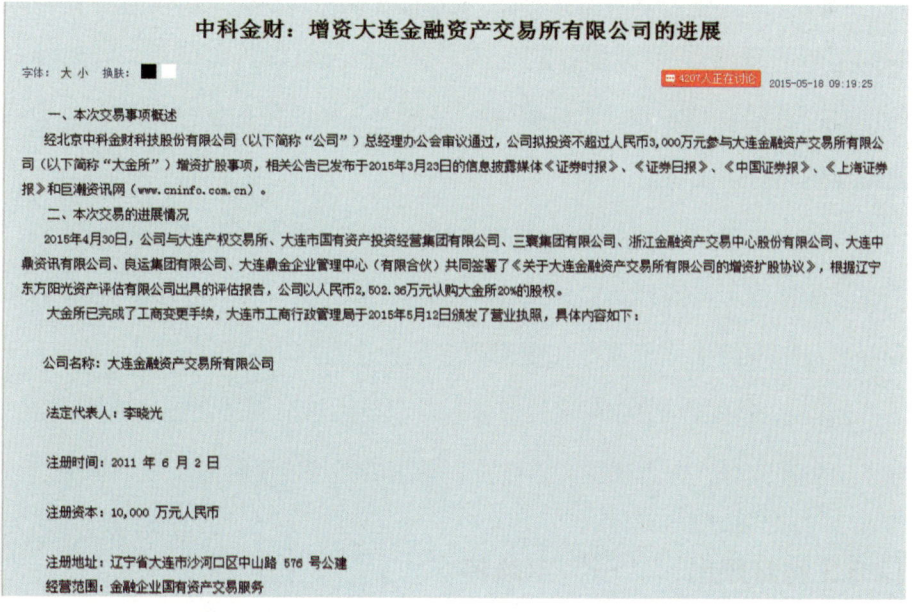

图12-20 中科金财2015年3月18日增资公告

从图 12-20 中这则公告里可以看出，这一消息对中科金财来说无疑是一大利好，因为公司的扩张必定会带来业绩的增厚，但是如果我们此时再来看一下中科金财的 K 线图就会明白一切，如图 12-21 中所示：

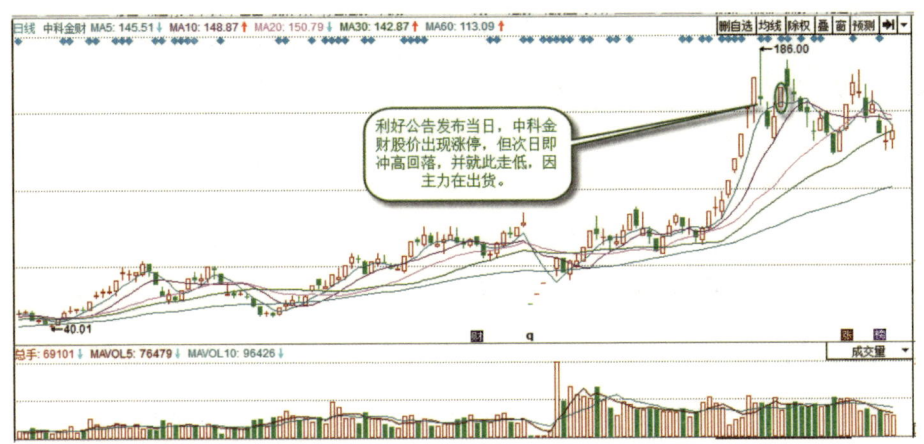

图 12-21 中科金财日线图

此时中科金财的股价已经被炒得很高，从图 12-21 中可见，即使是从图中所示的最低点 40 元多算起，到之后的拉高填权再走高算，此时的股价已经冲至最高 186 元，上涨幅度已经很大，而股价如此拉高后，主力的意图自然是高位出货。

因此，虽然这一利好公告发布之后，中科金财当天出现了拉高涨停，但次日即出现了冲高回落，并接连出现了放量下跌，因为主力在借机出货，利好当日出现的涨停不过是在吸引更多的中小投资者跟风而已。

所以，投资者对于那些利好的公告一定要加倍小心，尤其是此时股价正处于历史高位时，主力往往会借增资、重组或是增发等利好实现顺利出货。

12.3.3 利好频出，"一"字跌停

有时候，个股的"一"字跌停未必就是真利空打压，有时利好出现的

时候，个股也会出现这种情况。本来，公司刚刚公布了利好消息，可是个股却突然就出现了"一"字跌停，让很多投资者都是一头雾水。实际上，这种情况并不是真的跌停，而是主力的虚晃一枪，放的烟雾弹。

例如，赤峰黄金（600988）在2012年还叫ST宝龙的时候，公司刚刚实现了重组，并且在2012年7月11日时发布了一份增发的公告，如图12-22中所示：

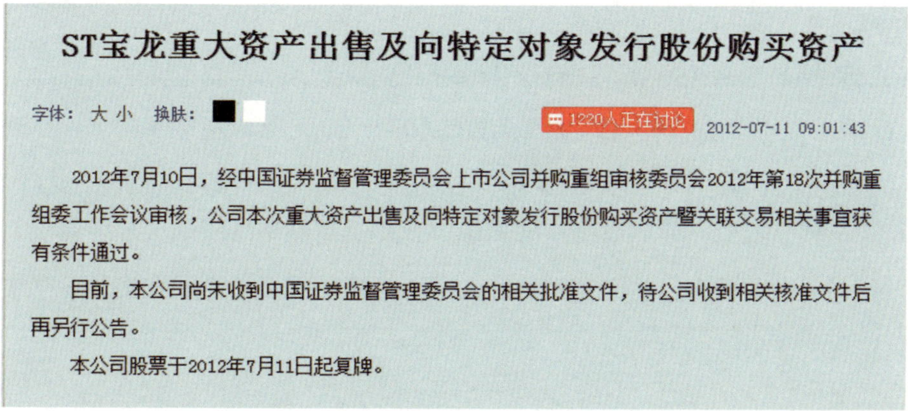

ST宝龙重大资产出售及向特定对象发行股份购买资产

字体 大 小 换肤 ■ 1220人正在讨论 2012-07-11 09:01:43

2012年7月10日，经中国证券监督管理委员会上市公司并购重组审核委员会2012年第18次并购重组委工作会议审核，公司本次重大资产出售及向特定对象发行股份购买资产暨关联交易相关事宜获有条件通过。

目前，本公司尚未收到中国证券监督管理委员会的相关批准文件，待公司收到相关核准文件后再另行公告。

本公司股票于2012年7月11日起复牌。

图12-22 ST宝龙2012年7月11日公告

按照惯例，增发公告除非是在熊市里，都会被解读为利好的，可是在ST宝龙身上却上演了一幕闹剧。复牌后的ST宝龙却在2012年的7月30日出现了开盘后的"一"字跌停，令不少不明真相的投资者在次日卖出了股票，如图12-23中所示。

然而在次日跳空低开后，很多投资者都选择了卖出股票，以为趋势就此已经转坏，可是主力却在大笔买入，使得股价很快便出现了上涨，并在随后很快回到了之前的股价。

因此，投资者在遇到这种情况时，一定要多关注股票的相关信息，看看是不是出现了真的利空，如果是在利好公布不久出现的"一"字跌停，

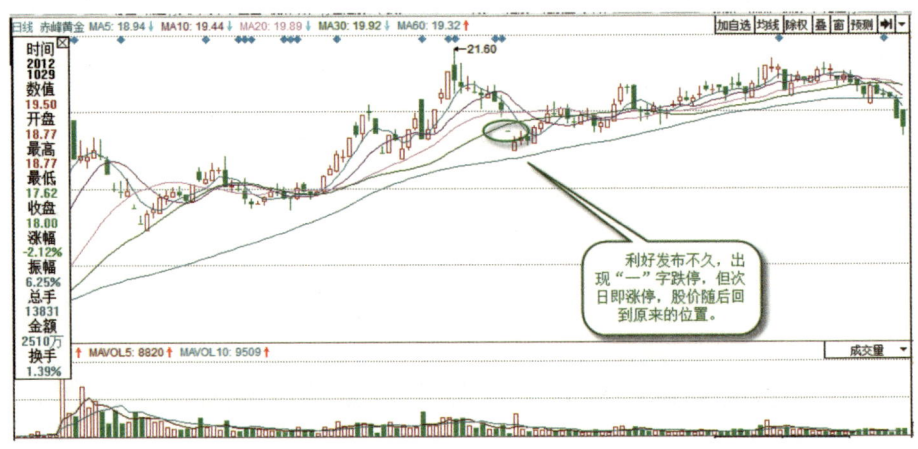

图 12-23 赤峰黄金（原 ST 宝龙）日线图

并非是利空来袭，那么极有可能是主力在出货前期所使用的一种障眼法，以实现后期的诱多，从而实现胜利大逃亡，诱使更多散户朋友在"一"字跌停后大举跟风。

12.3.4 大盘利好创新高，个股"一"字跌停

股市中常常有一种跷跷板效应，尤其是在牛市中，当个股及大盘上涨幅度已经很大的时候，盘中个股此时已经涨得翻了数倍时，大盘依然在不断刷新新高，或是站上了重要的整数点位时，盘中却是一片绿花花，跌停个股很多，并且盘中有不少股出现了直接的"一"字跌停。

这种情况大多出现在中小板或是创业板个股的身上，原因是这些股票涨幅此时都已经很高，在大盘继续疯涨的同时，这些个股其实是在借机出货，投资者遇到这种情况时，最好不要参与，尽管其后，股价还会出现回升，但此时主力的目的是出货，所以一定要小心。

比如，在 2015 年 6 月 8 日时，上证指数拉出阳线，并成功站上了 5100 点，最高到了 5146 点多，如图 12-24 中所示：

第十二章
如何利用各种信息实战

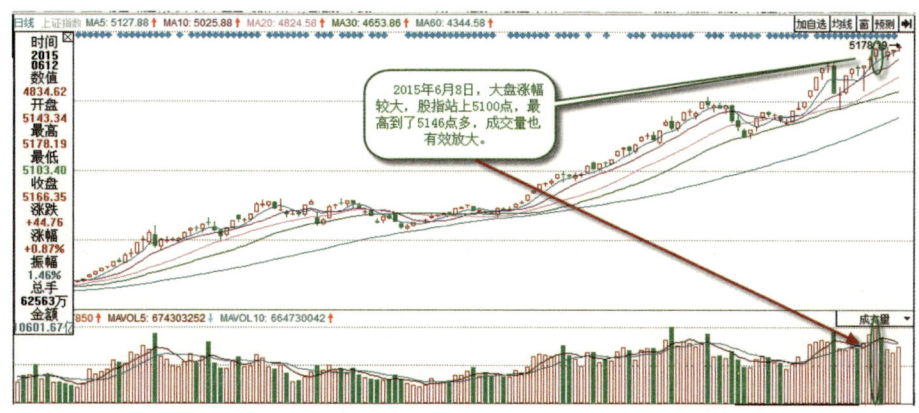

图 12-24 上证指数日线图

在大盘如此疯涨的背景之下，据统计，盘中个股却出现了有 50 多只跌停的现象，其中，南通锻压（300280）更是以"一"字跌停的方式开盘，直接出现了跌停，如图 12-25 中所示：

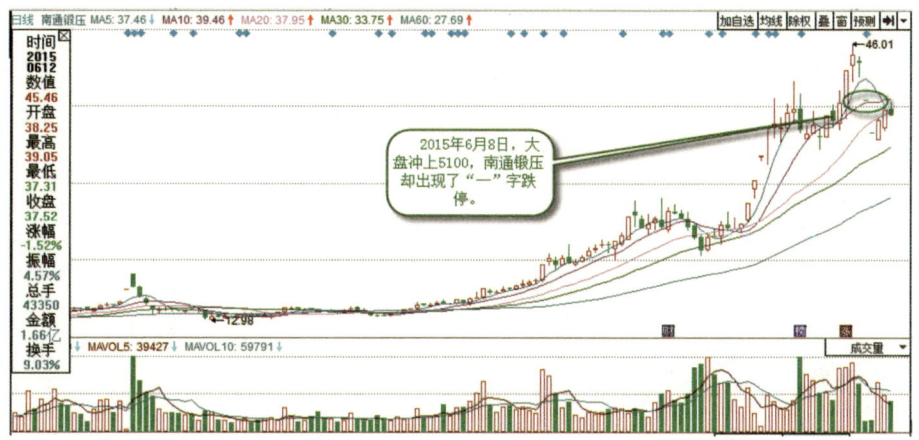

图 12-25 南通锻压日线图

并且，这种"一"字跌停接连出现了两个，尽管后来股价出现了回升，并且短线可能还会出现上涨，但是对于持股者来说，应当选择逢高卖出了。这是因为，在这两个"一"字跌停中，按说是不会带量的，因为开盘直接

323

就封死在了跌停板上，可是我们来看一下当时的分时图就会发现，如图 12-26 所示：

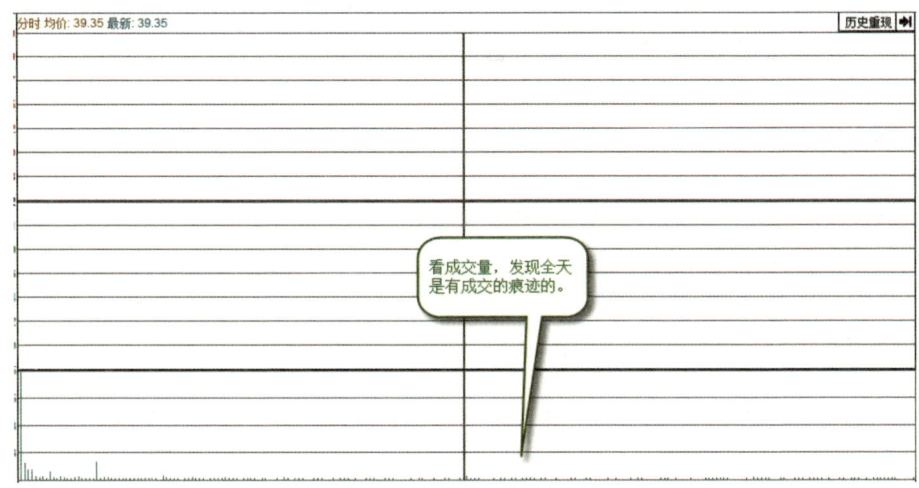

图 12-26 南通锻压 2015 年 6 月 8 日分时图

在 6 月 8 日这一天，南通锻压是有成交量痕迹的，说明，其股价尽管出现了跌停，但盘中还是有投资者一直在买入的，并且，在第二天的交易日同样的"一"跌停中也是如此。

然而我们回过头来再看一看图 12-25 中南通锻压的 K 线图就会发现，此时南通锻压的股价与上涨前的平台 13 元左右相比，已经上涨了近 4 倍。如此的上涨速度与幅度，怕是南通锻压的业绩坐着火箭也难追得上吧。而主力此时已经赚了个盆满钵满，此刻的意图再明显不过，是为了借大盘的上涨诱多而出货。

因此，蹊跷事件看似不合理，但其背后往往有着合理的地方，投资者只有明白了其中的道理，才会赚到钱。

后 记

仅交易活跃的股票,避免介入那些运动缓慢,成交稀少的股票!

——江恩

当有机会获利时,千万不要畏缩不前。当你对一笔交易有把握时,给对方致命一击,即做对还不够,要尽可能多地获取。

——索罗斯

我们也会有恐惧和贪婪,只不过在别人贪婪的时候我们恐惧,在别人恐惧的时候我们贪婪。

——巴菲特

专注证券图书出版15年

国内专业的证券图书出版商

我们不只是卖书，也不仅仅是出版！
欢迎搜索关注"舵手图书"定制出版、投资者教育……
更多增值服务等着您。

更多增值技术资料请扫描微信二维码
添加舵手图书微信订阅号

舵手证券图书天猫店铺：https://bjwyts.tmall.com

读者信息反馈表

亲爱的读者：

感谢您选择了舵手证券图书出版的这本书！为了今后能给您提供更多、更好的服务，对于您提供的建设性意见我们定会在后续出版中认真吸纳。通讯地址：北京市朝阳区甜水园北里16号楼475室，010-65934271；E—MAIL：bjwywh243@126.com。

1. 您从哪里第一次听说本书的？

□书店演示　　□广告　　□网上　　□别人推荐　　□课堂

2. 您对本书的总体感觉：

□对图书内容满意　　□对图书装帧满意　　□一般　　□都不满意

3. 您购买本书的决定因素是：

□内容　　□价格　　□书名　　□作者　　□出版社

4. 您希望本书可以增加那些内容：

（1）_____

（2）_____

（3）_____

（4）_____

再次感谢您填写此问卷！您的意见对我们非常重要！若您需要投稿或了解舵手证券的最新动态，欢迎关注我们的微信公众号（duoshoutushu）。